给教师的101个
教学锦囊妙计

101
Teaching Tips
for Teacher

蔡文荣

著

中国人民大学出版社
·北京·

图书在版编目（CIP）数据

给教师的 101 个教学锦囊妙计 / 蔡文荣著．
—北京：中国人民大学出版社，2018.9
ISBN 978-7-300-26055-6

Ⅰ.①给⋯ Ⅱ.①蔡⋯ Ⅲ.①教学研究 Ⅳ.① G420

著作权合同登记号
图字：01-2018-6230 号

中国版本图书馆 CIP 数据核字（2018）第 178582 号

Copyright©2007 by CAI WEN-RONG
本书由学富文化事业有限公司授权出版，限在中国大陆地区发行。

给教师的 101 个教学锦囊妙计
蔡文荣　著
Gei Jiaoshi de 101 Ge Jiaoxue Jinnang-miaoji

出版发行	中国人民大学出版社	
社　　址	北京中关村大街 31 号	邮政编码　100080
电　　话	010-62511242（总编室）	010-62511770（质管部）
	010-82501766（邮购部）	010-62514148（门市部）
	010-62515195（发行公司）	010-62515275（盗版举报）
网　　址	http://www.crup.com.cn	
经　　销	新华书店	
印　　刷	北京华宇信诺印刷有限公司	
规　　格	168 mm×239 mm　16 开本	版　次　2018 年 9 月第 1 版
印　　张	21　插页 1	印　次　2022 年 3 月第 5 次印刷
字　　数	350 000	定　价　79.80 元

版权所有　侵权必究　印装差错　负责调换

简体中文版序

教育工作者常自诩为人类灵魂的工程师。从理论上来说，我们应该是影响整个社会的人，但是，放眼望去，有些灵魂工程师的作品却未必那么令人满意。当然，教育问题常是错综复杂的原因所致，所以，我们姑且就从教学这个角度来看吧。

或许有人会问：我们现在每天的教学不是挺好的吗？教学到底能有什么锦囊妙计呢？为什么需要这些锦囊妙计呢？这些教学的锦囊妙计究竟能达到什么效果呢？这些问题不仅是师范类本科生想问的，恐怕连工作多年的教师也会在心里嘀咕。

简单地说，这些锦囊妙计就是为了实现有效教学，让学生更好地学习。基本上，这与我们求学过程中经历最多的应试教育是不可同日而语的。考试领导教学的现象普遍存在于许多学校中，身在其中的学子固然苦不堪言，照本宣科的各科教师恐怕也难免会有某种程度的职业倦怠。既然教与学的双方都不太满意，那么，为什么不能在平淡无奇的日子中，添加一点儿色彩，多一些高低起伏的音符呢？

美国的学者艾伦（Allen）曾经探讨过有效教学的本质。他认为应该要具备五个基本信念：

（1）要教人而不是要教书（Teach people, not content）。

（2）要知道了才能帮助你做选择（Awareness leads to choice）。

（3）在学习过程中要有乐趣才能记得牢（Learning+enjoyment=retention）。

（4）学完之后，能用得出来才算数（Application is everything）。

（5）各种情境故事能让学习变得更美妙（Stories are great）。

而另一位学者奥姆罗德（Ormrod）则提出在整个学习过程中引起并维持学生的注意力的六项建议：

（1）把有趣的主题与学习任务纳入教学单元中。

（2）通过类似角色扮演等相关活动让学生全身投入该学科。

（3）在教学单元中纳入许多种教学法。

（4）在久坐不动的活动中要提供一些转换休息的机会，特别是对小学生而言更是如此。

（5）要鼓励中学阶段的学生做笔记，特别是要让他们将讲授内容中有问题想问的地方记下来。

（6）减少分心的事情，特别是学生需要安静与独自学习时。

上述这些教育原则与理念在师范生修教育学分时，多少都会触及，但是，该如何在每天的课堂中实践出来却未必是大学教授会告诉你的。以我自己为例，当初从台湾政治大学教育系毕业时，自以为身怀绝技，结果面对初中生时，却发现脑中空有一大堆的教育理念而不知如何运用，幸好当年常常"上穷碧落下黄泉"地去为每一课找故事，找生活实例，在说故事的过程中把学习的乐趣带给学生。而这本书里面所涵盖的教学策略，就不只是说故事而已，这么多的教学策略必能帮助教师营造活泼的课堂气氛。

这些策略对历年来修习我开设的教学原理这一门课的学生而言，常是带着欢笑的回忆，因为他们通过将这些策略与中小学的教学单元结合，在上台演练的时候常常起到意想不到的教学效果。而他们在毕业成为老师之后，还在他们的教学岗位上一直使用着其中的策略，甚至还会来告诉我他们的使用心得。而这或许就是2012年台北市教育部门在台北市各中学校长、教务主任及教师代表的会议中，为了全面推动台北市各个学校的活化教学，而正式推荐这本书的主因了。

最后，本书能发行，要特别感谢中国人民大学出版社和北京源创教育研究院的协助，在此一并致谢。

繁体中文版序

从小到大，我们大部分求学的过程都是在传统讲授法的方式下度过的，传统教学能这么普及是因为它有几项优点。

第一，简单方便。教师只要依进度把教材讲解清楚就行了。

第二，经济快速。可以大班上课，而且一节课可以讲解很多的内容与技巧。

第三，省时省事。老师直接讲解结果，可以省掉学生摸索的时间，甚至省掉实验或操作等麻烦的事。

第四，可以应付考试。只要针对考题类型大量反复练习，对任何考试均有一定的效果，特别是对需要记忆事实或熟练技巧的考题尤其有效。

然而，在近年来的教育改革中，教育松绑与教学创新的呼声已经在社会中造成了相当大的冲击。"教学创新"这个理念当然可以有很多种的诠释，但是，在本书中作者倒是愿意将它定位为引发学生"主动学习"的教学策略。从现职老师的角度来看，教学创新的目的是要一步一步地引导学生，从被动地聆听与吸收提升到主动地学习与建构。老师的角色不应该是知识的提供者，而是学生主动探索与建构之过程中的向导与咨询者。

因此，本书除了在一开始探讨为什么要有创新的教学、人类认知的过程、常见的学习形态、学习的社会层面、主动学习常见的疑惑与主动学习的基本要素，后续的章节则在探讨能引发学生主动学习的策略。这些策略主要取材于下面的几本书：加菲尔德、希科恩（Canfield & Siccone）的《101种发展学生自尊与责任感的方式》（1995），拉菲尼（Raffini）的《150种增进教室中内在动机的方式》（1996），西尔伯曼（Silberman）的《101种能在各科引发主动学习的策略》（1996），布朗、厄勒姆、雷斯

（Brown，Earlam & Race）的《给老师的500个小诀窍》(1995)。

而在介绍这些教学策略时，编排的顺序是：

（1）概要：以简短的叙述来介绍该策略的概况。

（2）实施的步骤：根据作者观察或亲自实施的心得，对原提倡者的步骤予以适当的调整。

（3）其他变化的方式：除了原提倡者的意见之外，作者咨询并参考了将近五十位现职中学教师的使用心得，增加了许多额外的变化方式。

（4）适用对象：是从适用科目与适用年级这两个方面来探讨的。

（5）相关的学理根据：主要是从教育心理学、教学原理、辅导原理与相关的学科中提出该策略的理论基础。

（6）实施的现状：将在实施时的实际范例呈现出来。

（7）在实施时需特别注意之处：是作者从一百多位现职中学教师的使用心得中整理而得。

说明：本书资料出处统一格式为：作者、出版年份、页码，具体书名请查阅"参考文献"部分。

这本书的草稿完成之后，作者曾请一些热心的学生提供修改的意见并帮忙校对，其中包括2001年历史系毕业的董家琳同学和2001年教育学分班的卢昭蓉同学、朱玉芳同学、陈丽馨同学等这些幕后英雄。他们的认真与细心是本书能顺利出版的重要因素。再者，内人徐芳瑞女士的扶持与鼓励，是支持作者写作的一大助力。此外，林铃娜小姐在编辑上提供了非常宝贵的协助，使本书能在编排上更具特色。最后，感谢学富文化事业有限公司慨允出版，并一再宽容作者的延误，才能让这本书与大家见面。

CONTENTS 目 录

第一章　绪论

第一节　为什么要有创新的教学　/ 2

第二节　人类认知的过程　/ 5

第三节　常见的学习形态　/ 8

第四节　学习的社会层面　/ 9

第五节　主动学习常见的疑惑　/ 10

第二章　主动学习的基本要素

第一节　安排课桌椅的十种方式　/ 16

第二节　随时都能引发学生参与的十个策略　/ 22

第三节　学习伙伴之间的十种合作方式　/ 24

第四节　满足学生期望的十个问题　/ 25

第五节　改进传统讲述法的十个建议　/ 25

第六节　编学习小组的十大策略　/ 27

第七节　选择小组长与分派小组任务的十个策略　/ 30

第八节　促进学生讨论的十个秘方　/ 32

第九节　促进经验式活动的十大步骤　/ 34

第十节　角色扮演的十种选择　/ 35

第十一节　避免主动学习太耗时的十种方法　/ 36

第十二节　学生失控时的十大干预手段　/ 38

第三章　让学生从一开始就主动的策略

策略 1　　交易场所 / 45

策略 2　　谁在班上 / 47

策略 3　　设计小组的简历 / 50

策略 4　　预测别人 / 52

策略 5　　设计电视广告 / 55

策略 6　　"我们是同一国的" / 57

策略 7　　扎实地混熟 / 59

策略 8　　小组暖身活动 / 62

策略 9　　温故知新 / 63

策略 10　　大风吹 / 66

策略 11　　制定班规 / 69

策略 12　　调查学生的先备知能 / 72

策略 13　　让学生提问题 / 75

策略 14　　马上调查学生的反应 / 77

策略 15　　调查代表性的样本 / 79

策略 16　　全班的关切事项 / 80

策略 17　　主动分享知识 / 82

策略 18　　三人小组轮替 / 84

策略 19　　表明立场 / 86

策略 20　　让学习气氛变轻松 / 88

策略 21　　交换观点 / 90

策略 22　　对或错 / 92

策略 23　　签订学习契约 / 94

第四章　帮助学生主动学习的策略

策略 24　激发好奇心　/ 102

策略 25　认真听课的小组　/ 106

策略 26　引导式的笔记技巧　/ 108

策略 27　又听课又玩宾果　/ 112

策略 28　互助合作的教学　/ 114

策略 29　引导式教学　/ 116

策略 30　与来宾讨论　/ 118

策略 31　模拟演出　/ 120

策略 32　到底我是什么　/ 122

策略 33　影片评论　/ 124

策略 34　人人参与的辩论　/ 128

策略 35　开居民大会　/ 130

策略 36　鱼缸决策三部曲　/ 132

策略 37　扩大的讨论　/ 134

策略 38　正反互辩　/ 136

策略 39　大声朗读　/ 138

策略 40　陪审团的审判　/ 141

策略 41　学习是从发问开始的　/ 143

策略 42　事先套好的问题　/ 145

策略 43　师生角色互换来提问　/ 148

策略 44　分组查资料　/ 151

策略 45　学习小组　/ 153

策略 46	卡片分类	/157
策略 47	学习竞赛	/159
策略 48	加倍的效果	/162
策略 49	小组考问	/164
策略 50	小组互教	/166
策略 51	拼图式学习法	/169
策略 52	每个人都是老师	/172
策略 53	同侪教学法	/174
策略 54	学生自编案例的学习	/176
策略 55	融合时事新闻	/179
策略 56	海报教学	/181
策略 57	闭目冥想	/184
策略 58	用当下的心情来写	/187
策略 59	勾勒心智图像	/189
策略 60	行动式的学习	/192
策略 61	学习日记	/195
策略 62	设计学习契约	/197
策略 63	设身处地来看	/199
策略 64	公告排序	/202
策略 65	三重的反省	/205
策略 66	活泼的自评	/207
策略 67	认同角色典范	/210
策略 68	射击的火线	/213
策略 69	全神贯注地观察与回馈	/215

策略 70　自在的角色扮演 / 219

策略 71　三重的角色扮演 / 221

策略 72　角色轮换 / 224

策略 73　示范演出 / 227

策略 74　无声的示范 / 230

策略 75　演练小组 / 233

策略 76　披挂上阵 / 236

策略 77　投"变化球" / 238

策略 78　咨询小组 / 241

第五章　让学习难以忘怀的策略

策略 79　卡片速配 / 247

策略 80　标题式的复习 / 250

策略 81　问与答 / 253

策略 82　填字游戏 / 255

策略 83　惊险抢答式的复习 / 258

策略 84　大专杯比赛 / 261

策略 85　让学生自己来整理重点 / 264

策略 86　宾果式的复习 / 267

策略 87　"好莱坞广场"复习法 / 270

策略 88　前后对照 / 272

策略 89　资本回收 / 276

策略 90　学习成果展 / 278

策略 91　学习的体检 / 280

策略 92	学习成果剪贴图 / 284
策略 93	持续学习 / 286
策略 94	提醒自己的标识 / 289
策略 95	庄严的誓言 / 292
策略 96	后续的调查 / 295
策略 97	坚持下去 / 298
策略 98	告别的涂鸦 / 302
策略 99	心心相连 / 304
策略 100	全班的照片 / 307
策略 101	期末测验 / 309

参考文献 / 313

第一章
绪　论

在本章中，第一节探讨传统的讲述法的各种缺失，以引出为什么要有创新的教学，而创新的教学策略目的就是要引导学生主动地学习。第二节从人类认知的过程来剖析学生学习的主动性。第三节则是探讨在快速变迁的社会中需要有创新的教学来满足不同的学习形态。第四节进一步探讨学习的社会层面，透过社会建构的观点来看合作式学习，让学生在频繁的互动中，由被动学习转为主动学习。

第一节　为什么要有创新的教学

在教育界中有一个很令人头痛的问题，就是如何增进从小学、中学到大学学生的学业表现。学生的表现不理想通常是因为能力不够或努力不够。一方面，如果老师面对的是一群特殊教育班的学生，那么我们能做的就相当有限，因为不管是先天的遗传或后天的伤害与病变，在学生各方面的发展与表现上确实已经造成一道无形的藩篱；而另一方面，学生努力不够的现象相当普遍，原因也有很多种，例如，学校课业对学生而言可能太难或太无聊，老师可能要求太多或太高，学生可能比较喜欢与学业无关的课外活动，等等。总之，学生缺乏求学动机与兴趣很可能就直接反映在他们对课业的忽视上。最近这几年的研究结果指出，当我们检视学生一路求学的过程时，他们对求学的兴趣与态度通常是呈现日渐萎缩的现象。更具体地说，他们对数理方面的科目那种"鸭子听雷"的现象正日益恶化（Hidi & Harackiewicz, 2000; Hoffmann & Haussler, 1998; Eccles et al., 1998）。那么，除了学生这边的考虑外，老师这边要考虑哪些层面？有什么是老师可以发挥或贡献的呢？

一般说来，中外很多老师都习惯套用传统的讲述法（lecture），而美国缅因州伯特利市的国家训练实验室（National Training Labs in Bethel, Maine）所提出的"学习金字塔"（learning pyramid）的理论（如图1-1）认为，不同的学习方法会产生不同的学习效果。如果是以学习之后的保留比率

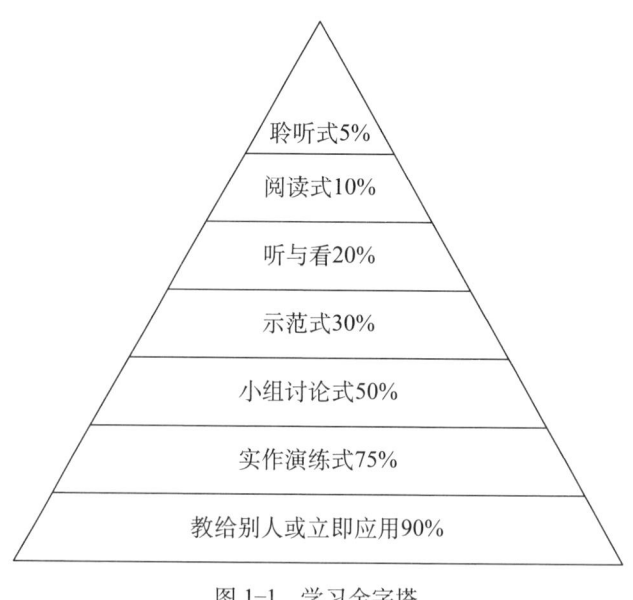

图1-1　学习金字塔

(retention rate)的方式来比较的话,"聆听式"的学习效果是5%,"阅读式"的学习效果是10%,"听与看"方式的学习效果是20%,"示范式"的学习效果是30%,"小组讨论式"的学习效果是50%,"实作演练式"的学习效果是75%,"教给别人或立即应用"方式的学习效果则可以达90%之高(Gifford & Mullaney, 1997)。这里所提到的"聆听式"的学习在大部分的场合中,几乎是传统的讲述法的另一分身。在上述的数据中,很明显地,实施传统的讲述法所产生的学习效果可以说是最差的。

为什么会有这种戏剧化的数据呢?有一个很直接的解释是老师说话的速度未必能与学生听话并理解的速度配合起来。所以,学生听到的未必就能记得住。一般说来,大部分的老师每分钟讲大约200个中文字词,但学生到底听到多少呢?这其实跟学生怎么听非常有关。如果学生全神贯注,他们也许可以听进老师所讲的一半话,这是因为他们在听的时候也在思考话中的含义。所以,坦白地说,要跟得上口若悬河的老师实在不是简单的事,这对绝大部分习惯以讲述法来进行教学活动的老师而言,应该是值得深刻反省的问题。

其实从大部分的人以往的学习经验来看,就算教材内容本身是有趣的,但是要"维持长时间注意听讲"这件事本身就很困难。从很多研究来看,当学生长时间听老师慢慢讲解的时候,他们很容易就感到无聊,他们的心也就魂游象外。

波利奥的研究显示,就算是在大学这个层次中,在传统讲述法的教室中,大学生有40%的时间是心不在焉的(Pollio, 1984)。从麦基奇进一步的研究来看,在上课的前十分钟,学生还能够记得老师所讲的教材的70%,而在下课前的十分钟,却只能记得20%(McKeachie, 1986)。这就难怪在一个讲授式的普通心理学班级中,修过课的人只比没修过课的人多记得教材的8%(Richard et al., 1988)。连大学生都是这样子,那么在中小学阶段的学生就更不堪想象了。这种现象其实中外皆然。

很多人对传统的讲述法有严苛的批判,在合作学习领域中的巨擘约翰逊教授等人就曾指出讲述法有五大问题(Johnson et al., 1991):

第一,在讲述法的教室中,上课的时间越久,学生的注意力就越差。

第二,讲述法只能取悦喜欢听讲的学生。

第三,讲述法倾向于促进片段知识的低阶学习。

第四,讲述法假设所有的学生需要相同的教材、以相同的速度学习。

第五，学生倾向于不喜欢讲述法。

从上面这些证据与论述之中，我们能得出一个初步的结论：虽然传统的讲述法有其贡献与历史地位，但是，如果要改进学生的学业表现，在老师这一方面应该要有多元化的教学设计，才能跳脱出一成不变的窠臼，迈向教学创新的纪元；而在学生这一方面也需要从被动的吸收，转换为主动的建构。多元化的教学设计的目的不在于哗众取宠或炫人耳目，而在于激发学生学习的动机，化被动为主动，毕竟学生的学习过程与成果才是最后验收的凭据。

以下将从两方面来探讨这个议题。

1. 改善教学的呈现方式

一般人谈到教学创新时，马上就会想到要改善教学的呈现方式，其实这是从老师的观点来看教学的设计。派克的研究指出，讲授教材内容的时候，如果有视觉上的辅助（如投影片、幻灯片），学生能够增进14%到38%的学习效果（Pike, 1989）。有些研究甚至指出，如果教英文词汇时使用视觉媒体的话，学习效果可以增加到200%。讲解概念的时候，使用视觉媒体配合口头讲解的话，教学时间最多可以减少到40%。有一句俗语说："一幅图画胜过千言万语。"从上面的研究中，我们至少可以知道，一幅图大概会比口头讲解的效果好很多。

为什么会这样呢？教学时有视觉和听觉这两方面的讲究，如果能够同时以视觉和听觉系统来传递教材内容的话，教学效果必能增进。为什么呢？这是因为有的人喜欢听觉取向的学习，有的人喜欢视觉取向的学习，当然也有人偏好触觉或运动知觉取向的学习（蔡文荣，1995；Heinich et al., 1993）。如果老师同时采用视觉和听觉取向来教学，原则上就比较能够满足更多人的需要，教学效果比起传统讲述法就可以有相当大的改善。

2. 引发学生的主动建构与学习

根据认知心理学中信息处理论的观点，我们每天感官所受到的刺激何其多，而所看到和听到的并不见得就能学到，关键还是在于学生在学习的过程中到底是主动的还是被动的学习心态。那么，除了从老师的角度来看教学设计与呈现之外，更重要的是要从学生的观点来检验，到底他们是主动还是被动、到底他们学到了什么，而这正与近年来风靡中外教育界的建构主义（constructivism）直接相关。

建构主义有不同的流派，但有下列三项共同的原理：

第一，知识的形成是个人主动建构而产生的，不是被动地接受或吸收。

第二，认知是一个组织个人经验世界的适应过程，不是用来发现本体的现实。

第三，知识是个人与别人经由磋商与和解的社会建构。

基于这三项原理和考量传统教学的缺失所提出的建构教学原理有三条：

一是教学在于引导学生建构知识，不在于（也不可能）传输给学生知识。

二是建构教学的目的在于促进学生思考和了解，不在于记、背知识与技巧。

三是建构学习是做中学、谈中懂、写中通等多元互动的社会建构，非聆听、练习单元等单向的任意建构（张静嚳，1996）。

所以，就算老师能改善教学呈现的方式，不再重蹈传统讲授法的覆辙，我们还需要进一步来看，老师的教学设计是否能从一开始就引发学生主动来学习。毕竟我们将牛牵到河边只是第一步，让它主动乐意喝水才是我们的目的，而这正是本书后续章节各种教学策略的用意。

第二节　人类认知的过程

根据教育心理学家皮亚杰（Jean Piaget）的理论，我们认知的过程主要是借着调适作用（accommodation）与同化作用（assimilation）而持续进行的。因为有调适作用，我们才能够调整自己以便容纳新的认知架构；同时也因为有同化作用，我们才能够将知识纳入自己现有的认知架构中。换言之，我们人的大脑运作方式并不是像录音机或录像机那样，在建构我们的认知架构或基模（schema）时，我们一直会质疑所接收进来的信息，我们会问一些问题。比如，我以前有没有听过或看过这个东西？这个东西要放在哪里？我要拿来做什么用呢？这个东西跟我昨天、上个月或去年已有的东西是相同的吗？

我们的大脑不只是接收外来的信息而已，它还会进一步处理！如果要有效处理所接收的信息，我们就需要同时有内在和外在的省思。换句话说，如果我们跟别人讨论这些东西，如果我们去质疑这些东西，我们的大脑在学习的事上就可以运作得更好。曾经有一个有趣的研究指出，如果在上课的时候定时地请学生与他邻座的学生讨论刚刚教了什么，那么，这一班学生的期末成绩会比完全没有停下来讨论的学生的成绩要好，当控制组的班级平均是 C 的时候，停下来讨论的实验组的成绩甚至可以达到全班平均是 A 的程度（Ruhl et al., 1987）。

如果我们对所接收的信息有进一步的动作，我们就可以知道我们到底知道得有多好。早在 1967 年的研究就指出，如果学生在上课时能做下面这些事，他们的学习效果就会大大增进（Silberman, 1996）：

（1）用自己的话叙述所接收的信息。
（2）举出一些范例。
（3）能在不同的环境和外貌中辨认出来。
（4）能够跟其他的知识或概念做联结。
（5）以各种方式实际运用它。
（6）预先看到它的一些结果。
（7）用相反的方式来叙述。

在很多情形中，我们的大脑就像一部超级电脑，而我们就是天天使用它的人。一部电脑当然要先打开电源才能运作，我们的大脑也一样要先启动才行。当我们是被动学习的时候，我们的大脑事实上也是闭塞的。一部电脑需要有合适的软件才能够对输入的资料有合适的解释，同样地，我们的大脑也要将现在所教给它的和以前所学的及思考的方式做联结。当我们是被动学习的时候，我们的大脑就不会像电脑软件那样串联到我们的心里。最后，如果没有储存的动作的话，电脑就不可能保留它所处理过的资料，同样地，我们的大脑需要检验所吸收的信息、加以整理或向别人做说明，才能够将其储存在我们大脑的记忆区，而当我们是被动学习的时候，我们的大脑就不会储存所呈现给我们的东西。

这就是信息处理论的研究，它是以电脑运作比拟人类学习的模式，认为人们思考的功能与电脑的运作很相似，包括编码（encoding）、存储（storage）、检索（retrieval）等处理作用，整个历程由程序（programs）所控制，决定信息何时运作与如何运作的流程如图 1-2 所示（朱敬先，2000）[228-229]。

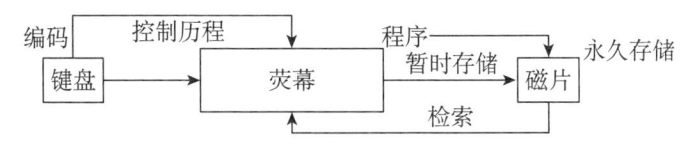

图 1-2　以电脑比拟人类信息处理流程图

所以，不管老师是怎么整理得井井有条或讲得字字珠玑，当他们要将自己的东西灌输给学生的时候，会发生什么事呢？当老师很有自信地要做讲解和示范的时候，又会发生什么事呢？单向地灌输知识和观念给学生，或是老师漂亮地演练一些技巧和步骤，常常会干扰学生的主动学习。老师的讲解也许可以让学生在脑海里有立即的印象，但是除非我们的记忆能像复印机那样，否则还是无法每一次都记得很牢。

当然，真实的学习并不就是记忆一些东西，我们所记得的大部分的东西也都在时间里遗忘，就算是经过过度学习（overlearning）的努力，遗忘曲线也会随着时间的演进而或快或慢地下降。当然，我们所学到的并不能被时间完全吞食，但学生若要记得上课所教的东西，就必须先细细咀嚼，毕竟老师没有办法替学生将知识内化（internalization），最后还是要由学生自己把他们所听与所见的内容统整成一个有意义的整体。如果学生没有机会来讨论、提问题、实际去做，甚至去教别人的话，真实的学习就不会产生。

再者，学习并非一蹴而就，倒像是一波又一波的海浪。我们通常要多次接触教材、细细咀嚼多时，才能将之深印我心而融会贯通。这里所讲的多次接触教材，是指以不同的方式来接触，而不是一再地重复而已。例如，数学能够使用具体的教具、通过习作簿的练习和每日的练习活动来教，每一种呈现的方式都能有助于学生的理解。更重要的是，学生是怎样接触这些呈现的方式，如果学生是被动接受的话，他们就不需要动太多的脑筋，他们不会有好奇心、没有想提出的问题、对学习结果也没有兴趣，只对他们的小考、周考、月考与期末考的成绩有兴趣。相反地，当学生是主动学习的时候，他们总是好奇地要找一些新的东西，想要找出问题的答案，或要找出做一件事的方法，而这种学习的过程所带给学生的成就感与满足感，才是最迷人的地方。

第三节　常见的学习形态

每个教育工作者都知道学生有不同的学习形态，在同一个班级中，通常是同时存在各种学习形态的学习者。有的人用看的方式就学得很好，通常这一类的学生比较喜欢循序渐进式的教材呈现，一字不漏地记笔记，在上课的时候，他们通常会很安静，也很少会因噪音而分神，这就是所谓的视觉型学习者（visual learner）。此类学习者常用的学习技巧包括在教材上画线、重视关键词、注意书中彩色部分的内容、做大纲、做笔记等。这一类学生常遇到的问题是，画线或重点太多，不知如何加以选择。所以斯诺曼的研究就指出（Snowman，1984），画线应该要有限度（如一段一句），才能够有利于学习；同时，在画线时，应主动将教材内容转化为自己的话，不要依赖课本的文字，并将之与所读、所闻、所知的事物相连，绘图说明其间的关系，找出教材组织形态，作为画线或做笔记的参考（朱敬先，2000）[250-251]。

第二类是听觉型学习者（auditory learner）。他们通常不会去看老师在做什么，也不会去记上课笔记，而是依靠自己的能力去听和记。在上课的时候，他们通常很喜欢讲话，也容易因噪音而分心。通常这一类的学习者在实际的教学过程中，很容易流于被动的听讲，较不易主动发问与深入思考问题。所以，如果教学目标是要学生解决问题，发展辩论能力，撰写论文、诗或散文，创造画作或评论性工作这一类的话，则不宜采用单向的讲授法，这种单向的讲授法也较不利于这一类的学习者（朱敬先，2000）[420-421]。

第三类是动觉型学习者（kinesthetic learner）。他们主要是通过直接在活动中的参与而学习，通常是比较冲动、比较没有耐心的学生。在上课的时候，除非他们能够到处移动并有事可做，否则很可能坐立不安，他们学习的取向显得非常随性和不定。

当然，很少人是只属于某一类的学习形态。格林德的研究指出，在一个班30个学生中，只要老师将上述视觉、听觉和动觉的教学活动混合使用，平均就有22个学生能有效地学习，其余的8个则特别偏好其中某一种学习形态，以致产生理解上的困扰，需要特别照顾、用他们喜欢的方式来教学才能有所改善（Grinder，1991）。从这项研究结果中，我们知道要满足学生各种需求的话，教学方式必须多样化，从而顾及每个人不同的学习取向，否则在现在常态分班的教育生态中，永远有一些人会跟不上，也有一些人会觉得上课很无趣，乖乖上课又学得好的人反而不多。

最近这些年，教育工作者也逐渐注意到学生学习形态的改变，有研究指出，自 20 世纪 70 年代末期开始，有大约 60% 的大学生对学习采取实务取向，而不再是理论取向，而且，这个百分比还在逐年增长。换句话说，学生喜欢直接、立即、具体的学习经验，而不是先学一些基本概念，等日后再运用。同一份研究也指出，高中生偏好的学习活动是既具体又活泼的活动，远甚于抽象省思型的学习活动，两者的比率是 5 ：1。从上面这些数据中，可以推出一个结论，活泼的教与学最适合今天的学生。要达到有效的教与学的境界的话，一方面，所有的老师不应该死守传统的讲述法，而应该使用多样的教学技术：小组讨论和报告、上台报告、辩论、经验式的活动、田野调查、模拟活动和案例教学等；而另一方面，就学生而言，他们也要逐渐适应合作式学习和以分组的活动来学习（Schroeder et al.，1993）。

如果我们想一想当代生活快速演变的速度的话，上面这些研究的发现应该就不至于令人震惊，因为这一代的学生是生长在一个快速变迁的时代、一个充满选择的时代，五光十色的刺激日新月异，虚拟和真实的东西也在快速演进，到处都是事物改变的契机。那么，教与学又怎么能一成不变呢？

第四节　学习的社会层面

今天的学生所面临的是一个知识爆炸又快速变迁的后现代化社会，一切都充满了不确定性。所以，他们很自然会有焦虑和防卫心理。人本主义心理学家马斯洛（Abraham Maslow）曾经说过，人有成长的需求，还有想要安全的需求。当一个人必须在这二者之间做抉择的时候，他通常会选择安全。也就是说，一个人必须要先有安全感，才会进一步去追求未知的世界。成长不是一蹴而就的，一步一步成长的前提在于我们觉得本身很安全，是从一个安全的根基上出发，逐步迈向未知（Maslow，1968）。因为学习常被认为是一件具有威胁的事，唯有在威胁减至最小的情况下，经验领域的差别性知觉（differentiated perception of field of experience）已被诱导出来，学习才能够有功效（朱敬先，2000）[281]。

要实现这样的安全感的方式有很多，和其他人并肩工作并培养团体的归属感，则是常见的方式之一。学生以小组的方式来学习的时候，很自然会产生团体的归属感，这能让学生勇于面对摆在他们前头的挑战，因为他们可以从别人那里得到感性与知性的支持，这就能让他们在各方面有超乎水准的表现，而这个绝不是他们以单独学习的方式所能达到的。

布鲁纳（Jerome Bruner）在他的《教学论》一书中也肯定了学习的社会层面。他认为每个人在学习上都有相互性（reciprocity），也就是呼应别人并一起努力迈向一个目标的深层需求。他认为相互性是动机的一个来源，是每个老师可以善加利用以激发学习的法宝。学生在需要共同行动、分组互助来达到一个目标时，就会把个人带进小组情境中学习，培养出小组所必需的能力（Bruner，1966）。

马斯洛和布鲁纳的这些观念促进了合作式学习法在当今教育圈的发展与普及。合作式学习法是把学生安排在不同的小组中，给他们需要相互合作才能完成的作业，学生的社交需求很自然就被满足了。因为学生是跟他们的伙伴一起做，在同侪的压力之下，他们就更投入地学习。一旦投入了，他们就需要更进一步和别人对话，相濡以沫是再自然不过的事了。

虽然独立研究和全班教学也能够激发主动学习，但是从社会建构论的观点来看，合作式学习通过分组合作的活动，促进主动学习的威力更是大得惊人。在合作式学习中，只有当学生自己先完全理解时，他才能和别人讨论，甚至当小老师去教别人。以常见的第二代拼图式（Jigsaw Ⅱ）合作学习法来说，它就能达到上述的要求，不仅每个学生有不同的教材要学，他们也能互教，让大家都达到最大的学习效果。总括来说，合作式学习有五大优点，依次是增进学生的学业成就、改善学生的自尊、促进主动的学习、发展社交的技巧与建立同侪间的接纳与友谊（Putnam，1993）[24-28]，而这些学习的社会层面上的讲究，则是在引发学生主动学习之外，能一并得到的教育成果。

第五节　主动学习常见的疑惑

虽然我们谈了很多主动学习的论点，可能有的老师还是觉得窒碍难行，以下就一一列出常见的疑惑并试着简单答复（Silberman，1996）。

问题1：主动式学习只是一些学习乐趣和游戏吗？

答：非也！虽然学习可以很有乐趣也很有价值，但绝对不是只有乐趣而已。事实上，很多主动式学习的策略会带给学生不寻常的挑战，需要他们全力以赴，这时候，学生全神贯注与废寝忘食的现象就成了稀松平常的事了。

问题 2：主动式学习太注重活动本身，以至于学生不会想到他们正在学什么。

答：这是一个很真实的现象。主动式学习的主体价值来自活动后的省思和与别人讨论这些活动的价值，这是不可忽略的事实。主动式学习的后设认知（metacognition）时段就是要来帮助学生反省他们所经历的，虽然是很短的时段，却是非常有价值的，因为这可以让老师所教的和学生所经历的能真正地联结。

问题 3：主动式学习是很费时的吗？你要怎样用主动学习的方式来教完教材？

答：毫无疑问地，主动式学习比直接教学更花时间，但是有很多方法可以避免时间无谓的浪费。例如，可以请学生前一天就先查好资料，上课之前就排好分组讨论的场地，等等。再者，就算讲授法能讲完一整个单元，但是有多少学生真正学到了呢？授课老师通常喜欢把某一科所有的东西通通倒给学生，他们认为同一批学生只会教一次，所以最好能全部都教完；有的老师甚至认为要把课文念完才叫作教完，不折不扣是一个"教材阅读机"。然而，事实上，每个人都有某种程度的自学能力，从小到大我们已经经历过很多单元自学成功的经验。相对地，在主动式学习的班级中，课程内容是精实的，教学目标是筛选过的，任课的老师知道学生忘记的比记得的还多。当教材分量适中时，老师就有时间安排一些活动来介绍、应用与反省所学到的。而事实上，通过主动式学习所学到的东西是很扎实的，学生在主动学习的方式下学习时，不太会去计较课余所花费的时间；而且，一旦主动学习成了习惯性的学习方式后，熟能生巧的效应能使学习教材所需花费的时间缩短。

问题 4：主动式学习的策略能够让枯燥无味的教材变得有趣味吗？

答：绝对是的！有趣味的学科本身就很容易教，但是，我们要教一门本身就很枯燥的科目时，常常是主动式学习的策略本身的精彩设计能抓得住学生，激发他们去学习很无聊的教材。例如，与其由老师单向逐步阐释课文，倒不如请学生分组讨论课文中的内容在现实生活中有什么活生生的例子，并分组报告。无疑地，后者能让学习变得更有趣味。

问题 5：在实施主动式学习的班上，当你使用分组的方式时，你如何避免小组学习浪费时间又没有效率？

答：在一开始上课时，若没有先建立团队的凝聚力的话，分组活动当然会没有效率；小组的工作若没有在一开始就仔细规划，小组的成效自然就不会好。换句话说，这时候学生会搞不清楚要做什么，小组的组织散漫，自然就很容易做不下去。或者，他们会草草了事、蜻蜓点水式地学过去，而无法深入。其实，有很多种方法可以引导学生以分组的方式学习，就如指派小组成员的角色、建立小组的游戏规则、练习小组的技巧等。本书所介绍的很多策略能解决这个问题。

问题6：在主动式学习的班上，老是采用分组的方式会让学生厌倦吗？

答：确实会这样！有的老师确实是滥用了分组学习的方式，他们没有让学生有足够的机会来单独学习，也没有常常集合全班来讲授和讨论。事实上，优良的教学需要灵活运用各种各样的教学策略，教学的多样性才是关键，而在主动式学习的策略中，有很多分组学习的另类方式。

问题7：在主动式学习的班上，分组活动会让学生有彼此误导的危险吗？

答：我们可以假设可能会有一些危险，但是，学生在学习的社交层面上的获益是远大于它的不利的。何况在分组讨论与互教的活动之后，授课老师还可以集合全班来复习教材，或做整体的讲评，以指导、纠正学生的观念。

问题8：我对主动式学习是心悦诚服了，但我的学生也会这样子吗？

答：如果他们比较不习惯主动式学习的策略，在一开始时，他们会比较不安。一般来说，他们也许习惯于看老师来做所有的教学工作，他们只是坐在那里听讲，然后自认为他们已学到东西，也会把教材记牢。而在实施主动式学习的策略后，有的学生会抱怨浪费太多时间了，他们还是喜欢结构严谨又有效的讲解，对探究式的学习感到不安。然而，从长期的眼光来看，这些抱怨的学生还是会跟其他学生学得一样好。不过，短期内在刚开始实施的时候，如果能采取渐进的方式来导入主动式学习的策略，那么，他们就不会太焦虑，也才不至于有极大的抗拒。

问题9：在主动式学习的班上，要有更多的预备和创意吗？

答：也对也错！一旦你上路了，你就不会觉得额外的预备和创意是一种负担，你会对你的教学满怀期待，而这种教学热忱会感染到你的学生的学习。到那时候，你会发现设计主动式学习的新点子非常具有挑战性。然而在一开始的时候，你可能会好奇你怎么才能把学生导入主动式学习里。出版这本书的目的就是要给老师提供很多具体的策略来逐步适应主动式学习，本书中的策略基本上是适用于各科的，所以在阅读的时候，先认定好自己正在教的科目或未来要教的科目，不要只存有单向接受的心态，而要维持一个解决问题的心态，那么，你就会成为一个主动的读者，并迈向成为一个主动的老师之路。

总之，优异的教学应包括教导学生如何学习、如何记忆、如何思考与如何激发他们自己（Weistein & Meyer，1986）。如果我们重新省思整个教学的过程，我们就不得不承认，当学生能主动学习时，很多以前我们认为难以克服的教学难题就不再是难题了。

第二章
主动学习的基本要素

　　学生能够主动学习是教育的主要目标之一，也是因应环境变迁，迈向终身学习社会的重要因素。在这个知识经济的时代，老师更应善用教学策略，积极培养学生具备这种关键能力。

　　在正式阅读主动式学习的策略之前，需要先来思考主动式学习的基本要素。以下十二节内容是整理过的秘诀，能让老师第一眼就找到在不同时段可以使用的策略，其中有些是老生常谈的，你也许已经用过一些了。但是，这份由西尔伯曼整理出来的一览表应该可以帮助许多老师顺利使用这些策略，让你的班级成为主动学习的班级（Silberman, 1996）。

第一节　安排课桌椅的十种方式

一间教室的外在环境能促进主动式学习，也有可能打断主动式学习，因为教室内各空间区域的安排多少会影响教学效果。一般而言，前座位置有利于学生参与教学活动，易于跟全班说话，而座位在后方的比较难参与，方便做白日梦（Woofolk & Brooks，1985；朱敬先，2000：437-438）。

从实务的观点来看，没有一种桌椅的安排方式是最理想的，以下所介绍的排列方式只是在于提供选择的参考，让主动式学习的室内设计充满趣味性与挑战性。在某些教室中，课桌椅可以很容易重新排过，以营造不同的学习环境，甚至是传统的课桌椅也可以并在一起，当作讨论的大桌面，或作为其他的用途。如果老师决定要这样做的话，可以请学生帮忙搬动桌椅，这种帮忙的过程也能让学生先动起来。

这里所介绍的大部分的排列方式并不意味着今后就是一成不变的，如果教室内的课桌椅和设备很方便移动的话，就可以视需要而使用其中几个方式。这里会提出一些建议，探讨如何在最传统的教室里面安排主动式学习的情境。

1. 马蹄形排列法（U shape）

每个学生都有自己的桌面可以读写，能直接地看到老师或视听媒体，并且与同学间能面对面接触。如图 2-1 的这种排列方式很容易让学生两两并坐，尤其当两人共用一张课桌时更是如此。这种方式在发讲义的时候是最理想的，因为老师随时可以走进马蹄形的中间，将一堆一堆的讲义发给每一边的学生。在安排课桌椅时，要确保每一组的马蹄形之间有足够的空间，可以让每一组的学生面对面坐得很舒服。当然，也可以小组为单位围成半圆形，如图 2-2 所示。

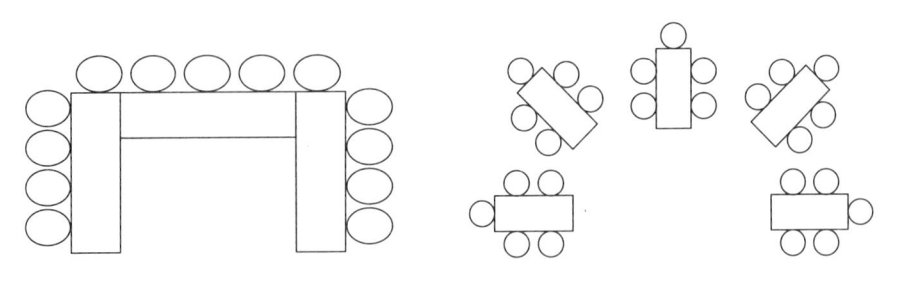

图 2-1　马蹄形排列法之一　　　　图 2-2　马蹄形排列法之二

2. 分组排列法（team-style）

如图 2-3 所示，你可以安排座位紧紧围绕在并起来的桌子旁边，让学生有最亲密的接触，以促进小组的互动。在这种安排方式之下，有的学生只有把他的椅子稍做调整，才能看到讲台上的老师、黑板或投影幕布，或者可以将每一小组中背对教室前方的椅子撤走，以免学生频频回头而影响课堂上的参与。

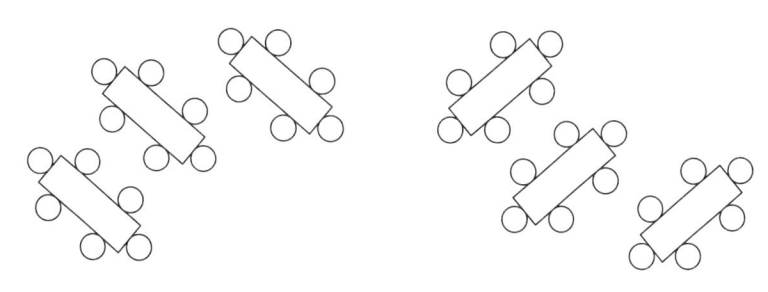

图 2-3　分组排列法

3. 正式会议排列法（conference table）

如果桌子是长方形或圆形的话，最适合排成这种方式（如图 2-4）。这种排法会使老师的重要性降低，学生的重要性增加。如果老师是坐在合并后长方桌的最远端，如图 2-4 之正方形的位置，就能营造一种正式开会的形式与气氛；如果老师是坐在合并后长方桌的中间，如图 2-5 之正方形的位置，那么坐在最远端两边的学生会觉得被忽略了。当然也可以把几张长桌子合并成中空的排列方式，如图 2-6 所示。

图 2-4　正式会议排列法之一

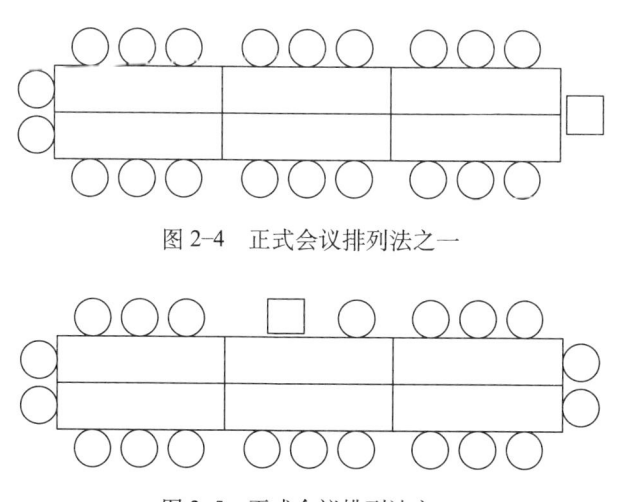

图 2-5　正式会议排列法之二

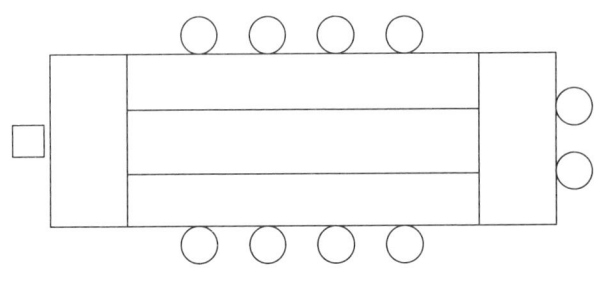

图 2-6　正式会议排列法之三

4. 圆形排列法（circle）

撤走所有的桌子，把学生座椅排成一个圆圈的方式（如图 2-7），能促进学生最直接的面对面沟通。如果只排成一个大圆圈的话，最适合进行全班讨论。如果有足够的半径空间的话，可以请学生快速移动他们的椅子排成小组的方式；如果学生需要用到桌面来写作的话，可以把桌子紧邻他们的椅子排在外圈，如图 2-8 所示，那么他们需要小组讨论的时候，直接把椅子转过来就行了。

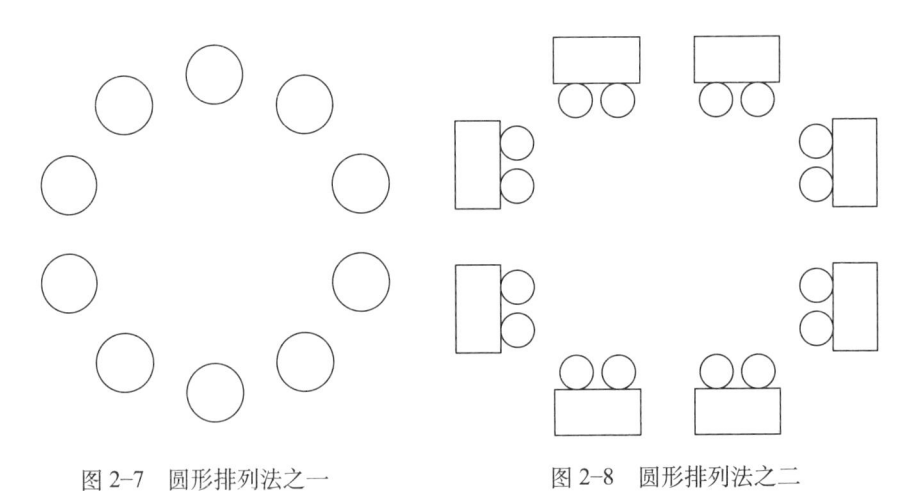

图 2-7　圆形排列法之一　　　　图 2-8　圆形排列法之二

5. 组中有组排列法（group on group）

如图 2-9 所示（Gladding, 1995）[135]，这种排列法最适合实施鱼缸式讨论法（fishbowl，也称为内外圈团体讨论法），或实施角色扮演、辩论，或分组活动的观察。它最典型的排列方式是将椅子排成两个同心圆。或者，也可以把一张会议桌放在最中间，外面再摆一圈椅子，如图 2-10 所示。

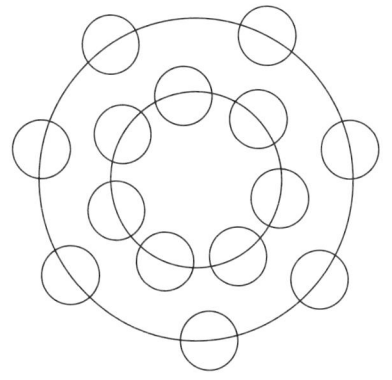

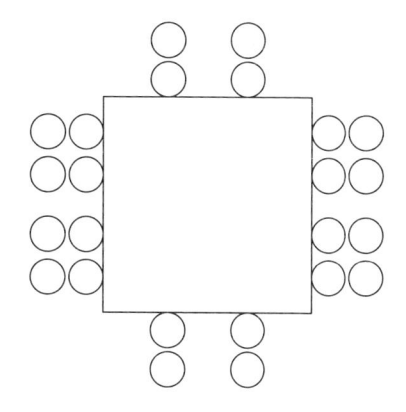

图 2-9　组中有组排列法之一　　　　图 2-10　组中有组排列法之二

6. 工作站排列法（workstations）

对需主动操作实验的教学情境而言，这种排列方式是很合适的，因为每一个学生可以坐在同一张桌子旁边，在老师示范教学之后，立即合作进行一项作业。如果要培养学习伙伴关系的话，每一个工作站只排两个人是最理想的方式（如图 2-11）。

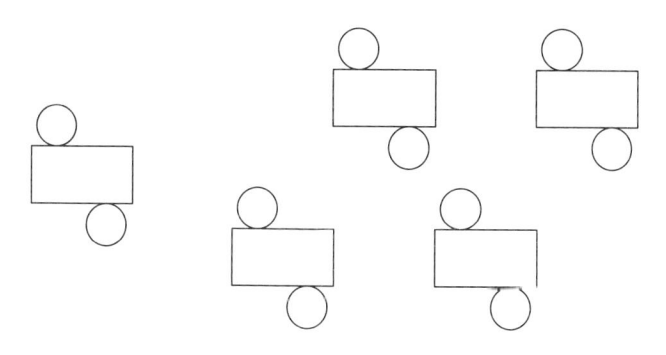

图 2-11　工作站排列法

7. 各组分散式排列法（breakout grouping）

如果教室够大或是附近有可用的空间的话，可以事先摆好桌椅，好让各小组能轮流移到教室中间进行小组形态的学习活动。这种分散式的排列法（如图 2-12）要让各小组之间的距离远一点儿，以免彼此干扰，但另一方面却不可让距离远到很难彼此联络。

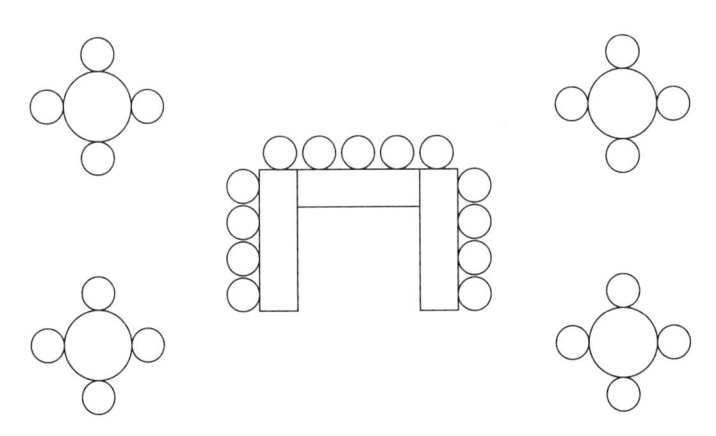

图 2-12　各组分散式排列法

8. 臂章式 V 形排列法（chevron arrangement）

传统的直排式排列桌椅的方式不会促进主动式学习，如果学生人数在 30 人以上，并且只有长方形的课桌可用时，可以排列成 V 形的方式以便缩短学生间的距离，让学生能把教室前面的东西看得清楚一点儿，教师也能比直排式排列法看到更多的学生。在这种排列方式中，最好行间的走道不是设在中间，如图 2-13 所示。

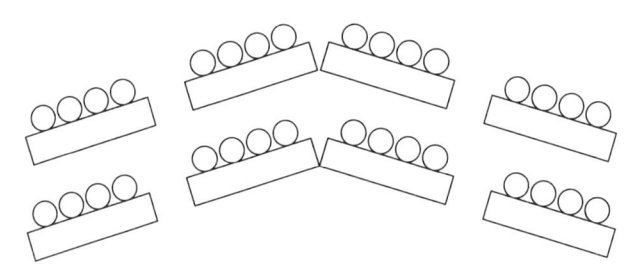

图 2-13　臂章式 V 形排列法

9. 传统教室排列法（traditional classroom）

如果在传统直排式桌椅中间无法走动的话，可以将两张椅子排在一起，让紧邻的学生能够彼此成为学习伙伴。另外，还可以尽量排成偶数排，排与排之间有足够的空间，那么奇数排的两人小组就可以将椅子转过来，与本来坐在背后的人组成四人小组来讨论了，如图 2-14 所示。

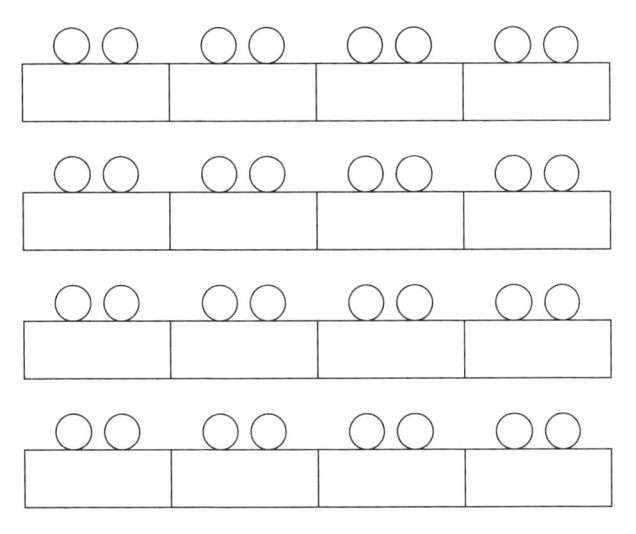

图 2-14　传统教室排列法

10. 演讲厅式排列法（auditorium）

虽然一间演讲厅能提供给主动式学习的环境非常有限，但是还是有一些可能性。如果它的座位是可以移动的话，还是可以排成弧形，以营造更佳的亲密感与可见度。如果它的座位是固定式的，可以请学生尽量靠中心来坐，甚至规定学生不可以坐到预设的警戒线外。请记得：不管演讲厅有多大、学生有多么多，授课老师还是可以请他们两两分组，并套用主动式学习中需要与邻座伙伴合作的活动，如图 2-15 所示。

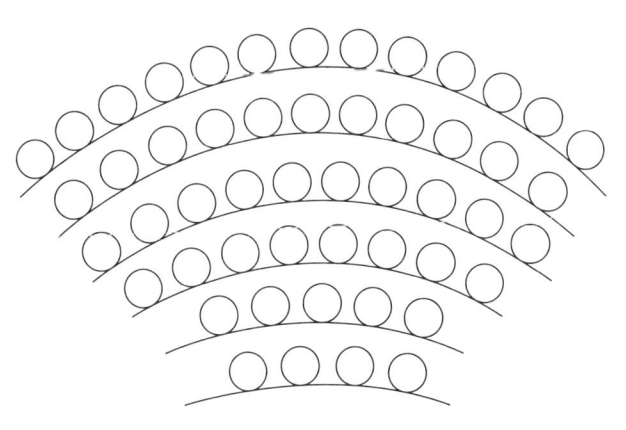

图 2-15　演讲厅式排列法

第二节　随时都能引发学生参与的十个策略

为了使学生能顺利进行学习，教师必须了解：学生是否每人都是参与者？是否专心、警觉？有什么规则与期望？学生是否都已了解？学生的文化背景与家庭经验如何？要对这些问题通盘考量，才能确知他们能否进行有效学习（朱敬先，2000）[374]。有很多研究证实，老师的掌控度、学生的被动性、同侪间的压力与班级组织文化的障碍都有可能直接阻碍学生发问的过程，间接影响学生主动参与学习，这是在中外的教育界普遍存在的现象（Ciardiello, 1998）。

如果没有学生参与的话，主动学习根本就没有办法产生。在正式教学时，有很多方式能够来实施讨论并引起学生热烈参与。有些方式特别适用于时间非常有限或是强迫学生参与的时机。以下十个策略可以单独使用或合并使用。

(1) 开放式讨论（open discussion）：老师提一个问题让全班讨论，问题一般没有事先的结构，这种开放式讨论"单刀直入"的特质是非常吸引人的。如果老师害怕这个讨论会太长，可以在一开始就说："我希望有四个或五个学生来发言。"要鼓励学生先举手，问他们："有多少人对我的问题有自己的答案？"等学生都举手后，再随意挑一个来回答问题。如果怕一开始冷场的话，还可以请学生先默想一下。

(2) 反应卡（response cards）：将资料卡发下，要学生以匿名的方式把他的答案写在上面，然后在小组之中传阅。用这种反应卡能够节省时间，它也能够给学生提供匿名的安全感。另外能够把答案精简地写在一张卡片上也是一个优点。

(3) 投票（polling）：设计一个简短的调查表让学生来填写，可以快速统计出来；或者就干脆口头上请学生举手调查。使用投票来快速得到资料，并且是用一种量化的方式来呈现。如果你是用书面的调查，调查结果要尽快让学生知道；如果你是用口头的调查，就直接请学生举手或请学生举起他的答案卡。

(4) 小组讨论（subgroup discussion）：以三个人或四个人为一组来讨论。如果你有足够的时间来讨论议题的话，就可以使用小组讨论的方式，这是能够落实每个人主动参与的主要方法之一。

(5) 学习伙伴（learning partners）：要学生与邻座的同学一起工作或讨论

问题。当你没有足够的时间做小组讨论但又想让每个人都投入时，就可以使用学习伙伴这个策略。两个人一组非常好，因为它能够发展出一种相互扶持的关系，也能够一起进行复杂的活动，而这通常是大型的分组所不易达到的理想状态。

(6) 抽问法（whips）：老师到各小组巡视，并询问他们对问题的答案，当你想要快速得到每个学生的答案时，就可以用这个策略。通常用未完成的句子（例如，"我想要有一个改变，那就是……"）是非常有用的方式。当学生喜欢的时候，可以请他们继续传下去，每人说一句，而为了避免有重复的情形发生，要每个学生只能说新的东西。

(7) 专家小组讨论法（panels）：正式的实施方式是指要点选少数几个学生站在教室前面，来发表他们的观点；而一个非正式的专家小组讨论则是直接问台下学生的看法。当你的教学时间足以让学生做深入讨论的时候，就适合采用这种讨论法。此外，扮演专家讨论的人可以轮换，以扩大学生的参与度。

(8) 鱼缸式讨论法（fishbowl）：也称为内外圈团体讨论法，先要一部分的学生围成一个内圈来讨论，然后其他旁听的学生围在外圈，一段时间（如5分钟）之后，外圈对内圈做回馈，同时也可以将新的小组带进内圈继续讨论。这种鱼缸式讨论法能把讨论扩大到更大的组，虽然很耗时间，但是它却能够结合小组讨论与大组讨论的优点。这种同心圆的方式也可以有变化，即让学生围着桌子而坐，然后邀请不同桌的人或某一桌的部分人来加入讨论。它最大的特点是能引导成员觉察、示范、回馈、参与及分享。

(9) 游戏（games）：这是指用一个有趣的练习或一个小考方式的游戏，来引发学生学习知识或技巧，电视综艺节目上的游戏也可以拿来使用，以引导学生能普遍参与。用游戏的方式能够使学生全神投入学习，当然，游戏也可以制造让学生难以忘怀的戏剧效果。

(10) 点下一个发言者（calling on the next speaker）：当学生要分享他们的看法时，请他们先举手，老师点了一个人回答后，请那个人叫下一个人来回答。也就是说，那个学生要代替老师来任意指定。当你知道学生对某个讨论议题非常感兴趣时，就可以使用这个策略，或者当你想要增进学生之间的互动时，也可以适时使用。

第三节　学习伙伴之间的十种合作方式

要促进主动学习又快又有效的方法之一，就是把全班以两人一组的方式，组成学习伙伴。在两人小组中，很难把任何一人抛弃，也很难有一个人会躲起来，这是小组动力最强的组合。

学习伙伴可以是短期的关系，也可以是长期的关系。它可以完成很多种类的作业，包括简单快速的作业或是像下面所列的非常耗时的作业。其实，与学习伙伴共同讨论，可以帮助学生理解较难学会的概念。由于集体思考，脑力互相激荡，意见与批评不断扩散，学生较易达到真正了解（朱敬先，2000）[424]。以下就简述十种合作的方式。

(1) 讨论（discuss）：例如，学习伙伴可以一起来讨论一个短篇的书面资料，这时候最好是由座位紧邻的学生自然组成来讨论，以省去移动座位的麻烦，并减少讨论时噪音的强度。

(2) 晤谈（interview）：例如，可以互相访问对方对于指定的阅读进度、演讲、录像带或任何教学活动的看法。这时候老师最好要求学生将晤谈内容记录下来，并在彼此晤谈的过程中进行行间巡视，以确保学生之间的晤谈不会流于闲聊。

(3) 评论（critique）：例如，可以互相批判或编辑彼此的书面作业，如果学生的程度无法对作业的内容提出有水准的批判，至少可以请学生将对方的错别字用铅笔圈出来，或是对作业格式方面提出意见，这对于减轻授课老师批改作业的负担有相当大的帮助。

(4) 发问（question）：例如，可以问对方有关指定教材的问题，这时候因为只有两个人，彼此发问的过程比较不会受到面子顾虑的影响。

(5) 汇整（recap）：例如，可以一起统整整节课的内容，将听不懂的内容整理出来，或是将课文内容整理出流程图、组织架构图或因果关系图。

(6) 研发（develop）：例如，可以一起整理出进一步的问题来问老师，或是研发出同样难度的问题来做练习，这是布鲁姆的认知目标中所强调的应用层次。

(7) 分析（analyze）：例如，可以一起以五个 W 与一个 H 的架构（Who, What, When, Where, Why, How）分析一个个案问题、习作或实验。

(8) 考试（test）：例如，可以抄一些参考书上的题目来彼此测试，或是以直接口试的方式来进行。
(9) 回答（respond）：例如，可以对老师提出的问题做出反应。
(10) 比较（compare）：例如，可以比较上课时所做的笔记，互相对照上课的笔记是否有缺漏之处。

第四节　满足学生期望的十个问题

在人本取向的教室中，是以学生为中心的，学生在决定学习目标与学习内容上扮演重要的角色，并参与成绩评量，因为只有他们才知道自己学会了什么。教师在学习历程中，只扮演辅导者或协助者的角色。教师的角色主要是安排教学气氛以引导学习，指导学生如何充分发展其潜能，建立积极的自我概念（朱敬先，2000）[299]。

换言之，在一个主动学习的环境中，老师会考虑到学生的需求、期望与关切，并将它融入教案里面。因此，老师所问的问题可以加以变化，来找出学生的目标何在，有些问题可能特别适用于你的情境。下面这十个方法是能够得到学生参与的策略。

(1) 你一来上课就对本科目有什么问题？
(2) 你想从这一科得到什么样的知识或技巧？
(3) 你在这一科上不需要什么资讯？
(4) 你希望从这一科中拿掉什么？举一个例子出来。
(5) 你对这一科的希望是什么？你所关切的又是什么？
(6) 这科的教学目标有配合你所需要的吗？
(7) 你觉得你需要什么知识或技能？哪些是你最想要的？
(8) 你对本科目的展望是什么？
(9) 如果这一科是选修的话，为什么你要选这一科？为何你要来上课？
(10) 听过前几堂课后，对于这个主题你学到了什么？

第五节　改进传统讲述法的十个建议

原则上，讲述法是最能够尊重时间限制的教学法，然而它在主动学习的环境中还有地位吗？我们太常使用讲述法，常常发现讲述法没有办法让学生主动学习，但有时候它还是很有效的。为了让它能够有效，老师自己要先培养兴趣，完全理解，尽量记熟，讲授中要让学生投入，最后还要对所讲授的效果予以增强，以下就是实现这些目标的方法。

1. 培养兴趣（building interest）

在单向式的讲授过程中，还是有可能让学生兴趣盎然地学习，而这通常需要通过下面这些设计。

(1) 从故事或有趣的视听媒体切入（lead-off story or interesting visual）：在教学之前，要提供一个相关的事件、科幻故事、卡通或图片，以抓住学生对你要教的内容的注意力。

(2) 提供一个初步的案例或问题（initial case problem）：先提供一个在后续的讲授中会围绕的问题，以使学生有兴趣听讲。

(3) 提出一个考题（test question）：就算学生没有什么先备知识，也可以问学生一个问题，这样就能使他们对你后来的讲授变得很有兴趣。

2. 完全理解与熟记（maximizing understanding and retention）

(4) 做纲要（headlines）：把讲授的主要内容浓缩成关键词，层次井然并能帮助记忆。

(5) 范例与类比（examples and analogies）：提供与讲授内容有关的真实生活的范例，如果可能的话，要将你的内容与学生先前的知识和经验做比较。

(6) 视听媒体的支援（visual backup）：使用挂图、投影片、大纲式的讲义与实际的演练，以使学生能够一边看，一边听老师讲课。

3. 在讲授中引导学生投入（involving students during the lecture）

(7) 定点挑战（spot challenges）：在讲授途中设计一些定时性的中断，请学生对所讲授的观念提供例子或回答课文中的一些问题。

(8) 重点提示（illuminating exercises）：在讲授过程中要不时插入一些简单的活动来强调重点。

4. 加强讲授效果（reinforcing the lecture）

(9) 提供应用性问题（application problem）：根据你所讲授过的内容，提出一个问题让学生来解决。

(10) 帮学生复习（student review）：要学生彼此复习讲授的内容，或给他们一份可以自己评分的考卷。

第六节　编学习小组的十大策略

小组一起工作是主动学习的关键部分，能够迅速并有效地来编组是非常重要的。由于不同的编组对学生容易产生标签效应，即使是年幼的学生，若他们被编在低阅读能力的小组，就会对其组别敏感，而喜欢与高阅读能力小组的朋友交往。更有甚者，教师也喜欢高阅读能力小组的学生（McGinley & McGinley，1970）。往往因教师期望流露得太明显了，在师生互动中，学生已被标记了（朱敬先，2000）[355]。因此，教师在编组时应避免产生这种标签效应。下面这十个策略是可以让学生选择他们自己的小组的另类策略（Silberman，1996）：

1. 卡片分组法（grouping cards）

先确定全班到底有多少人，在整节课中你想要有多少不同的小组。例如，在一个20人的班上可以分成五人一组的四个小组，也可以分成四人一组的五个小组，也可以分成三人一组的六个小组外加两个观察员。把这些小组用有颜色的小点来编码，例如，红、蓝、绿、黄这四个颜色可代表四个小组；也可以用装饰的标签来给各小组编码，例如，可以用狮子、老虎、猴子、长颈鹿、大象的标签来代表不同的小组；当然也可以直接用阿拉伯数字来给小组编码，例如，第一组到第六组。老师可以随机地编一个号码、画一个有色的点或贴一个标签在一张卡片上，再发给学生，并请学生跟课本放在一起。当预备好要编小组时，老师只要说出自己想用的编码，就可以直接指派学生分成不同的小组，学生也可以快速移动到他们的小组，既能节省时间，也能免去困惑。若要使这个过程更有效率，老师还可以事先贴好小组的标识牌，使学生可以立即往自己小组的方向移动。

2. 拼图分组法（puzzles）

可以购买小孩用的拼图板，或者自己也可以用杂志的图片来裁切编制。先把这些图片贴到大纸板上，然后根据自己的喜好切成不同的形状、大小和数字，老师可以根据想要编的总组数来选择所需要的纸片，把这些纸片分开，然后混在一起，再给每个学生一小块纸片。老师要编组时，直接叫学生去找跟他有同一幅图片的同学，自然就编成一组。

3. 寻找有名的虚构的朋友和家族（finding famous fictional friends and families）

老师可以自创一个有名的虚构家庭成员的名单，以三个或四个为一组，例如，彼得·潘（Peter Pan）、虎克船长（Captain Hook）、温迪（Wendy）、爱丽丝（Alice）、超人（Superman）等，要分几组就选几个有名的虚构人物，每个虚构的名字写在一张卡片上，然后把卡片洗牌之后发给学生，再请学生去找同样是彼得·潘家族、虎克船长家族等属于同一家族的人，找到之后就可以找一个地点来聚集讨论。

4. 名牌分组法（name tags）

用不同形状或不同颜色的名牌将学生分派到不同的小组。

5. 生日分组法（birthdays）

要学生根据他们的生日来排队，再根据所要进行的活动需要来分几个小组。在大班级中，可以根据月份来分成人数大致相当的小组。例如，在60人的大班里，可以根据1到4月出生的为第一组，5到8月出生的为第二组，9到12月出生的为第三组。

6. 纸牌分组法（playing cards）

老师可以用一沓纸牌来分组。例如，拿A、J、Q、K的各为一组，每组四人，如果有更多的人就可以加更多的纸牌来分组。先是好好地洗牌，发给每个人一张牌，然后指导学生找到与他们同一类的人来组成一个小组。

7. 抽号分组法（draw numbers）

决定你所要分组的大小与组数，然后将有号码的纸条放在纸箱中，由学生来抽一个号码以决定他是哪一组。例如，如果你想要分 5 个小组，每组 5 人，你就要放 25 张纸片到纸箱中，纸片是从 1 到 5 来编号。

8. 糖果口味分组法（candy flavors）

可以发给学生不同口味的糖果，来决定他们的组别。例如，你的五个小组的口味可以是柠檬、奶油、樱桃、薄荷与苹果。

9. 选择喜欢的项目（choose like items）

老师可以根据某个共同主题的玩具来分组。例如，你可以选择"交通"这个主题，然后用汽车、飞机、轮船、火车来分组。每个学生可以从盒子里面抽一个玩具的牌子，然后找跟自己同一类牌子的人成一组。

10. 学生的东西（student materials）

你可以将学生课本用色纸、不同颜色的讲义以及讲义夹的标签纸来编码并分组。

除了上面由西尔伯曼所提出来的这十种分组方式之外，一般人想到分组，就以为是依学生座位就近来自由组成，或是依照例行的 S 形分组来进行随机式分组。事实上，还有许多种变化的可能性，例如（Canfield & Siccone, 1995；蔡文荣, 2000）：

(1) 请你看看四周，找一个你愿与他在接下来的 10 分钟工作的伙伴。
(2) 请你看看四周，找一个你愿与他在接下来的 5 分钟工作的异性伙伴。
(3) 你要找一个还未与他合作过的伙伴。
(4) "二四分段"组成法。
　①老师说"找一个工作的伙伴"，这时就有许多两人小组成立。
　②"好！现在两人一组的小组要找另外的小组成为四人一组，找到请坐下，别人才可以继续找。"这是第二阶段的四人小组。
(5) 报数法：在此以三人小组为例。
　①老师说"从 1 数到 3"，接着让学生报数。
　②"好！数 1 的到这里，数 2 的到那里，数 3 的到……"
(6) 请找与你身高相当的人做伙伴。
(7) 你要找两个工作的伙伴组成三人小组。
(8) 为了编成 2 到 6 人的小组，你要找的一个伙伴是（下列条件任选其一）：

①与你身高相近的。

②与你衣服颜色相同的。

③与你同一个月出生的。

④与你在家中的排行一样的。

⑤你平常不会与他同一组的人。

⑥与你拇指大小相同或相近的人。

(9) 任意竖一个指头或两个指头，现在找出其他与你竖一样指头的一个人以组成两人小组。(3 到 6 人小组可以比照办理)

(10) 闭上眼睛，在你心里丢一枚硬币，若是你丢出来的是正面，就找比你高的伙伴，否则就找比你矮的伙伴。

(11) 数你的姓的笔画，你的笔画数是奇数就找奇数，偶数就找偶数为一组，两人为一组。或者以你的姓是一声、二声、三声、四声的类别来找同一声别的为一组，也是可行的变通方式。(3 到 6 人小组可以比照办理)

(12) 你有戴腰带（或戴眼镜、手帕）吗？赶快找到另一个与你一样戴（或没有戴）的人为一组。(3 到 6 人小组可以比照办理)

(13) 将手举起，任意竖一个到五个指头，现在找另一个与你指头数目一样的人形成小组。(3 到 6 人小组可以比照办理)

从上面这些策略中，可以发现分组的方式真可说是千变万化，只要把握住原则，要怎么分组不过是轻而易举的雕虫小技罢了，而不同的分组方式带给学生的冲击则是新鲜活泼的感受与对学习过程的兴奋和期待。

第七节　选择小组长与分派小组任务的十个策略

若是以小组的方式来促进主动学习的话，就要在小组之中适当地安排各个组员的工作，例如，小组长、鼓励员、计时员、记录员、发言人、观察员或资料管理员。通常你可以要求自愿者来担任上述的职位，但是，有时候若是用一种创意的选才策略的话，会变得既有趣又有效。

1. 以名字的笔画来指派（alphabetical assignment）

可以先把要做的工作一一列出来，然后依学生名字的笔画或姓氏的四声高低来指派，在长期实施的小组中，可以用名字的次序来做工作的轮替。

2. 以生日的顺序来指派（birthday assignment）

可以依照学生生日的前后顺序来指派任务，在长期实施小组方式的前提之下，可以用生日的次序来做工作的轮替。

3. 数字的乐透游戏（number lottery）

要同一组的每个组员报数，然后把所报的号码写在纸条上并丢在一个帽子里，最后逐一针对不同的工作抽一个号码出来担任。

4. 颜色的乐透游戏（color lottery）

针对每一个工作指定一种颜色来代表，然后宣布身上穿着的衣物中有那种颜色的人就做那一项工作。

5. 以身上衣物来指派（clothing article）

选择学生身上或铅笔盒中有相对应东西的方式来指派工作，诸如，眼镜、荧光笔、修正液、电子表等。

6. 以投票来指派（voting）

要每一组的组员投票来决定谁该接受哪一项工作，有一种很受欢迎的做法，即先宣布某一项工作，然后请大家直接以手指指向他认为最适任的人，得最多手指头指向自己的人就担任那一项工作。

7. 随机指派（random assignment）

要每一个人算一下他们家里电话最后四位数字的总和，例如，某人的最后四位2345的总和是14，接着宣布1到14中的某一个数目，该小组之中，谁的数目与所宣布的数目最接近，就指派他做某份特定的工作。

8. 以宠物多寡来指派（pet lovers）

可以针对谁有最多宠物来指派某一项工作，如果没有太多养宠物的学生，可以代之以棒球卡、贴纸、史努比饰物、芭比娃娃等。

9. 以家庭大小来指派（family size）

可以针对谁有最多或最少的兄弟姊妹来指派某一项工作，如果都是小家庭的生态的话，也可以针对谁的兄、姐或弟、妹与自己年纪的差距最大或最小来处理。

10. 门票抽奖（door prize）

在上课之前，先发给每组一张贴纸，这张贴纸可以贴在名牌上、座位上、桌面上或某份讲义上。拿到这张贴纸的人在一分组时就宣布是"中奖"，可以得到某项特别的工作。如果要同时指派多项工作，可以同时使用多张颜色的贴纸。

第八节　促进学生讨论的十个秘方

在主动学习的过程中，班级讨论的方式扮演了一个非常重要的角色。当学生听到各式各样的看法，能挑战他们原有的思考。老师在小组讨论时的角色是，要促进学生发言的流畅度，虽然并不需要在每个学生说完之后就打断他，但定时赞赏他们对小组的贡献，会使学生感到非常受用。以下就是十个促进学生小组讨论的方法。

1. 重述别人的观点

这样能帮助学生觉得他已经理解了，并且别的学生也可以听到一个简明的摘要。例如，"所以，你的意思是说……？"如果是从纯粹重述别人的观点，提升到用自己的话来重述的话，效果会更好。

2. 查验自己的理解程度

有时候我们对某个人所用的字或词不完全了解，这时候就需要查验（check）自己的理解程度，或问当事人他要表达的到底是什么意思。例如，"你的意思是说……这样子吗？我不太有把握我能很精确地掌握你的意思"。

3. 借机恭维别人

恭维别人所提出的是很有趣的或是一个有见解的评论。例如，"这真是一个很好的点子！我很高兴你提醒了我们"。因为唯有在完全安全的地方，每个人的创意才能流畅地提出，而借机恭维正是营造安全气氛的做法。

4. 进一步阐述

可以用例子来进一步阐述，或建议用另一个新的观点来看问题。例如，"你的评论是以少数人的角度提供了一个有趣的观点，我们倒是也想知道从大多数人的角度来看这种情况的话，又会如何？"这种进一步的阐述也可以给每个人提供思考的时间与方向。

5. 善用活化讨论的技巧

可以用加快讨论的速度、善用幽默或是必要时推动小组做更多的发言来使讨论更有活力。例如，"哎呀！我们班上竟然还有这么多安静的人哪！我现在给你们一个挑战，在接下来的这 20 分钟里，我要看你们能想到多少点子，而不再是说一些客套话"。"哎呀！你们真是'沉默是金'的信徒，但是我们现在要的是'雄辩是银'的学生，从现在起，举手发言的那一组加一分。"

6. 很温和地反对别人的看法

在这种多元化的社会中，每个人都有权表达自己的看法，所以，反对一味接受别人的观点是为了要激发进一步的讨论。例如，"我可以理解你的观点是从何而来的，但我不敢确定你所说的是否一定都是这样。你们其他人是否有跟他不同的经验？""你的意见很好，但是我们家的生活经验好像与你的不一样。"

7. 默想不同意见之间的差异

除了体会多元的观点外，还要学会缓解任何会搞砸讨论的压力。例如，"我认为志明与春娇的观点并不是彼此排斥，而是把这个议题的两面都表达出来了"。

8. 统整不同的观点

把所有的观点汇整起来，并将其间的关系点出来。例如，"我们从志明与春娇的评论中可以看出，我们所使用的话会冒犯别人，他们二人给了我们一个极佳的范例，说出他们怎样被一些性别歧视的话所困扰"。

9.改变学生的参与方法或请学生站在教室前面，在众人面前发表看法，以改变小组的流程

例如，"让我们再分成更小的组，然后看我们是否能讨论出一套标准，让我们整理出不会造成两性关系紧张的用语"。"因为你们的二人小组已经讨论得差不多了，现在每一组的人要与你后面的小组并成四人小组，来做更深入的讨论。"

10.给小组的主要观点做总结并记录

例如，"我已经记下来小组讨论出来的三个重点，会造成伤害的话语是：(1)它们排斥某些人；(2)它们侮辱某些人；(3)它们受主流文化的控制"。

第九节　促进经验式活动的十大步骤

经验式的活动能帮助学生主动学习，这类活动基本上会用到角色扮演、游戏、模拟情境、解决问题的任务，而这正是要达到增进成就动机、内控力、创造思考、人际敏察（interpersonal sensitivity，指人与人之间敏锐的觉察能力）、自尊与肯定等人本功能的手段（朱敬先，2000）[298]。通常，让学生实际体验一些事远比让他们单纯地听听说说还好，我们要设计这类的体验活动时，最好要考虑以下十个步骤。

(1) 说明你的目标：学生喜欢知道到底要发生什么事以及它的原因。
(2) 推销它的好处：说明为什么你要进行这个活动，并且这个活动跟以前的活动是怎么关联的。
(3) 口头指示的时候要慢慢说：你也可以提供视觉上的支援，要让每个指令都非常清楚。必要时要提供书面的学习单，以避免学生漏掉步骤。
(4) 如果你的指示太复杂的话，要实际示范这个活动：在学生实际操作之前，就让他们看到真正的现状。
(5) 在给进一步的指示之前，先分好小组：如果你没有这样先分组，那么他们一分组的时候，可能就忘了你的指示。
(6) 告诉学生他们需要多少时间：一开始老师要先宣布整个活动要用多少时间，然后要定时宣布还剩多少时间。有时候也可以将剩余的时

间写在黑板上，以提醒学生把握时间。
（7）保持活动继续进行：不要为了在黑板上记录学生的贡献而拖累整个活动，也不要将整个讨论拖得太长。
（8）挑战学生：当活动能产生相当的团体张力之时，活动会更有活力。
（9）经常讨论这个活动：当一个活动结束之后，要让学生继续他们在活动之中所引发的感觉，并分享他们的领悟和从中所学习的东西。
（10）小心建构第一轮的经验：用一些问题来引导学生讨论，如果学生是用分组方式来进行的话，可以要他们轮流来回答。

第十节　角色扮演的十种选择

角色扮演是一种非常有用的经验式学习的方法，它能够用来激发学生的讨论、再次扮演一个事件、练习各种技能或去体验某种现象之下的感受。若要让角色扮演非常成功，就需要先懂得用不同的方式来做脚本上的设定，并在扮演的形式上加以引导。以下分别就编写剧本与扮演的形式两个层面来说明。

1. 编写剧本（scripting）

（1）自由格式（free form）：可以先给学生一个一般的剧情，要学生自己去发展细节。
（2）预先编制（prescribed）：可以给学生事先预备好的指导语，说明这些角色的基本资料以及如何扮演。
（3）用半成型的剧本（semi-prescribed）：先给学生某个情境与主角的详尽背景资料，但不告诉他们怎么去掌控那个情境，好让学生可以将自己的创意与生活经验加进来。
（4）生活的再次扮演（replay life）：学生可以描绘他们所面临的真实情境下的自我。
（5）戏剧化的阅读（dramatic reading）：直接给学生事先预备好的脚本来演出。

2. 扮演的形式（formatting）

（6）同时扮演（simultaneous）：告诉所有的学生两人一组来演戏，或三人一组演三人的戏，等等，并且能够同时进行他们的角色扮演。

（7）在台前表演（stage front）：一个或更多的学生在各组面前做角色扮演，其他的小组当作观众来提供回馈。

（8）轮流扮演（rotational）：在小组前面扮演的演员也可以找人替换，通常是打断正在进行中的角色扮演，然后以一个或多个演员来替换。

（9）不同的演员（different actors）：可以招募很多演员来扮演相同的情境，这样就能让全班看到不同风格的扮演。

（10）再次扮演（repeated）：角色扮演能够扮演第二次，甚至第三次、第四次，以试探各种不同的诠释方式，并带给学生多元的冲击。

第十一节　避免主动学习太耗时的十种方法

不管你是用哪一种策略，主动学习都是相当花费时间的。因此，不能浪费任何时间，这是极其重要的事。然而，很多老师却常常因为不知不觉让一些浪费时间的事情发生，以至于不能好好地控制时间，下面就是省时的好方法。

1.准时开始

这种做法会使晚来的人知道，你是在玩真的。如果大部分的学生还没有进教室的话，你也可以先从讨论的活动开始；或是以某些不需要全班都要在场也可以开始的活动来起头，通常这属于填时间性质的活动。

2.给予清楚的指示

在学生还不清楚之前，不要轻易开始一个活动。如果你要给学生的指示很复杂的话，最好以书面的方式来进行，既可以避免学生抄错的可能性，又能节省抄写的时间，可谓一举两得。

3.事先预备视觉上的资料

不要在黑板或挂图上写你的讲授大纲来给学生看，而是应该事先记下重点。同时，也要决定是否真的要记录学生的反应。如果是的话，就不要巨细靡遗地记录全班讨论的每一句话，而是要用头条新闻式的纲要来记录。

4. 快速分发讲义

把讲义事先以订书机装订起来，发讲义给教室内的代表区域，好让一些人也能帮你分发讲义，甚至可以在上课前就请学生将讲义分发完毕，让学生提早进入状态。

5. 加速小组的报告

各小组在纸上列出他们的讨论重点，并贴在教室的墙壁上，好让每一组的作品都能够同时被观摩与讨论。或者也可以叫各小组轮流传阅他们小组的作品，并让每组每次都只是报告一个项目，好让每一个人都能听听看看是否有报告重复之处。老师可以事先说好，各组不可以重复别人已经报告过的。

6. 不要让讨论拉长

在连续性的讨论中，老师要表达继续进行下去的需要，要提醒那些想切断的人要继续。或者，也可以设定一个时间限制，并建议每部分要花多少时间来讨论，才不至于使讨论停滞在某一个议题，而挤压对其他议题讨论的时间。

7. 迅速找到自愿者

不要无止境地等待自愿者会自动出现，在上课之前就要找好自愿者，或者在再次上课前就要找好。如果真的没有学生能马上当自愿者，可以一直叫一些学生来配合。

8. 要有心理预备会遇到打瞌睡或疲累的班级

老师要常常事先预备好一张新教材的学习单、问题单或答案单，然后要学生选一个他们同意的。通常，这些点子或新观念都是能引发学生思考或议论的。

9. 要常常加快活动进行的速度

通常把学生摆在时间的压力之下时，就能使他们变得很有动力，也能很有效率。

10. 快速使全班都注意

老师可以用很多线索或是能让学生注意到的东西来告诉全班，你已经预备好在小组讨论之后要再次集合全班了，如闹钟、计时器、哨音、击掌等，都是常见的方式。

第十二节　学生失控时的十大干预手段

对一个习惯于讲述法与全班式讨论的老师而言，他在使用主动式学习的策略时，可以减少很多教室管理上的问题。但是，如果遇到学生有垄断、分心和退缩等行为发生的话，下面的策略可以提供一些参考，其中有些适用于个别的学生，有些适用于全班的学生。

1. 使用非语文的信号（signal nonverbally）

当学生在上课时讲话、畏缩不参与或开始昏昏欲睡时，可以使用眼神接触的方式，或以直接走到他们附近的方式来处理，也可以用交叉的指头来警告多话的学生不要再讲话了，当然也可以用指掌做成一个T形的暂停手势，叫学生立即停止某项不适宜的行为。此外，童军活动中有许多请学生仿效老师动作，以达到收心目的的设计，都是值得参考的。

2. 主动倾听（listen actively）

当学生垄断了整个讨论、离题太远或是与你争论时，老师可以立即以摘述他们的观点的方式来打断，然后请别人来发言。或者，你也可以先肯定他的观点很有价值，让他觉得很有面子，然后请他在下课后再来与你继续讨论。

3. 整顿发言的秩序（get your ducks in a row）

当同样的学生一直在班上大声讲话，而其他人都在作壁上观时，老师可以提出一个问题，然后问全班："有谁能回答这个问题？"这时候你就可以发现有些新的手举起来了，然后你可以挑其中一个来回答问题。当你要找一些角色扮演的自愿者时，这个策略也可以使用。

4. 建立引发学生参与的规则（invoke participation rules）

老师可以常常告诉学生你采用的一些原则，例如：
(1) 角色扮演的过程之中不可以笑出来。
(2) 只有那些还没有发言的学生能够参加。

（3）要在别人的想法上做堆加的功夫。

（4）只讲你自己的看法，而不是为别人说。

5. 运用温和的幽默感（use good-natured humor）

幽默感能化解难以容忍的言行，但是，在使用时，要避免尖酸式的讽刺。要温和地避免产生骚扰的窘境，例如，"够啦！够啦！今天到此为止啦！"也要以幽默的方式来糗自己，而不是糗学生，例如，"哎呀！我真是罪有应得，我真是活该！"

6. 私下关怀学生（connect on a personal level）

不管你碰到的学生是退缩型，还是对人心怀敌意的类型，你都要特别注意在下课后好好地了解他们。如果你能对他们有兴趣，他们就不太可能会继续让你头痛，或继续对你保持冷淡或疏远的态度，这就是中小学推动认辅制度[①]的基本理念。

7. 改变参与的方法（change the method of participation）

有时候你可以借着使用新的上课方式，如分成两人一组，或分成小组的方式，而不再是一成不变的全班授课，这样便可以控制那些惹麻烦的学生所造成的困扰。

8. 忽视轻微的违规行为（ignore mildly negative behavior）

不要注意（或只是稍微注意）会产生些许骚扰的行为，你只要继续教学，然后看看这些行为是否会自动消失，有时候学生的违规行为只是要引起注意，若无人注意时，有可能自觉无趣而自动停止。

9. 私下讨论严重违规的行为（discuss very negative behaviors in private）

若是有一些学生的行为已经严重妨碍到正常的学习，老师必须立即制止。私下还要坚定地告诫那些扰乱秩序的人，要他们在行为上有所改善。如

[①] 中小学推动认辅制度，这是台湾教育事务主管部门在中学与小学阶段大力推动的一项教育制度。目的是要鼓励教师及志工志愿辅导适应困难学生及行为偏差学生，协助其心智发展，并培养其健全的人格。认辅对象是由各班级任课老师转介，以适应困难、行为偏差、中途辍学后又复学的学生为优先辅导对象，以需要给予高度关怀的学生为必要辅导对象。

果全班都是这样的话，要马上停止授课，并清楚地表达你对他们全班能顺利上课的基本要求，万一遇到全班素来就是秩序很差的时候，宁可多花一些时间来沟通。

10. **不要全由个人来承担所遭遇到的困难**（don't take personally the difficulties you encounter）

要记清楚，很多问题行为与你毫不相干，它们是因为当事者个人的恐惧、需求与错置的怒气所产生的。如果是这样的话，老师可以试着找出一些线索，然后看看学生是否能把这些影响他们积极参与课堂学习的因素摆一边。当然，授课老师最好也能与其他老师一起讨论，找出最适合的解决方法。

第三章

让学生从一开始就主动的策略

在主动学习的最初阶段,老师总共要完成三大目标。就算只是上一堂课而已,它们的重要性仍是不能被忽略的。这三大目标是:建立团队凝聚力、即时评量、马上投入学习。本章介绍了23个能达成这三大目标的策略,现职教师可以从中找到能适用的。

每一位有志于教育工作的人都要修习"教学原理"与"分科教材教法"的学分，对各种教学方法有一定的初步认识，而在坊间有关教学方法的书中，常常可以看到一本书中至少介绍了二三十种教学法，很容易就让初学者眼花缭乱，而其分类方法更是百家争鸣。而在欧美国家中，教学策略方面的专家曾经将所有的教学方法与策略归类为四大族群，依次是社交互动类（social family）、资讯处理类（information processing family）、个人成长类（personal family）、行为改变系统类（behavioral system family）这四大类（Joyce et al., 2000）[20]，其中资讯处理类一般又被称为认知类教学法，这是目前广为欧美学术界所接受的分类方法，可以从英文的教育资料索引光盘（ERIC）上面的研究文献得到证实。那么，在林林总总的教学法中，有哪些教学策略能让学生从一开始就主动学习呢？

再者，现职的中小学老师也经常面临一个实际的问题，那就是"哪个教学法能达成最多样化的目标"。我们在仔细评估这些教学法或教学策略的时候，不难发现这些不同的策略并没有互相排斥，而只是在适用性上有所差异而已。换句话说，某些独特的教学法是针对某种情境中某些特定的教学目标而设计的，没有哪种教学法能适用于所有的教学情境，也没有一种教学方法能达成所有的教学目标（Good & Brophy，2000）。而在当今多元社会与常态分班的时代潮流冲击下，老师要决定使用一个最有效的教学策略时，常会感到决策上的困难，这就需要合并使用多样化的教学策略才能奏效（Vilegas，1991；Joyce et al.，2000：75）。从本章起，为了达成引发学生主动学习的目标，将成系列地介绍各种策略。这些策略的安排主要是根据西尔伯曼（1996）的《101种能在各科引发主动学习的策略》一书的次序，是从开学到学期结束为止来安排，在相关的段落中，插入布朗等人的《给老师的500个小诀窍》（Brown，Earlam & Race，1995）。在使用时也可以因地制宜，或增或减实施的步骤，加上每个使用者的个人风格。

通常在新学期一开始接新班上课，你就要让学生从第一周就学习主动。如果你不在第一次上课时就这样做，那么学生的被动性就会像是水泥凝固的过程一样，会越来越被动。因此一开始就要设计一些活动，好让学生互相熟识、吸引他们的心，并引发他们对这一科目的兴趣。这里所要探讨的这些活动可以视为大餐前的开胃菜，可以让学生知道这学期接下来大概会是怎么一回事。虽然有些老师认为在第一次上课时只要有一个简短的介绍即可，但是，若是在教学过程中设计一些活动来让大家互相认识，却可以有许多的好处。

在主动学习的最初阶段，老师总共要完成三大目标。就算只是上一堂课而已，它们的重要性仍是不能被忽略的。这三大目标如下：

第一，建立团队凝聚力（team building）。亦即帮助学生互相认识，并营造一种合作与互相倚赖的精神。

第二，即时评量（on-the-spot assessment）。要知道学生的态度、认知和经验上的现状。

第三，马上投入学习（immediate learning involvement）。要让学生对这一科目产生初步的兴趣。

这三大目标达成后，就能建立一个很合适的学习环境，亦即让学生投入，增进他们参与主动学习的意愿，并营造温馨和乐的班级气氛。通常只要用五分钟到两小时来进行开始的暖身练习就可以了，时间的长短可以根据实际的授课时数来斟酌。如果能在整个学期内常常回锅使用这些练习的话，就更能加强班级的凝聚力、改进评量和加深对这一科目的兴趣。

本章介绍了 23 个能达成这三大目标的策略，现职教师可以从中找到能适用的。在选用时，请注意下面的提醒。

第一，威胁的层次（level of threat）。你教的班级向新颖的观念和活动是敞开的吗？还是你预期他们一开始就会犹豫和保留？如果一开始的活动就暴露学生缺乏先备知识，那可能不是最合适的，因为他们还没有预备好一开始就那么坦白。可行的做法是，请学生评论他们所熟悉的事，这会使他们减少焦虑，更容易投入学习。

第二，适合学生的规划（appropriateness to student norms）。一般来说，叫初中或高中的学生在一开始上课就玩游戏恐怕会比较难以接受。此外，女生会比男生更容易在经验分享的场合中发表感言。所以在为全班设计舞台来热身时，要好好考虑学生的年纪与性别后，再妥善规划。

第三，与学科的相关性（relevance to the subject matter）。除非你只对简单认识名字的活动有兴趣，要不然这一章要探讨的策略其实是能跟各科教材搭配起来的，稍微调整一下策略的实施方式，就能容易地转换到你那一科目的内容。

以上这些考虑都与你教学的每一层面有关，尤其初期在开始接触新班级之时更需要考虑到，有好的开头就容易有成功的班级。同样地，如果开头的活动看起来很有压力、很愚蠢或与课程无关的话，就会产生一种很别扭的学习气氛，反而会很难在日后克服。以下将进一步说明这三大类策略。

1. 建立团队凝聚力的策略

策略 1 到策略 11 均属于这类策略。目的是要帮助学生互相初步认识，或做深入的认识，或建立团队精神。这些策略借着让学生在教室内移动位置的方式，可以促进营造主动学习的环境，能公开地分享他们的意见和感受并去完成使他们引以为傲的作业。这些策略当中有很多是教育界非常有名的锦囊妙计，有些是我自己发明的，但它们都有一个特色，就是能够在一开始让学生变得很主动。

使用这类策略的时候，你要跟你自己教的科目做联结。同样地，你也可以尝试一些对你和学生而言都是全新的策略。在现今的时代中，你的学生从小到现在可能已经很熟悉某些常用的人际关系破冰术。所以，你若用这些常见的策略的话，很容易会让他们觉得很无趣，毕竟年轻人还是比较喜欢来一点儿新鲜的活动。

2. 即时评量的策略

策略 12 到策略 16 均属于这类策略。它们可以跟第一类策略合并使用，也可以单独使用。这类策略是要帮助你认识你的学生，同时也是要在一开始就让学生被吸引。有些策略能够让你评量到学生的某些特别的层面，其他各式各样的策略则能够让你对学生一窥全貌。如果你在接新班正式教学之前，没有机会了解学生的特质，那么这类即时评量的策略就显得格外好用。这些策略所收集到的资料也能够和你先前从学生基本资料卡、家庭访问或与前一任老师交代的资料合并考量。

3. 马上投入学习的策略

策略 17 到策略 23 均属于这类策略。这些策略设计的目的是要让学生能够立刻一头栽入这一科，以建立他们的兴趣、引发他们的好奇心和激发他们的思考。我们要深刻体认一件事实：如果学生不动脑筋，那他们就根本做不了什么事。很多老师常犯一个错误，就是太早开始教学了，根本没有顾及学生的心理还没有预备好，或是还没有投入。使用这类策略的好处则在矫正这一个情势，能免去许多对牛弹琴或心不在焉的窘境。

策略 ❶ 交易场所

💭 概要

这个策略能使学生彼此熟悉、交换意见及想出新的想法、价值观或问题的解决方案。它是能在短时间之内就促进自我表达或主动交流意见的好方法。

💭 实施的步骤

1. 给学生一张或数张便利贴（老师要决定只提供一张或数张便利贴，看哪一种方式的效果会好一点儿）。
2. 要求学生针对以下几点来书写：
    a. 他们所坚持的价值观。
    b. 他们最近所拥有的经验。
    c. 对老师所提问题的一个创意的想法或解决之道。
    d. 对班上某一科目的一个问题。
    e. 在老师所选择的主题下，他们所抱持的意见。
    f. 关于他们自己的基本资料或正在修的课的资料。
3. 要求学生将便利贴贴在衣服上，并且绕着屋子观看其他人的便利贴。
4. 接下来，在短时间内针对某个价值观、经验、想法、问题、意见或事实来进行便利贴交易。所有的交易只有两个结果，成交或不成交。如果学生喜欢的话，可以鼓励学生尽可能完成更多的交易。
5. 集合全班，并且要求每位学生分享他们所完成的交易，以及为什么要进行此交易。以下是一些例子：
    a. 价值观的交易："我和志明交换便利贴，因为他认为'不应该未经同意就拿别人的东西'，我非常赞同他的看法。"
    b. 经验的交易："我和春娇交换便利贴，因为她的纸上写到她曾经到过垦丁旅行。我真的想到那里旅行，因为我的祖父是屏东人。"
    c. 解决策略的交易："我正在苦恼于理科报告要做什么主题，美惠主动提供研究家乡河流的好点子，所以我跟她交换了便利贴。"

💭 其他变化的方式

1. 在便利贴的交易后，将学生编成四至五人的小组，并且让他们讨论便利贴的内容，最后每组分派代表来分享。

2. 让学生将他们的便利贴贴在黑板或布告栏上，然后一起讨论它们相似与不同的地方，这样能在最短的时间内，让每个人找到志同道合的朋友，并带来多元观点的刺激。

3. 请每位学生分享自己最满意的一项交易结果，并说明原因。

4. 可以编成同质性的小组，请他们在本周内进一步认识同一组的组员，然后在周记上记载自己的收获。

🌀 适用对象

适用科目：各科均可。

适用年级：小学高年级以上均可。

🌀 相关的学理根据

1. 本策略是根据人际关系中的"约哈里之窗"（Johari Window）（如图3-1）理论来设计的。它能让每个人在最短的时间内，揭示更多的公共领域，缩短人际关系的摸索期。

人知 + 我知 公众我	人知 + 我不知 背脊我
我知 + 人不知 隐藏我	我不知 + 人不知 潜在我

图 3-1 约哈里之窗

2. 本策略如果是采取价值观的交易方式的话，则是价值澄清法（value clarification）的具体实施，因为它包含了七大步骤中的前五个步骤：自由选择；从各种可能选择的途径中选择；对各种可能选择途径的后果三思后选择；重视和珍惜所做的选择；愿意公开表示自己的选择。至于根据自己的选择采取行动与重复地实行，则有待其他的策略去补强（Raths，1966；欧用生，1978）。

3. 本策略在认知上是根据"头脑风暴"（brainstorming），提供多元观点的刺激，允许各种自由联想。通过头脑风暴让学生有更多知性上的互动，以激励其创造性思考，亦即面对待解决的问题来进行讨论，要求学生尽可能地提出更多的不同观念，然后从评鉴历程中，筛选出创造性的观念（朱敬先，2000）[463]。

🌀 实施的现状

通常在初中综合领域的辅导活动课、童军课[①]等科目中比较常见，然而，这个教学策略在实施上并无年龄与科目的限制，至少在大学英文口语表达训练一科中，就常常可以看到它的踪迹，因为类似的对话可以一再地练习，又可以多听别人的想法，增进同侪之间的情感交流。

🌀 在实施时需特别注意之处

由于这个策略在实施过程中，要求学生绕着屋子以观看他人胸前的便利贴，所以活动进行时必定会产生噪音问题。因此，在实施时需注意以下几点：

第一，在活动开始前，先与学生做口头约定以达成共识，或是将"秩序维持"列入个人或小组评分，以降低噪音音量。

第二，事先与相关行政人员或巡堂人员沟通，以避免不必要的误解。

第三，更重要的是，必须取得紧邻教室上课教师的谅解，以免噪音干扰别班的教学。

策略 ❷ 谁在班上

🌀 概要

这是一种很受欢迎的人际关系破冰术，就像是一位侦探，将寻找对象的焦点集中于班级中的同学。这个策略不拘人数多寡都可适用，而且可以以不同的风貌来呈现。它不但可以培养团队精神，而且可以在编班一开始就有顺利的分组活动。

🌀 实施的步骤

1. 想出 6 到 10 个句子，以完成"找出某人是……"这类话语为开头的句子。这样的句子必须包含可以将学生快速分类的描述，并可以根据这些描

[①] 童军课，一个按照特定方法开设的课程，旨在为青少年提供生理、心理和精神上的支持。

述来进一步迅速分组。例如，我们可以使用下列句子来开始活动：

"找出班上某些人，他们……"
喜欢_____（打篮球、唱歌、在网上聊天……）
非常熟悉_____（校园环境、网页制作……）
认为_____（天下无难事、一切天注定……）
擅长_____（绘画、书法、演讲、讲笑话……）
已经有_____（自行车、电脑、数码相机……）
相信_____（努力就会有好成绩、爸爸和妈妈是最爱我的人……）
最近读完的一本书是关于_____（恐怖故事、大自然、伟人传记……）
擅长的科目是_____（数学、英语、文学……）
讨厌_____（吃青椒、被讥笑、做家务……）
曾经学过_____（心算、跆拳道、舞蹈、钢琴……）
有一个关于_____的好主意（寒暑假旅游、假日购物、读书计划……）
拥有一个_____（可以跟朋友分享的秘密基地、忠心的宠物……）
想要（或不想要）_____（担任班级干部、利用午休为学校服务……）

2. 分发这些句子给学生，并给予下面的指示："这活动就像是一个侦探的搜寻工作，要寻找的对象是班上的每位同学。当我说'开始'后，你们就可以在这间教室游走，来寻找符合上列叙述的同学。你可以针对单一叙述找一个最适合的对象，就算他的条件不止符合一个叙述也可以。当你发现有一个符合，你可以把这个人的名字写下来。"

3. 当大部分的学生都做完的时候，就停止寻找的活动，并重新集合全班。

4. 你可以提供一个象征性的奖品给最早完成的同学。更重要的是，你可以调查这班在每个项目上的基本数据。此外，还可以鼓励学生对于那些能引起全班兴趣的主题进行简短的讨论。

其他变化的方式

1. 要让每个人都有足够的时间来完成他们的搜寻工作，以避免恶性竞争。

2. 要学生与别人互相核对，找出每个人到底符合多少项目。

3. 为防止产生过量的噪音，可以将"秩序"列入评分项目。

4. 可以以性别来分组，亦即男生访问男生，女生访问女生。

🌀 适用对象

适用科目：各科均可。
适用年级：小学中年级以上均可。

🌀 相关的学理根据

1. 本策略所使用的未完成句子有一点儿像人格测验中的语句完成测验（sentence completion），语句完成测验的目的在于诊断与研究，而在此，未完成句子的功用只是一种帮助熟悉他人的工具。

2. 本策略是根据人际关系中的约哈里之窗理论来设计的（如图3-1），它能让每个人在最短的时间内，揭示更多的公共领域，缩短人际关系的摸索期。

🌀 实施的现状

1. 一般在综合领域中的童军课或辅导活动课的团体活动中，会有类似的设计，以便迅速打破彼此的陌生感，拉近学生间的距离。在当今的教育体制下，类似的活动设计似乎在初中一年级的暑期课业辅导时比较常见，这是因为刚升上初中，课业压力还不至于太重，才有实施的时机。

2. 在大学或中学的英语表达训练之类的科目或单元中，曾经看到类似的版本，让学生在愉快而无压力的气氛之下用英文沟通，并增进同侪之间的友谊。其实施的步骤调整如下：

   a. 发给每位学生一张白纸，要求每个人写下"我最近发生的糗事或特别让我难忘的事情是……"的一到三句的叙述句。

   b. 收集学生所写的句子，从中至少挑选每个人的一句话，整理成一份学生特别事迹的资料，但是叙述句中则不必注明该生的名字。

   c. 在下一次上课时，将这份整理过的资料发给每位学生，说明这是上一回同学写的个人最近的事，现在则是要进行"人"与"事"的配对。

   d. 老师宣布"开始"之后，学生必须在20分钟左右，用英文询问找出符合每个叙述句的同学，并写下对方的名字（这种方式能让学生在最自然的方式下，不断地练习基本的句型，以达到过度学习的目的)。

e. 集合全班，然后给最先完成者热烈的掌声来鼓励；同时，老师也要鼓励、肯定大家的参与，并分享老师个人最近的事以回馈学生。

🟢 在实施时需特别注意之处

由于这个策略在实施过程中，要求学生游走在教室里寻找符合叙述的同学，所以活动进行时必定会产生噪音问题，因此，在实施时需注意以下几点：

第一，在活动开始前，先与学生做口头约定以达成共识，或是将"秩序维持"列入个人或小组评分，以降低噪音音量。

第二，事先与相关行政人员或巡堂人员沟通，以避免不必要的误解。

第三，更重要的是，必须事先取得紧邻教室上课教师的谅解。

策略 ③ 设计小组的简历

🟢 概要

简历基本上是描述一个人的学历背景。而"小组的简历"则适用于让彼此陌生的学生能互相认识，或彼此都已相识的团体凝聚向心力。如果这个策略能和你所教的科目有关联的话，将会特别有效。

🟢 实施的步骤

1. 将学生分组，以三到六个人为一组。
2. 告诉学生他们的简历需要列出特别的才能和经验。
3. 建议学生去设计一个能突显小组特色的简历，必要时可以略加吹嘘(你也可以提供一个假想的工作或他们可做到的工作当作简历的内容)。
4. 发给各小组白纸和色笔来设计他们的简历，要求简历内容必须能将整个小组推销出去，其内容为：教育背景、班级的基本资料、工作经历、担任过的职位、特殊技能、兴趣、旅游的经历、家庭、特殊成就。
5. 邀请每个小组报告他们的简历，分享小组全部的资料。以下是商用文书班的小组可能写出来的简历：

> # 我们是商用文书小组
> ### （家惠、小娟、志雄、俊杰）
>
> 地址：
>
> 联系电话：　　　邮箱：
>
> ⊙ **应征目标**
>   希望工作的性质能发挥我们在写作和编辑上的技能。
> ⊙ **学历**
>   1. 在职场八年的编辑工作经验；
>   2. 大学毕业。
> ⊙ **专业知识**
>   在英文写作上的专业知识。
> ⊙ **设备**
>   拥有两台个人电脑。
> ⊙ **精通的文字处理软件**
>   Microsoft Word 和 PageMaker。
> ⊙ **嗜好**
>   烹饪、做日光浴、跳舞、购物。

其他变化的方式

1. 为了使这个活动进行顺利，可以先发给同学一份预先拟好的简历大纲（如目标、学历、经历、兴趣、特殊专长等），让学生知道要收集哪些资料。

2. 要求学生依你给的大纲互相访谈，而不是让学生直接写出一份简历，这样才能增进认识的深度与凝聚小组的向心力。

3. 可以将学生分成两大组：一组是求才组，一组是求职组，然后进行一场模拟面试，最后公布录用者名单，并请录用者及求才者代表来分享。

4. 根据小组简历的特点，指派一项特殊任务，如编一份班刊，贴在教室布告栏上，使被指定的小组能以具体的成果展现实力。

适用对象

适用科目：语文、童军活动、综合活动、自习课等。
适用年级：初中以上。

相关的学理根据

所谓的"自我概念"（self-concept）是指我们对自己的想法、感觉、态度等的综合（Hilgard et al.，1979），亦可解释为，我们根据自己对自己的看法，而建立对自己的形象、感觉与态度等有组织的基模，但此类基模并非永久不变的，可能随自我知觉依情境不同而异。研究发现，学生自我概念乃影响其教室行为及学业成就之重要变项，往往学生在学习和行为上的问题，可能即由于缺乏积极的自我概念（朱敬先，2000）[150]。因此，设计小组简历的策略可以将每个人都积极融入小组中，勾勒出一个有信心又有能力的小组形象，可说是一种自我概念的延伸，让每个组员发展出对小组的归属感。

实施的现状

在童军活动中，常常可以看到小队有类似的应用。而在生涯辅导的活动中，偶尔也能看到这个策略的类似应用。

在实施时需特别注意之处

1. 可以在上课之前就做好分组的规划，以节省上课时间。
2. 可以请小组事先做好一些成品，以便在分享小组成果时，或是在实施求职晤谈过程中可以具体展现。

策略 4 预测别人

概要

这是一个让学生能彼此了解的迷人方法，也是一个对第一印象的有趣实验。

实施的步骤

1. 将学生分组，以三位或四位学生为一组，同一组的组员最好彼此是陌生的。

2. 请学生去猜测他们那一组每位同学对老师的问题可能会给出的答案，以下问题是适用于各种情境的：

  a. 你喜爱的音乐是什么类型？

  b. 你喜欢的休闲活动有哪些？

  c. 你通常晚上睡几个小时？

  d. 你有几个兄弟？你排行老几？

  e. 你是在哪里长大的？

  f. 年幼时的你喜欢做什么？

  g. 你的父母对你的管教方式是严格的还是温和的？

  h. 你曾经做过什么工作？

  备注：教师可依照实际班上学生状况增加或修改题目。

3. 每小组选择一位同学担任第一个"焦点人物"，鼓励该组组员对该同学做最具体的猜测，不要怕去做大胆的猜测。在猜测的过程中，当"焦点人物"的同学不可对其他同学的猜测有所表示，直到该组的每一名组员都猜测完毕后，该生才可以开始回答所有的问题。这时候，很可能会有"跌破很多专家眼镜"的戏剧性效果，让大家在惊奇与欢乐之中深入认识别人。

4. 每一组的每一名组员都要轮流当"焦点人物"，使大家都能有机会让他人认识自己。

5. 若是还有时间的话，老师可以集合全班，请最让大家猜不到的人来现身说法。

🌀 其他变化的方式

1. 可以设计一些问题，要学生对每个人的观点或信念提出预测，例如，"什么是做朋友的最重要条件？""什么是选择伴侣的重要条件？"

2. 不要做预测。相反地，请学生一个一个地马上回答问题。之后，询问每一组的组员，在他们知道事实后，有什么让他们感到讶异（以他们对他人的第一印象为基础）。

🌀 适用对象

适用科目：新生训练、辅导活动、童军活动、英语会话课或班会时间。

适用年级：小学中年级至大学。

相关的学理根据

1. 由于青年期之重要任务为"自我统整"（ego identity）的发展，此乃奠定个人发展的坚实基础。若一个人对"我是谁"、"我为何而活"与"我究竟要什么"等问题没有肯定的答案，或对人生没有明确方向，对自己也混淆不清，则容易对未来产生彷徨（朱敬先，2000）[56-57]。因此，除了加强自我概念的训练外，也应该多借由别人的回馈来了解自己。

2. 在认识自我与人际沟通的领域中，约哈里之窗是一种已被普遍接纳并运用的理论，约哈里是从创始人约瑟夫·勒夫和哈里·英格拉姆两个人的名字中截取而成的。在这个理论中，有别人知而自己亦知的"公众我"、有别人知而自己不知的"背脊我"、有别人不知而自己知的"隐藏我"、有别人不知而自己亦不知的"潜在我"这四大区域（如图 3-1）。本策略是运用约哈里之窗中的技巧，借着自我坦露与回馈的机制来促进人与人之间的了解。

实施的现状

在新生训练、辅导活动课或一般性的团康活动中通常会有类似的安排，但是在中学的英文会话课中，也可以看到调整过的应用实例。

例如，为了克服学生开口说英文的障碍，可以将简单的句型范例融入这个策略中，亦即先发给每个学生一张学习单，上面记载一些如上述步骤的叙述句，或是与该班实际状况比较配合的句子，并在黑板上贴上海报，上面有学习单上的问题题号转成的表格，每找到一位合乎条件的同学就可以在表格的栏内填上名字，要连成一条直线（包括对角线）才算猜中了。这时候在强大的竞赛压力之下，学生便会不顾一切开口说英文。在猜测学生特质的时候，不只对班上同学有进一步的认识，更能自然而然地用英文交谈。因此，未来各种外语会话单元应该都能直接套用。

在实施时需特别注意之处

1. 老师需要在活动一开始就要求每个人不得作假，否则虽然顾全了面子，回馈的机制却没有太大的意义。

2. 在活动结束后，老师要告诫大家，不可因此取笑别人或做出任何伤害别人自尊的事。

3. 活动进行之中，老师需要做行间巡视，以避免学生过于喧哗或是浑水摸鱼。

4. 第一次接新班级时，学生之间的生疏感有时候会造成活动进行上的困难，老师需要从旁关心与协助。

5. 设计问题时，要注意到生活化、时事化、现代化，以事先规划的问题来避免无限制的漫谈，并避免人身攻击或敏感的问题。

策略 5　设计电视广告

概要

这个策略对已经互相认识的学生来说，是一个很好的开始。它能够使团队激荡出许多点子与创意，并且可以通过沟通、协调及最后达成共识的过程，增进团队的默契和凝聚力。

实施的步骤

1. 首先将学生分成数个小组，每一组不超过 6 人（如果是迷你班级的话，每组人数还可以减少）。

2. 要求每一组制作一个 30 秒的电视广告，广告内容以班级的学科为主题。例如，班级的课程对他们的重要性（或对世界的重要性），也可以在广告中结合该学科领域中有名的人物和事件等。

3. 广告应该包含：
   a. 动人的口号。比如，"关心自己，也关心别人""行路讲礼让，安全有保障""醉不上道"等。
   b. 视觉效果，比如，3D 电影《泰坦尼克》的海报，标题为"视觉华丽升级，3D 磅礴呈现"，其视觉上的轰动效果十足。

4. 充分地解释广告的一般概念及纲要。但如果有某一组想把广告表演出来，那也很好，只要时间上许可，应该让学生将文案转化为行动。

5. 每小组开始计划广告之前，可以讨论一些时下有名的流行广告的特征来激发创作力。例如：
   a. 使用名人，比如，很多公益广告以影视、体育界明星为主角。
   b. 幽默感，比如，某些广告用诙谐可爱的动物卡通形象增加幽默感。
   c. 比较竞争者，比如，某品牌广告以比较别家品牌的手法来呈现。

d. 性吸引力，比如，某品牌沐浴乳广告以真人沐浴的镜头来表现。

6. 请每组发表他们的作品和创作理念。老师原则上只需称赞每个小组的创作力，而不需消极的批评。唯有老师没有消极的批评，以后学生才会敢于发表任何有创新性的构想。

● 其他变化的方式

1. 让每组制作印刷广告来代替电视广告，可以是单张的图文广告，也可以是四格漫画式的广告。如果可能的话，让学生制作录像带或 VCD 广告，或电脑动画广告。

2. 广告的题材除班级课程外，也可以包括他们的才艺或以学校为主题。

3. 可以配合"六六讨论法"，以争取时效。所谓的"六六讨论法"是指每组六人，每组推选一位主席，由主席指定一位计时人、一位记录人及一位发言人，六个人轮流发言，每人限时一分钟，六分钟达成小组的结论。这种方法属于改良式的头脑风暴，搭配使用在本策略中，可以使广告设计的过程更富有刺激性。

● 适用对象

适用科目：各科目均可，尤其适用于小学的生活与伦理课，初、高中的道德课或高职的广告营销单元。

适用年级：小学高年级到大学阶段皆可。

● 相关的学理根据

1. 这个策略主要是根据内布拉斯加大学克劳福德（Robert Crawford）教授于 1954 年所提倡的属性列举法（attribute listing）的原理，以系统的方式对旧有的事或观念加以分析，而获得新的看法。换言之，本策略是将流行广告的特征当作特殊的属性来探讨，如果配合头脑风暴，可以产生更佳的效果。

2. 属性列举法的实施步骤是（Crawford，1954）：

   a. 选取任何一个平常的东西、问题或挑战物。
   b. 尽可能地列出其属性。
   c. 挑选出其中一个属性。
   d. 提出任何能改变该属性的方式。

🌀 实施的现状

目前这个策略在中小学偶尔有一些老师实施，比较常见的例子是在大专院校的英语会话教学中。例如，由每一个 6 人小组用 3 星期的时间制作一个大约 3 分钟的英语广告，广告内容包含日常用语及口号，由各组成员穿上戏服上台表演，并由师生共同评分。这种运用的方式能让学生开口说英语，也让每个小组能快速建立凝聚力并发挥创造力。

🌀 在实施时需特别注意之处

1. 因为一般的学生对讨论与创意的教学过程接触比较少，因此，可以让学生先有足够的搜集、酝酿与统整的时间，不一定要在同一天从讨论到成果发表都进行完毕。

2. 学生的作品有可能非常荒诞不经，但是，因为这个策略一方面是要让大家体验沟通、协调的过程，另一方面是要引发大家的创意，所以一般的价值判断的标准需要放宽。

3. 如果是在中小学实施时，要特别掌握时间与掌控班级秩序，否则学生激动的情绪与噪音会影响教学流程的进行。

策略 ❻ "我们是同一国的"

🌀 概要

在一开始编班时，这个策略能让学生借着分组活动很快彼此熟悉，活动进行的节奏很快，而且非常有趣。

🌀 实施的步骤

1. 你在任教的班上，制作一张分组活动的项目表，来让彼此认识，项目表的种类至少可以包含以下例子：

　　a. 你生日的月份。
　　b. 你喜欢或不喜欢的人（要排顺序，如诗人、演员、科学家……）。
　　c. 你喜爱或嗜好的项目（如书、歌曲、快餐餐厅）。
　　d. 你用哪只手写字。

e. 你鞋子的颜色。

　　f. 你对时下社会议题的意见所采取的同意或不同意的立场，例如，"是否应该发展核能发电厂"。

你也可以使用跟你现在教学有关的学科的类别，像是：

　　a. 你喜爱的作者。

　　b. 在这一科中你所同意或不同意的某个人是谁。

　　c. 在这一科中你所知道或不知道的人或概念。

2. 将桌椅搬至教室两旁，挪出一些空间以利于学生自由移动。

3. 宣布某一项类别，使拥有某一特征的人聚在一起，指导学生快速定位，移动到他们所属的群组。例如：

　　a. "同意发展核能发电的到我的右手边，不同意发展核能发电的到左手边。"

　　b. "春天出生的到我的左手边；秋天出生的到我的右手边；冬天出生的到我的前方；夏天出生的到我的后方。"

4. 当学生形成群组时，要求他们跟同伴握手，互相说"我们是同一国的"或"我们是同一伙的"，并约略观察其他组有多少人。

5. 马上用下一个类别来进行分组，学生听到你的宣布时，会由原来的群组移动到下一个群组。

6. 重新集合全班，讨论由这个活动所观察到的同学间的差异性。

其他变化的方式

1. 在同一群组中找出跟大家不大一样的人，例如，"咬手指甲的人""手毛特别长的人"。

2. 邀请学生共同参与分类项目的编制。

适用对象

适用科目：凡是需要分组的科目或单元均适用。

适用年级：小学低年级至初中。

相关的学理根据

所谓的"分组活动"是利用合作学习的方式，是指在教学过程中，学生以主动合作的学习方式，取代教师主导的教学，借以培养学生主动求知的能力，发展合作过程中的人际沟通能力，从而养成其团队精神，其中有一个明显的特征是"团体历程"（Johnson & Johnson，1989）。

此乃由团体活动达到预定目标的历程，从中学习如何分工、如何监督进行的过程、处理困难与维持成员间的关系等。凡校内外之人力、物力资源，皆设法加以搜集、联络、运用；学习结果的资料处理、统计分析、撰写报告、讨论批评等，皆可从中培养合作精神与应变能力（朱敬先，2000）[294-295]。

实施的现状

在综合领域中的童军课、辅导活动课或初中新生上暑期辅导课时，比较常见到这种设计。这个策略能够让学生在既轻松又自然的气氛下彼此认识，因共同的特性而拉近彼此的距离，甚至能结交到气味相投的伙伴。

在实施时需特别注意之处

由于这个策略在实施过程中，学生经常要移动至所属的群组中，所以活动进行时必定会产生噪音问题，因此，在实施时需注意以下几点：

第一，在活动开始前，先与学生做口头约定达成共识，或是将"秩序维持"列入个人或小组评分，以降低噪音的音量。

第二，事先与相关行政人员或巡堂人员沟通，以避免不必要的误解。

第三，更重要的是，必须事先取得紧邻教室上课教师的谅解。

第四，老师最好能在活动进行中观察到学生的差异性，并记录下来。

策略 7　扎实地混熟

概要

大部分认识新伙伴的活动都很难深入认识对方，而这个策略则是设计一种有深度的体验过程，让一对一对的学生扎扎实实地混熟。

实施的步骤

1. 可以用任何的方式把学生配成两人小组，配对的标准可以包括：
   a. 从来不认识的两个学生。
   b. 不同性别的两个学生。

c. 从来不曾一起工作的两个学生。

d. 来自不同背景的两个学生。

e. 有不同经验或知识的两个学生。

2. 分组之后，每组要用 30 到 60 分钟来互相认识。老师可以建议他们去散步、一起喝咖啡或汽水，甚至到对方的家或宿舍探访。

3. 老师提供一些参考性的问题，让学生能用来彼此互访，例如：

a. 你家里的成员。

b. 你父母的职业。

c. 你父母的家乡。

d. 你最得意的事情。

e. 你最出糗的事情。

f. 你最想要做的事情。

g. 你有什么特别的技能。

h. 你最大的优点。

i. 你最大的缺点。

j. 你最崇拜的偶像。

k. 你最讨厌的人、事、物。

4. 当全班再次集合后，给每组一个能一起做的工作，这个工作是与这个科目有关系的，例如：

a. 会说客家话的人，要教大家说客家话的简单问候语，例如，"你好吗？""再见！"

b. 会美工设计的人，可以利用课余时间绘制下一单元的教室布置。

5. 先试行这样的配对分组，成为一个月的学习伙伴。如果发现不适合，就再做调整。

其他变化的方式

1. 如果可能的话，可以三人为一组或四人为一组。

2. 让学生站起来将自己的组员介绍给全班，这尤其适合刚开始编班后第一次上课时来实施。

3. 可以指定学生将这个体验活动的过程与心得写在周记上，以使老师能在最短的时间内深入了解每一个学生。

适用对象

适用科目：导师时间、班周会时间、辅导活动课。

适用年级：小学中年级至大学。

相关的学理根据

时空接近性是人际吸引的要件之一，这也就是俗语所说的"近水楼台先得月"，通常与我们接触及互动越频繁的人，就越容易成为我们的朋友。这个策略的互相晤谈阶段基本上属于人际关系的破冰术之一。

而这个策略的后半部要求当场合作完成一项任务，并持续搭档为学习伙伴长达一个月，则是牵涉到合作技巧或团队默契的培养，因为合作技巧的学习通常有五大步骤（Johnson et al., 1990）[99]：

(1) 确认学生有学习这个技巧的需要。

(2) 确认学生了解这个技巧到底是什么、什么时候要用到它。

(3) 设定练习的情境，鼓励学生精熟该合作技巧。

(4) 确认学生有足够的时间与必备的程序来练习该技巧。

(5) 确认学生坚定、持续地练习该技巧，直到成为自然的反应。

实施的现状

除了新生训练的场合外，目前这个策略比较常见的是在大专院校的英语会话教学中，其中以外籍老师的使用率比较高，其实施的方式通常是以抽签方式将全班分成两人小组，每组男女各一人，每人在分组后向老师领取一份记录本，在当次上课的时间内，两人需以英文互相自我介绍并做记录。在记录本上还有许多深入的问题，可以让每一组在课余时间互访并填写，然后，一周后缴交记录本，并于下一次上课时用英语介绍对方。

在实施时需特别注意之处

1. 彼此做深入的访问是建立新友谊的基础，而指派每组需合力完成的作业则是进一步巩固友谊、培植团队默契程度的设计。但是，这都是短期的做法，要真正让大家水乳交融，还是要试做一个月的学习伙伴，使学生在特别设计过的情境中学习才能实现目的。

2. 这个策略可以配合"合作式学习"（cooperative learning）的方式来实施，

让小组的成员之间因教材、角色与学习任务上的相互倚赖，而有密切的互动。

策略 8　小组暖身活动

概要

通常主动学习是借由长期实施分组学习的方式来增进的。分组学习中大家共同研究、做专题或是参与其他合作学习的活动。当老师计划实施长期的分组学习时，要有一些建立团队凝聚力的活动，以确保一个稳固的开始。当然这一类建立团队精神的活动不止一种，下面介绍的则是深受欢迎的一种。

实施的步骤

1. 给予每个小组一沓卡片，每组最好是不同大小的卡片。

2. 要每组利用所发的卡片来创作一个立体的"度假小屋"，学生可以或撕或折这些卡片，并把它们组合粘贴。在动手做之前要请学生先讨论并规划，老师也要提供一些色笔让每组能在卡片上画图并装饰。每一组借由这个过程将会成为很有效率的小组。

3. 给予每个小组至少15分钟去创作，不要去催促或给他们施加压力，因为让他们有成功的经验是很重要的。

4. 当活动结束时，邀请全班环绕每个小组一周观看小组成果，要求小组成员展示他们的成果和解释他们的架构。老师要赞美每个小组的成果，不要做竞争性的比较。

其他变化的方式

1. 提供乐高积木或木制积木，要求小组去建立一个小组的纪念碑，是又高又稳又美观的碑，或要求小组在固定时间内完成一个立体的成品。

2. 巡视成品之后，再召集所有的小组，并询问："当大家一起工作时，什么行为是对小组有帮助的？""什么行为是不那么有帮助的？"

适用对象

适用科目：任何需要分组学习的科目。

适用年级：小学中年级至大学。

相关的学理根据

教学之前,要考虑学生的学习准备度,正如马斯洛所主张的,如果学生的基本需求并没有获得满足的话,他们同化(assimilation)与处理新的教材的能力会相对地降低;而在这些基本的需求中,归属感、权力感与成就感的需求天天在每一间教室中运作着。换句话说,他们天天都因"被需要"、"有影响力"与"有才干"的需求而被驱策着。而建立团队凝聚力的活动就是在这种前提之下设计出来的,不能将之视为幼稚的活动,因为这类活动一般都能达到三类功能(Abrami et al., 1995)[47-49]:

(1) 建立一种互相接纳、自由自在与有使命感的情境气氛。
(2) 让学生发展出一种被包容的感觉、能力增进的感觉。
(3) 让学生发展出对自己、对同学与对小组伙伴的信心与信任感。

实施的现状

在中学阶段比较少听到这类活动的实施经验,倒是小学阶段、实施合作学习的班级或体制外的实验学校曾经有类似本策略的实施经验。

在实施时需特别注意之处

1. 因为融合了美劳或工艺的成分,再加上不催促学生在紧迫的时限中交出成品,所以可以考虑与美劳或工艺科合科教学,以增加学习时间。

2. 老师在过程中需要不断做行间巡视,以确保学生专心进行学习任务,并随时提供必要的帮助。

策略 9 温故知新

概要

因为经过一段学校生活后,再次上课时容易产生衔接不上的困扰,所以在每次上课时,若是能先花几分钟复习一下前几次上课的内容,对学生的学习是很有帮助的。

实施的步骤

1. 在上课铃响后,老师要欢迎学生回到班上来上课。然后告诉他们,在进行今天的教学进度之前，值得花几分钟来复习一下。

2. 向学生提出至少一个问题。这些问题的目的是要提振学生的学习动机或确认先备知识：

　　a. 你还记得我们上次上课的内容吗？你觉得什么令你印象深刻？

　　b. 在上次课堂结束后，你曾读过什么？想出什么新点子？或做了什么？在什么场合应用到所学的东西？如果没有的话，你认为可以在什么场合用到？

　　c. 在这两次课堂之间你曾有过什么有趣的经验？

　　d. 现在有什么事令你挂念（例如，考试的忧虑）以致影响你上课的注意力？

　　e. 你今天觉得如何？（可以用有趣的方式来表达，譬如，"我觉得现在的我很像是一头吃饱了想睡觉的无尾熊"。）

　　f. 自从上次上课之后，你猜今天的课程会上什么？你有没有什么特别的期待？

　　g. 提出你自己想问的问题。

3. 可以用任何一种方式来获得答案，例如，分组讨论或由老师任意挑选已经举手的学生来作答（可参考前述的"随时都能引发学生参与的十个策略"）。

4. 当学生进入状态之后，就继续按预定的进度教学。

其他变化的方式

1. 由老师直接复习上次上课的内容。

2. 在上课之前先委托班长收集学生的问题，由老师将纸条内容稍做整理，然后开始上课时就请大家一同回答，当大家都答不出来时，就由老师来解答或做补救教学。

3. 针对上次上课的内容让学生表决，看他们最想要复习的是重要观念，还是课文中的某些章节，然后就开始复习。

4. 如果是英语科的话，可以配合宾果或九宫格的游戏，来进行单词、词组或课文中主要概念的复习。这种游戏式的复习能使教学更生动活泼，加强学生的学习动机与参与感。

5. 如果是采用分组的方式上课的话，答题的方式可以采取各组抢答，以增加趣味性与引发学习动机。

6. 可以通过小组轮流回答的方式来进行，如果轮到的小组无法在30秒之内答出来的话，其他的小组就有机会来抢答。

7. 如果在下课之前，能够将前一次上课与当天上课内容再做一次整理，效果会特别好。

💭 适用对象

适用科目：几乎所有科目均可。

适用年级：小学中年级至高中。

💭 相关的学理根据

1. 心理学家桑代克（Edward Thorndike）曾提出"学习的三大定律"，其中，学习的准备律（law of readiness）是指要注意学习者的心理与生理的准备度，使其准备好对学习刺激产生反应；练习律（law of exercise）是指练习次数越多时，个体的某种反应与某一刺激间的联结则越强；而效果律（law of effect）则是指行为回馈或增强物能使学习稳固，而无效果之反应将逐渐减弱。本策略基本上是在开始学习新单元之前确认学习准备度，并提供练习机会的一种做法。

2. 在正式上课之前，老师所问的问题是引起学习动机的常见手段，这种策略在很多情况下能有效打破沉默。

3. 奥苏贝尔（David Ausubel）提倡有意义的学习（meaningful learning），每次讲授都要配合前导组织架构（advance organizer），让学生能够将新旧教学内容的脉络统整起来，而这正是本策略所着重的。

💭 实施的现状

这个策略是非常普遍实施的，几乎各科的老师都会用 5 到 10 分钟来复习上一次上课的内容，只不过老师所提出的问题的类型，并不见得会像本策略中所建议的变化那么多。此外，一般老师的做法是直接指定复习的内容让学生回家准备，然后在下次上课时直接以小考来验收复习的成果，这与本策略的精神有相当大的出入。

💭 在实施时需特别注意之处

在当今的学校系统中，教学进度的压力迫使许多老师一上课就赶进度，而无视学生是否一脸茫然，所以今后若要在中小学普遍实施的话，可以参考以下建议：

第一，至少花五分钟来复习上一次课的内容，如果学生的反应很热烈的话，最多不要超过十分钟，这样才不至于耽误当天的教学进度。

第二，分别问那些最聪明的学生、中等程度的学生与学习缓慢的学生一些问题，并根据学生的反应，来决定接下来要花多少时间，或以什么方式来进行今天的教学。

第三，如果超过一半的学生对上次的教学无法吸收，可以考虑在放学后进行补救教学，或者老师必须改变教学的方式，不可一成不变。

第四，可以考虑将先前所解决的问题不定时地加入随堂考试之中，以检测学生是否真的理解。

第五，如果学生的反应不佳，可以考虑公开鼓励发问的同学，给予加分或口头赞扬。

策略 ⑩ 大风吹

概要

这是一个能快速化解陌生感的游戏，借着让学生移动，在欢笑中来让彼此很快地认识，并且建立团队的凝聚力。

实施的步骤

1. 将椅子排成圆形，让每个学生找一张椅子坐下，确定每个人都有一张椅子。

2. 先告诉学生，如果有人符合你接下来要说的条件，就要站起来，找另一张椅子坐下。

3. 老师站在圆圈中央，说："我的名字叫作＿＿＿＿（张三风），大风吹，吹……"记得要选一些较符合班上大多数人的条件，例如，"吹喜欢吃红烧牛肉面的人"。另外，为了增加趣味性与参与度，在内圈轮值的人说"大风吹"之后，其余的学生可以说："吹什么？"

4. 这时候，所有喜欢吃红烧牛肉面的学生必须站起来，找另一张空椅子坐下，而老师也从容地找一张空椅子坐下，如此便有一名学生没有椅子坐。这时候他便取代你的位子，在圆圈中央重复你刚刚的动作。

5. 让这名站在中央的学生说:"我叫作_____(心如),大风吹,吹……(另一个新条件)"这些条件可以是好笑的,例如,"吹晚上要开灯才能够睡觉的人";也可以是严肃的,例如,"吹担心测验考不到90分的人"。

6. 要玩多少次可视情况而定。为了制造意外的高潮,还可以请累积三次没抢到位子的人来说一个故事或唱一首歌。

其他变化的方式

1. 给予学生一份参考资料,列上可用于大风吹的条件。这些条件可以和现在正在修的科目有关,例如,"吹喜欢数学但不喜英语的人""吹养过蚕宝宝的人"。

2. 大风吹的条件也可以和学生的工作或生活经验有关,例如,"吹觉得考试压力很大的人""吹喜欢吃酸梅的人"。

3. 站在圆圈中央的学生也可从一人增为两人,让他们合作想出大风吹的条件。

4. 导师或辅导老师可以设计一些关于学生心情变化或家庭变故的条件,在实施过程中密切注意哪些人属于高危人群,并在课后进一步了解与辅导。

5. 可以刻意让平时学业表现较差的学生,或没有机会表达意见的学生来站在中间主持。当他们站出来的时候,往往能激发出另类的创意,并拥有受全班同学瞩目的成就感。

6. 在进行英语教学时,遇到具有同一概念的单词(如月份)或词组(如动词及名词词组)的单元时,可以套用这个策略。老师制作写有此单词或词组的纸条,发给每个人一张,学生不知道纸条的内容,然后由老师念出某一单词或词组,拿到同样纸条的学生就必须更换座位,而在大部分的学生都已经交换过座位之后,老师可以收回纸条来重新分配,尽量使每个人都有机会拿到不同的纸条(这种用法可以让学生在游戏中迅速学会新的单词或词组,因为学生必须对手上拿的纸条内容非常熟悉,并要专心倾听老师的发音)。

适用对象

适用科目:任何需要分组的科目。
适用年级:小学低年级至大学。

🌑 相关的学理根据

当许多个别的学生在一起时,这并不表示大家就一定会成为一个很有向心力的团体,要发展出这样的团体需要时间,根据塔克曼(Tuckman)与詹森(Jensen)在1977年提出来的主张,团体发展的阶段有五个(Abrami et al., 1995)[20-21]。

(1) 形成期(forming):一开始彼此的互动很客气,扭扭捏捏,小组成员逐渐互相认识,要找出彼此的相似处以便团结在一起。

(2) 风暴期(storming):气味相投之后易有冲突与对抗,例如,坚持个人的主张、要求在小组中有主导地位、影响小组的决策等,这是自然发展必经的阶段,学生必须学习将自己的意见清楚表达出来的技巧,与培养出细心倾听并判断别人的意见的能力。

(3) 规范期(norming):当学生解决冲突,并建立信任感之后,他们就会欣赏别人的特点,认清团体的目标,重建并遵循团体的规范与角色。

(4) 运转期(performing):在这个阶段中,成就的动机非常显著,有极高的生产力,每名成员都专心做自己分内的事情与达成小组的目标。

(5) 结束期(terminating):这个阶段非常短暂,在完成小组任务之后,通过反省的过程,让小组成员回想他们在人际互动与学业上的努力,为同舟共济而欢呼,也有利于进一步设定一些目标来增进未来的互动与学习。

本策略就属于第一阶段的形成期所发展出来的活动,它能让大家快速认识并找到气味相投的伙伴。

🌑 实施的现状

这是从幼儿园到大学阶段都可以看得到的活动,虽然每个人的玩法都不尽相同,但目的一样,都是要迅速化解陌生感,并对学生的一些生活习惯有初步的了解。一般比较常见的场合是在辅导活动专科教室或童军课在操场上的应用。通常在实施之后,同学之间的感情会明显增进,课业压力也能获得疏解。

🌑 在实施时需特别注意之处

一般的教室在摆满课桌椅之后,所剩的活动空间不多,再加上教室之间的隔音效果不见得理想,所以一般的教室事实上是不大适合实施这个策略的。而如果老师坚持一定要实施的话,要注意以下几方面:

第一,将桌子靠墙壁堆叠集中,以腾出足够的空间来实施。

第二,可以将门窗暂时关闭以避免影响隔壁班级上课。

第三,在正式实施前,先宣布噪音管制的游戏规则。

而若是在辅导活动专科教室或操场上实施,要注意以下几方面:

第一,为避免学生有肢体冲突,在正式实施前,要明确规定抢椅子的方式,以身体的哪一部分为评定标准,例如,臀部先坐在椅子上的人取得座位。

第二,如果是在室外的操场上实施,也可以事先以白粉笔画出线条,然后在实施时,抓那一个最慢跑到白线条的人。

第三,不管是在辅导活动教室还是操场上,实施本策略时常有潜藏的危险,亦即身体移动的过程有时候会使学生受伤,就像是椅子的尖角会刮痛身体,所以可以改以软垫当座位,或以就地画圈的方式来进行。

策略 ⑪ 制定班规

🌑 概要

这个策略是利用表决的方式让学生自行制定行为准则。当学生能直接参与建立团队凝聚力的过程时,他们更能支持自己所制定的规范。

🌑 实施的步骤

1. 先征求一些自愿者来担任采访者,人数多寡可视班级大小而定。

2. 在 10 到 15 分钟内,让采访者尽量和班上每个人接触,若时间许可的话,采访越多人越好。让他们去访问班上其他成员下列问题,并提供一些答案的范例供他们做参考:

    a. 什么行为对班级会有帮助?

    b. 什么行为对班级没有帮助?

    c. 如何能赢得秩序比赛?

d. 如何能赢得整洁比赛？

3. 采访时间结束后，请采访者向全班同学报告他们的发现。如果有需要的话，可以把他们的发现做成图表或写板书。

4. 通常只要以采访到的意见来建立班规就够了。老师也可以分析调查的结果，找出各采访者重复的地方，再强化班规的项目。

其他变化的方式

1. 老师提供一份可以考虑的班规建议单，要求学生从中选出三个，再把结果做成表。下列项目是适合列出来参考的：

a. 尊重隐私权。

b. 分组工作时每个人都要参与。

c. 遵守班级的上课时间。

d. 了解别人的个别差异。

e. 别人发言不要打岔。

f. 不要做人身攻击。

g. 为自己辩护。

h. 发言简洁有力。

i. 注意措辞，勿有性别色彩。

j. 课前要准备。

k. 每次活动不要坐相同的位置。

l. 尊重每个人不同的意见。

m. 尊重每个人发言的机会。

n. 在批评别人的观点之前先要信赖他。

2. 在班会上，每个人参与班规的集体讨论。在列出所有的项目之后，用复选的方式来达成最后的共识。复选是指每个人都可以针对所有的项目投票，选出他想要的许多项目，然后主席只留下得票数高的前半段项目，若是项目太多，可以做下一轮的复选，再次剔除一半的项目，依此类推。

适用对象

适用科目：任何学术性科目均可。

适用年级：小学中年级至高中。

相关的学理根据

善用班级管理原则的老师比较不易产生教室问题,该班级的学生较能专心课业,成绩也会比较好。在制定班规时,通常要注意涵盖到下列六大层面(朱敬先,2000)[376]:

(1) 行政常规:如按时出席。
(2) 学生活动:如进出教室或到休息室。
(3) 清洁工作:如浇花、收拾个人物品。
(4) 课业常规:如收集资料、缴交作业。
(5) 师生互动:如当学生有需要时,老师如何及时关注。
(6) 与学生交谈:如提供协助或增进社会化。

原则上,让学生参与班级规范的制定时,学生对班规的制定越有参与感与认同感,他们就越会去遵守(Brown et al.,1995)。

实施的现状

在以前传统的班级中,大都是由老师颁布班规。而现在很多中小学老师已经让学生自己制定班规了。学生在这种直接参与的过程中,不但对班级更有向心力,对民主法治也有深切的体认,但是像这个策略这样完全由学生主导的情形倒是比较少见的。

在实施时需特别注意之处

1. 自行制定的班规若遇到自我约束力较差的学生,可能需要学生在班规实施一段时间之后,提出修止班规的意见,将班规变得宽松。这时候可以由老师提出参考的规范,由学生表决或修改,不要让学生全盘主导。

2. 虽然是由学生制定班规,但是服从性仍是一大考验,需要老师从旁协助班干部确立执行威信,以建立班规的约束力。

3. 若是比较成熟的高中生的班级,则可以提供较大的自主空间。若有学生疏于遵守,适时加以提醒,或在班上选出每周的观察员来考核大家的表现,以监督规范的遵守情况。

策略 12　调查学生的先备知能

概要

这是以一种有趣的方式来对你的班级进行即时评量的策略。它可以让学生一开学就能彼此熟悉并一起合作。

实施的步骤

1. 设计三个或四个问题来了解你的学生，你的问题可以包含下面的题目：

   a. 他们对这一学科的先备知识。

   b. 他们对这一学科的态度。

   c. 他们过去与这一学科有关的经验。

   d. 他们先前已学会的技巧。

   e. 他们的背景（例如，闽南人、客家人）。

   f. 他们对这个班级的期望与需求。

   要事先写下以上的问题，才可以得到具体的答案，并且应避免开放性的问题。例如，要问："你对某些主题懂几个？"而不是问："你对某某主题懂了什么？"

2. 按所设计的题目数量把学生分为三人或四人一组。给每个学生一个问题，并要他去访问同一组中的其他同学，然后将答案记录下来。

3. 把各组中分配到相同题目的学生集合成新的小组。例如，全班有 36 位同学，编为 4 人一组，就有 9 个人分配到相同的问题。

4. 要求各个新的小组综合所收集的资料且列出大纲，然后要每个小组向全班报告他们在彼此身上学到了什么。

其他变化的方式

1. 让学生设计他们自己的问题。

2. 老师遇到人数很多的大班级时，可以使学生以两人为一组，并使用相同的问题来让他们互相访问，最后请全班举手来调查结果。

适用对象

适用科目：各科目均可。

适用年级：小学中年级至大学。

相关的学理根据

美国的教育心理学家布鲁纳认为："假如不能先对学习与学习者的本质做决策，就不可能解决教育制度上的许多问题……坚持每个学习理论只能适用于一个特殊领域，与坚持学习者（或学习、或学习环境）没什么好谈的，这真是荒谬的论点。"（Bruner，1989）因为不同的学习者有不同的特性，所以在教学设计一开始，我们就需要分析学习者的种种特性，才有可能因材施教以引发学习。这种分析的工作对刚接触到新班级的老师而言是不可缺少的，因为这直接决定了教学法与教学媒体的选择与使用。而这种分析的工作一般分为三部分（Heinich et al.，1993；蔡文荣，1995）：

（1）学生的一般特征（general characteristics）：这是指要对学生的年纪、年级、性别、文化背景等因素做基本调查。这类资料通常是通过学籍卡上基本记录的查询、在班上直接的询问，或是私下与学生晤谈等方式获得的。

（2）特殊的起始能力（specific entry competencies）：通常在起始能力的认定上，我们有两种可能的假设：

① 在真正的教学以前，学生一定不懂所要教的新单元。

② 在真正的教学以前，学生一定已具有了先备的知识或技能（prerequisites），简称先备知能或先备知识。也就是学习新教材所需要的背景知识，就好比要教乘法之前，学生需要先具有正确执行加法运算的能力，那么，加法运算的能力在此就被看作先备的知识或技能。事实上，这两个假设在许多教学与训练的场合里经常受到无情的挑战。这类能力一般是通过笔试或询问的方式来进行了解，分析的结果对不同的教学法的采用有直接的影响。

（3）学习形态（learning styles）：

① 认知偏好与长处（perceptual preference and strengths）：有的人习惯用视觉（visual）的方式来学习，有的人则偏好用听觉（auditory）、触觉（tactile）或运动知觉（kinesthetic）的方式来学习。学习者所擅长使用的认知方式未必就是他所习惯使用的认知方式。

② 信息处理的习惯（information-processing habits）：例如，有的人喜欢以分析的角度来处理，有的人偏好以整体来处理；或有广泛分类，或有精细分类的处理习惯；对不协调的事物或者能容忍，

或者不能容忍的处理习惯；等等。

③ 动机因素（motivational factors）：有很多情绪上的因素，诸如焦虑的程度、成就动机的强弱、班级竞争的气氛等，会影响我们所注意的焦点，影响注意力的持久度，也影响在学习上的努力程度。

④ 生理因素（physiological factors）：性别上的差异、健康的好坏、饥饿、生病、室温、噪音、采光与上课时段及其他环境上的情形均会影响学习的结果。

实施的现状

一般的老师一上课就忙着赶进度，很少有人会在每一次上新的教学单元的时候就调查学生的先备知能，所以在常态分班的教育体制下，有相当多的学生就被牺牲掉了。例如，初中毕业生竟然不会英文的26个字母已经不再是新闻，甚至许多高职的学生也是如此。研究显示，当学生对特殊学科具有充分先备知识时，无论用什么教学方法皆有效；若学生先备知识不足，则教学方法的效果会有差别；当学生先备知识越少时，越需要教学上的支持（如改进教材形态、协助持续专注、给予系统回馈、提供明确教学或直接教学等），其目的乃在减少对学生信息处理的要求，适当的教材教法，可以帮助学生组织信息，指导学生注意学习重点，减轻其记忆负荷（朱敬先，2000）[495]。

在实施时需特别注意之处

1. 如果是班级导师的话，可以在班会或自习课的时间灵活运用本策略，以便更深入地了解学生。

2. 学生互相访问时，需要注意音量。

3. 如果时间非常紧迫的话，可以由老师直接以口头发问的方式来调查。

4. 若是教学时间不足，可以由老师事先设计一份调查先备知能的问卷，请学生填写后收回，于下次上课之前统计结果，初步分析学生的学习前的基础、需求与期望，并于上课时与学生当场讨论。

5. 在测验之前，老师要先倡导这个测验的重要性，以避免学生有敷衍应付的心态而导致可信度降低。

策略 13　让学生提问题

概要

这个策略能让老师很快就知道学生的需求与期望。它是用书写的方式来引发学生的参与，而不是以发言的方式来进行，所以可以算是一个没有威胁性的方法。

实施的步骤

1. 发空白的卡片或 A4 大小的白纸给学生。
2. 要学生以不记名的方式写下他们对目前这一学科的任何问题，或是对现在这一班的任何问题。例如，"二元一次方程式与一元二次方程式有何不同？"又如，"我们这一科要交学期报告吗？"
3. 将卡片以顺时针方向传递的方式传给每个学生，而学生接到每一张卡片都要仔细阅读，若有相同的问题则在卡片上打钩。
4. 当卡片传回到本人时，每个人都已经读完全班的所有问题。这时候要检查哪一个问题被勾选的次数最多。这时候老师回应问题的方式可以有三种：

　　a. 马上给一个简要的答案，如"我们没有学期报告"。
　　b. 将问题延到日后更合适的时机再回答。
　　c. 明确表示这一科无法探讨这个问题，但是答应私下会给予个别的答复。

5. 请一些愿意说出自己的问题的同学来分享，就算他们的问题被勾选的次数不是最多也没有关系。
6. 把所有的卡片收集起来，因为这些卡片中可能有一些问题是以后上课时你必须回答的。

其他变化的方式

1. 若全班的人数过多，传递的动作会花太多的时间，可以把全班分成几个小组来进行，步骤同上。
2. 老师也可以只是把卡片全收集起来，不需要一一传阅，然后只是抽几张来回答。
3. 如果不写问题，也可以让学生在卡片上写其他的资料，如：

　　a. 对这个班他们所关心和希望的事。
　　b. 希望老师能在班上谈到的主题。

c. 希望全班都能遵守的班规。

4. 也可以在教学网站上以留言板或家族讨论区的方式，让学生提出问题。

适用对象

适用科目：任何学术性科目均可。

适用年级：小学中年级至高中。

相关的学理根据

1. 美国佛罗里达大学迪克与凯里教授提倡系统化教学设计模式（Dick & Carey，1996），其中最具特色的设计是"设计并进行形成性评量"（formative evaluation），它所搜集到的资料可以提供各项回馈，以作为修正教学的重要依据。而本策略所凸显的"让学生提问题"，事实上就是形成性评量的措施。

2. 从建构式的教学观点来看，通常要遵循五个原则来帮助学生主动学习（Henderson，1996）[7]：

   a. 学生要以有意义的问题为基础，投入主动探究的活动中。

   b. 探究的材料要用广阔的概念完整地组织起来，以鼓励多元的解题形态与策略。

   c. 老师要鼓励学生在教学的主题上培养自己的观点。

   d. 课程教材必须呼应学生解题的推测。

   e. 教学评量必须实际连于学生的探究经验。

老师将学生看成主动的学习者，如果学生无法投入探究，老师要做以下三点思考："这些学生真正的学习动向是什么"；"他们缺了什么先备知能以至于无法学会"；"我探究式的邀约真的吸引学生吗"。而本策略所标榜的"让学生提问题"，由学生勾选自己不懂的问题或感兴趣的问题，目的则是要让学生投入主动探究的活动中。

实施的现状

在教学过程中收集学生的问题与回馈的意见是很多中小学老师的习惯。有的老师是将学生的意见直接条列在黑板上，然后逐一调查同意的票数，最后综合回应；也有的老师是选择在期末时以书面的方式实施，作为下学期改进的参考。最理想的状况应该是每个月至少实施一次，使学生的问题与意见得到合适的处理。

🕮 在实施时需特别注意之处

1. 老师解决问题需要有诚意，不可敷衍了事。
2. 老师该有的心理建设是：只有学生问题，没有问题学生。
3. 老师对学生的问题不可以有嘲讽的态度或用词遣字。

策略 ⑭ 马上调查学生的反应

🕮 概要

这个策略能让老师在兼顾趣味性和无威胁性的前提下深入了解学生，能马上调查到学生的背景、经验、态度、期望和所关心的事。

🕮 实施的步骤

1. 帮每个学生做一套"回应卡"。卡上可以用 A、B、C 来回应选择题，用对、错来回应是非题，或用①到⑤来回应态度类的题目（假如事先做卡片太浪费时间的话，可以在一上课就请学生自己制作卡片）。
2. 设计一些题目让学生可以用他们的卡片来回应。

以下针对每一类型的回应卡所出的题目各举一例说明：

    a. 我修习这门课的原因是：(A. 必修　B. 有兴趣　C. 好混)

    b. 我担心这门课对我来说会很困难。(对，错)

    c. 我相信这门课将来对我有用处。

      （①非常同意；②同意；③普通；④不同意；⑤非常不同意）

你可根据学生的知识、态度和经验来设计类似的问题。

3. 老师读第一题，并请学生以手举卡片来回答。
4. 迅速检查学生的反应。
5. 请几个学生说一说他们做出选择的理由。
6. 继续问下面的问题，直到问完为止。

🕮 其他变化的方式

1. 若不使用卡片，可以请学生以起立的方式来表达他们的选项。
2. 使用传统的举手方式，但可以鼓励学生以举双手来表示"非常同意"

或"非常不同意"，以增加他们的兴趣。

3.可以将题目以问卷的方式发给学生作答，并请学生写出选择的理由。

4.调查的时机可以多样化，在学期初可以调查学生的先备知能，此外也可以在学期中间或是学期末来调查。

适用对象

适用科目：任何科目均可。

适用年级：小学中年级至高中。

相关的学理根据

个别差异是常态分班之下的必然生态，每个人所需要的学习时间与方式都不相同，所以，授课老师需要在学习过程中不断调查学生的反应，并做出合适的修正，以增进学生的学习效果。而这正是系统化教学设计模式中回馈的机制，学生的反应方向可以是教学目标、教材编辑、媒体使用等。这种持续不断的回馈机制能使教学达到比较理想的程度（Dick & Carey，1996）。

实施的现状

一般而言，能够勇敢面对学生各种回馈的老师实在不多，资深的老师通常是很少能放下身段的，所以这个策略比较常见于实习老师或初任教职的老师身上。而近年来，已经有少数大专院校会在期末考前后找一小段时间来调查学生的意见，通常是请任课老师离开教室，由班长或助教代发制式的修课意见调查表，汇整统计后，送给系主任或该任课老师做下一学期或下一学年的参考。而本策略所强调的是任课老师随时都可以做调查，调查的结果也随时可以提供下一堂课参考。

在实施时需特别注意之处

1.因为每班的学生人数还是不少，所以，如果每班都要用书面问卷的方式进行的话，事后的统计工作很烦琐，实在有施行上的困难。但是若采用口头调查的方式，还是可以常常使用。

2.如果是调查问卷的话，最好是采取匿名调查的方式。

3.老师要强调调查的目的只是在提供教学的参考，不会列入真正的成绩考虑，如此才能让学生畅所欲言。

策略 15　调查代表性的样本

概要

在大班的教学中,要很快认识所有的学生几乎是不可能的事。这个方法是让你从整个班中选出一些具有代表性的学生作为样本,并借着公开访问来认识他们。

实施的步骤

1. 先说明你想要认识班上的每个人,但是这个工作会用去太多时间。
2. 接着表示有一个比较快速的方法,就是找出一小群足以代表班上多样性的学生来当作样本。
3. 举出一些学生族群可能会有的差异性,然后征求第一位愿意担任"全班代表性样本"的自愿者。有人举手后,问一些问题来认识他,并了解他的期望、技能、经历、背景与意见等。
4. 听完第一位自愿者的回答后,询问第二位自愿者,他和第一位自愿者在某些方面必须是不同的。
5. 继续找出新的自愿者(人数由老师自定),而他们必须与已经受访的学生有些差异。

其他变化的方式

1. 事先安排桌椅以方便进行小组讨论。在访问之后,邀请已接受访问的每位学生参与小组讨论,并以小组为单位,询问他们的期望、技能、工作经验、背景、意见等相关问题,也可以鼓励台下其他同学来提问。
2. 几天后可以邀请其他学生在教室以外的地点和你见面,以便你们能彼此熟悉。如果可能的话,可以轮流约见,以便能和每个学生都认识。

适用对象

适用科目:任何科目均可。
适用年级:小学中年级至大学。

相关的学理根据

这个策略是根据统计学上的抽样的代表性原则来设计的,目的是要了解学生的各种基本资料与特性。事实上，调查学生的背景资料是教学系统设计的第一步。所谓的教学设计是针对特定的学习对象与学习内容，安排最适当的学习策略与方式，以达到最佳的学习效果（Reigeluth，1983）[3-16]。调查的范围一般包括年龄分布、教育程度、年级、语文程度、特殊文化背景、学习形态、认知风格、人格特质与先备知识等。

实施的现状

目前还未曾听说过有中小学老师实施过这个策略，因为中小学的学生一入学就会填写基本学籍资料卡或类似的表格，表格上还贴上照片，上面记载各项资料；A卡与B卡分别由各班导师与辅导室保管，因此各科老师如有需要迅速对该班学生有一整体印象时，只需要调阅基本学籍资料卡就可以了。此外，直接请教该班的导师，也是一个便捷的方式。

在实施时需特别注意之处

1. 要尽量避免一些隐含标签效应的问题，例如，"家里有两辆汽车的人""家里请保姆的人"等。

2. 课余的约谈地点最好不要在导师室，可以选择在操场的树荫下或类似的"自然偶遇"的场合，以便在轻松、自然的气氛下进行。

策略 16　全班的关切事项

概要

学生在第一次上课的时候，通常会有一些担心的事，特别是当那一科是以主动学习为号召时更是如此，所以就需要让这些担心可以在一种公开与安全的前提下来表达及讨论。

实施的步骤

1. 与学生讨论在本科目中可能会有的担心，例如：
　　a. 作业可能非常的困难及费时。
　　b. 要如何自由且舒适地参与活动。
　　c. 学生要如何在小组中尽责。

d. 是否能很方便就找到老师。

e. 阅读资料是否方便取用。

f. 课程进度的安排。

2. 把学生所担心的事项条列在黑板上，同时请学生现场提出其他的关切事项。

3. 以投票方式选出班上前三名或前四名的关切事项。

4. 把全班分为三个或四个小组，分别请每个小组深入探讨一个关切事项，越具体越好。

5. 要每个小组向全班报告他们的讨论结果，并记下大家的反应。

其他变化的方式

1. 要各小组针对分配给他们的关切事项想出一些具体可行的方案，以减轻学生无谓的担心。

2. 若活动不是以小组报告来结束的话，可以用前述的专家小组讨论法或鱼缸式讨论法来进行。

适用对象

适用科目：任何学术性科目均可。

适用年级：小学高年级至高中。

相关的学理根据

学习的活动形态有合作式（cooperative）、竞争式（competitive）与个别式（individualistic）三种。学习动机是我们内在所固有的，却可在人际互动中被激发，学生应了解学习的价值在于自己的目的、学习历程的享乐及知能的获得与累进，那么，在教室中同侪的互相激励，就是学习动机最强大的影响力（朱敬先，2000）[348]。因此，当老师明确告知学生所担心的事项后，经由学生彼此的讨论过程，不仅可以激励学习动机，还可深入了解大家的反应与想法。

实施的现状

基本上，这种处处关心学生学习的策略算是比较少见的，但是，在一些特别崇尚"学生本位"理念的老师身上，他们任教的班级中还是偶尔可以看到类似的实施经验。

🌀 在实施时需特别注意之处

1. 在实施的时机上，可以在开学时就利用一点儿时间让学生表达意见，也可以在每次月考前后来调查学生的感受。
2. 无记名的书面调查方式一般会比较容易得到最真实的答案。
3. 因为学生有时候会杞人忧天，一味要求老师放宽各种要求的尺度，所以需要由老师严格把关，多予以鼓励。

策略 17　主动分享知识

🌀 概要

这是能引导学生马上进入本科主题的好方法，也可以用来评估学生的知识拥有程度与培养小组的凝聚力。

🌀 实施的步骤

1. 设计一份考卷，内容和你要教的科目相关。题目类型可大致如下：
   a. 解释名词：例如，周朝的"井田制度"是指什么？"海市蜃楼"是什么意思？
   b. 重要事实或观念的选择题：例如，什么样的婚姻才有效？（A. 公开的仪式　B. 两人需年满 20 岁　C. 门当户对）
   c. 人物的界定：例如，孙中山是谁？孔子对中国文化有何影响？
   d. 在特定情况下，学生要采取行动的题目：例如，中暑时要如何处理？
   e. 填空：例如，第一次世界大战发生于公元＿＿＿＿年。

   又如，历史老师可以唐朝为背景，做如下的小考：
   a. 公元 626 年在长安发生了什么重大事件？
   b. 人物解释：李世民。

2. 请学生尽量作答，此时可以鼓励学生先参照课本的内容。
3. 在初步填答之后，让学生起来四处走动，为自己不会答的题目寻找能为他们解答的人。老师要鼓励同学之间互相帮忙。
4. 集合全班来检查答案，把学生不会的答案写出来。因为是使用考题来强调教材的重要性，所以学生会特别注意这些主题。

其他变化的方式

1. 给每人一张卡片，请学生写出该科目一项正确的教材内容。然后，让学生到处去分享自己卡上的资料，鼓励他们把新看到的资料加到自己的卡上。最后，全班再复习所搜集来的资料。例如，志明的卡上写了"虹吸管"及其定义，他可以请各个受访者提供各种生活上的事例（如蒸馏咖啡的过程），也可以当作家庭作业，让学生利用互联网的搜索引擎找出更多生活中的实例。

2. 多出申论题，少出死记的题目，也可以两者并用。

3. 将出题的内容与日常生活的事例密切结合。

4. 要求学生在写申论题或解释名词时，一定要举出日常生活的实例与应用。

适用对象

适用科目：任何科目均可。

适用年级：小学高年级以上。

相关的学理根据

本策略与明尼苏达大学大卫·约翰逊（David Johnson）与罗杰·约翰逊（Roger Johnson）教授所提倡的学习圈（circle of learning）的合作学习法的精神十分呼应，主要是安排能促进相互倚赖的教材（亦即教材上与信息上的相互倚赖），与建立小组之间的合作。在实施学习圈时，不只要帮助小组内的成员完成任务，也要主动帮助其他小组成员完成任务。

实施的现状

1. 曾有英语老师采取这个策略来教关于天灾的各种英文说法，将这个策略进一步游戏化：她是让学生分别扮演实习的新闻记者、官员和劫后余生的市民。新闻记者必须负责找出学习单上的答案，而答案则掌握在官员与幸存下来的市民手中，扮演记者的学生努力发问，而握有答案的学生则被要求以自己的话将答案说出来，这就可以让学生将课本上的知识转化为自己的语言，在游戏中自然记住课本上的内容，并让平时较少发言或表达不佳的学生在游戏中有充分练习的机会。在游戏的最后，新闻记者将搜集到的信息做最完整的播报，再由同学票选最佳的实习记者。这种改编版的应用强调合作学习的精神，因为没有他人的协助就无法完成学习单。此外，表达能力欠佳的人则可以利用手势或猜测等方式，帮助彼此理解，或以简单的说法来帮助同学厘清所要表达的观念，这些都是隐含在游戏之中的合作精神。

2. 也有另外的高中英语老师先带领学生朗诵一次课文，再给学生几分钟的时间默读，然后让学生合上课本，发给大家事先设计好的学习单与一个答案纸条，让学生自己去完成学习单。在学生沟通的过程中，老师来回地巡视，帮助学生以自己的语言顺利完成问或答的部分，并视学生的程度开放他们可以参考学习单及纸条上的答案，但仍然需要请学生自己记忆后说出，不可逐字朗诵。

3. 有一些老师是将本策略当作正式教学之前的重点提示，然后开始教学。

4. 也有一些老师是将本策略当作教学后的复习考试，让学生快速复习课程内容，并实际解题。

在实施时需特别注意之处

1. 事前需要先设计好与生活实例结合的学习单，最好是采用开放式的理念。
2. 学生进行主动分享的时候，老师一定要做行间巡视，随时提供帮助。
3. 需要控制讨论的音量，以免影响邻近的班级上课。

策略 18　三人小组轮替

概要

大部分分组讨论的活动都很难做到深入地与班上其他同学讨论事情，或是无法让同组的每位成员皆能发表及回答问题，而这个策略是通过三人为一组轮流发言及换组的方式，让每位学生都有机会发言和尝试与其他人讨论问题，所以是非常适用于任何科目的讨论方法。

实施的步骤

1. 设计几个开放式的问题，以帮助学生开始讨论课程内容。例如，政治老师可以问：

　　a. 为什么袁世凯会继孙中山之后当选总统？

　　b. 比较袁世凯、孙中山二人对中国政治的影响。

2. 将学生分成三人一小组。将全班的小组位置排列成圆形或是矩形，并让各小组成员都可以看见他的同伴在其左右。

3. 给每个小组一个开放式的问题来讨论，每组都讨论同样的问题。从你所设计的问题中选择一个最容易讨论的问题来开始讨论，然后要小组中的每个人轮流回答问题。

4. 在一段讨论时间之后，将小组成员分别编成0号、1号、2号。1号学生移动到下一个小组（第2小组），2号学生移动到第3小组，要求0号学生永远固定坐在原位（第1小组）不动，将手举高，让其他学生可以看见他们的位置，这样就编成了全新的三人小组。

5. 开始讨论一个新的问题，并且可以增加问题的困难度或挑战性。

6. 根据上课的时间和问题的多少来决定轮替的次数，每一次都使用相同的轮换程序。如此一来，进行三次轮替之后，每个学生就可以接触到其他不同组别的成员。

其他变化的方式

1. 在每回合的问题之后，并在学生轮换到新的小组之前，迅速调查一下全班的反应。

2. 可以使用两人一组或四人一组来取代三人一组的方式。

适用对象

适用科目：任何科目均可。

适用年级：小学高年级以上。

相关的学理根据

本策略属于讨论教学法的一种变化方式，是由学生和学生、学生和老师之间借着共同讨论的过程，解决某些问题或建立某种观念，使学生获得新知。一般而言，讨论教学法有三种实施的方式：

一是开放式讨论（open discussion）：是指针对一个主题让学生多方讨论。

二是计划式讨论（planned discussion）：是指老师事先准备好题目，上课时让学生依题目来进行讨论。

三是正式辩论（formal debate）：是指以辩论方式，从不同观点讨论相关的议题。

本策略原则上属于计划式讨论的灵活运用。

🌀 实施的现状

目前实施分组讨论时,大部分是以四到六人为一组,以邻近的座位为分组的依据,而实施的现状落差极大,有的小组讨论甚至会出现少数人掌控全组的现象,无法达到像本策略所标榜的人人都讨论的理想境界。此外,也有一些老师是实施异质性的合作学习,其中的分组讨论是通过角色互相倚赖而设计,可以让每个人都有相当程度的参与,这与本策略的三人小组之轮替转组所能达到的充分讨论有异曲同工之妙。

🌀 在实施时需特别注意之处

1. 因为需要轮替每个人的座位与讨论的主题,所以,换组时的秩序需要特别留心。

2. 在单元目标的原则下,讨论的主题需要与时事结合,最好是选没有标准答案的开放型题目。

策略 ⑲ 表明立场

🌀 概要

这是一个结合身体活动及课程内容的好方法,可以让学生选择并表明自己的偏好。这个策略很有弹性,可以用在你任教的科目的各种活动中,以激发学生早期的学习兴趣。

🌀 实施的步骤

1. 先把表明立场的标识贴在教室各个角落,一个标识表明一种立场,你可以提供两个标识,也可以提供更多的标识以给予更多的选择。

2. 这些标识可以标出学生的各种偏好,可参考的例子如下:

  a. 学生有兴趣的主题或技能(例如,文书处理、网页制作)。

  b. 有关课文内容的问题(例如,福寿螺如何在台湾泛滥成灾)。

  c. 同一问题的不同解决方法(例如,死刑 vs 终身监禁)。

  d. 不同的价值观(例如,人生以服务为目的 vs 人生以赚钱为目的 vs

人生以享乐为目的)。

　　e. 不同的教学形态或风格（例如，讲授式的、视听媒体式的、实作式的）。

　　f. 在某一领域中不同的作家或名人（例如，金庸、三毛、琼瑶）。

　　g. 在课文中不同的引述或谚语（例如，天下没有不是的父母 vs 天下多的是不是的父母）。

3. 请学生观看不同的标识，然后选择一个。例如，有些学生也许会认同"天下多的是不是的父母"的观点。学生选择后，就走到他所要的标识前以表明立场。

4. 每个标识下的学生各为一组，以六六讨论法（Phillips 66 technique）的方式进行讨论，然后每组派代表报告他们做出这个选择的原因。

🍃 其他变化的方式

1. 把不同立场的两位学生分为一组，并且要他们比较彼此的观点。

2. 从各个不同偏好的小组中选出代表来举行公开讨论，可以采取"奥瑞冈辩论法"进行。

3. 要求每小组做一个简报或制作一个广告，或准备一篇幽默的短文来倡导他们的立场。

🍃 适用对象

适用科目：所有认知类科目均可。

适用年级：初中以上。

🍃 相关的学理根据

1. 本策略是依据价值澄清法的理念来设计的。价值澄清法是美国心理学家拉斯等人（Rath et al., 1966）所提倡的价值观教学法，他们认为价值的发展过程比灌输式的传递价值更为重要，老师要帮助及鼓励学生对自己的生活和观念加以思考和判断，然后由此澄清，进而做出自由而明智的选择（朱敬先，2000）[296-297]。

2. 六六讨论法是指每组有六人，互相选出一位组员当主席，另一位当计时员，六个人围绕主题来轮流发言，并记下发言内容，六分钟内达成共识或结论，各组主席综合意见，并上台报告（陈龙安，1997）。

实施的现状

有些老师曾经采用类似的做法，让学生公开地依照自己的喜好或观点编成不同的小组，然后在小组中汇整大家的意见，最后做口头报告。

在实施时需特别注意之处

1. 实施之前需要先强调音量管制与秩序维持的底线，否则易沦为极其嘈杂的教室，反而不能按照本来的规划实施。

2. 讨论的主题需要配合时事与单元目标，与该科学习目标无关的题目则可留待班会时间来讨论。

策略 20　让学习气氛变轻松

概要

老师可借着运用学生富有创意的幽默，迅速营造一个没有拘束、没有压迫性的学习气氛。

实施的步骤

1. 向学生说明你想在严肃面对这一科目之前，跟他们做一个有趣的开场练习。

2. 将学生分组。给予他们一项任务，要他们在你正在教的课程中，针对一些重要的主题、观念或议题找乐子。

3. 在一些科目或单元上可能的例子如下：

　　a. 政治：描绘出最严苛或最难以运作的纸上政府。

　　b. 数学：发展一系列最没有效率的方法来做数学的计算。

　　c. 健康：编出完全缺乏营养的食谱。

　　d. 语文：写出一个尽可能含有很多文法错误的句子。

　　e. 物理：设计一座可能要倒塌的桥。

　　f. 历史：假如甲午战争清朝政府取胜了，中国历史会怎样发展。

　　…………

4. 请小组来发表他们的创作成果，并对每一组的成果予以鼓励。

5. 最后问学生："你们从这个练习中学到什么？"

其他变化的方式

1. 老师可以用他的创造力来对自己这一科加入幽默感。例如，"阿基米德发现浮力原理而跳出浴缸之后，你猜接下来发生了什么事？"

2. 事先编一份选择题试卷，然后在每一题的选项中加入幽默感，最后要学生去选他们觉得不可能是对的答案。例如，周公是谁？ a. 周朝一位杰出的政治家　b. "制礼作乐"是他伟大的功绩之一　c. 做梦都会出现的人。

适用对象

适用科目：任何科目均可。
适用年级：小学中年级以上。

相关的学理根据

戈登（William Gordon）是创意教学法的倡导者之一，在他所提倡的分合法（synectics）中，他认为隐喻（metaphor）的活动是创意教学法活动的根基。隐喻活动能在团体中使用，当作创造过程的暖身运动，或可称为舒展性的练习。借着隐喻活动，创作成了一种意识的过程，隐喻是在建立一种相似的关系，一个东西或主意与他者之间的比较，是以一个来替代另一个的方式。通过这些替代，创造的过程就产生了两种结果，亦即联结你所熟悉的与不熟悉的、从熟悉的主意中产生了新的主意。常见的隐喻活动有三种方式（Joyce et al.，2000）：

一是直接的类推（direct analogy）：就是简单地比较物体或观念。这种比较并不必在各方面都相同，它的功能只是去将真实主题的情况或问题情境转化成另一种情境，以便呈现一个主意或问题的新观点。这就牵涉到对一个人、植物、动物或非生物的认同。戈登引述工程师观察一只凿船虫钻挖到一段木材里的经验，这只虫一路吃到木材里，建构让它自己能向前移动的管道，这个工程师布鲁内尔（Brunel）爵士因此就得到一个概念要用弹药箱来建构地下隧道。

二是拟人化的类推（personal analogy）：这就需要学生对要比较的主意与物件有同理心，学生必须觉得他们已成了那个东西有形的一部分，这种认定可以是一个人、植物、动物或非生物。例如，学生们可能被指导说："做一个汽车引擎。你觉得如何？描述一下当你每天早上启动的时候、当电池没电时、当你来到一个红灯前，你是如何感觉的。"它所强调的是同理心的涉入，要求当你换到另一空间或另一物件时，你要失去自己，借丧失自己而产生的认知距离越大，类推就越可能是新的，是创造、发明产生的。

三是浓缩的冲突（compressed conflict）：通常是对一个物体用两个字描述，这两个字是看起来彼此相反或矛盾的。"倦怠性的侵略"与"友善的仇敌"就是两个很好的例子。戈登的例子是"救命的破坏者"与"滋养的火焰"。他也引用巴斯德（Basteur）的表达——"安全的攻击"。浓缩的冲突提供了对一个新的主题最宽广的洞察，它们反映出学生的能力能否将两个参考的架构融入一个单一的物件，这两个参考架构的距离越大，心理的弹性就越大。

实施的现状

在体制外的学校中，这个策略或类似的活动是很常见的，而在一般体制内的中小学之中，语文课在进行作文教学时，偶尔曾听过有些老师有类似的实施经验。此外，在综合领域的辅导活动课中，有些老师在实施放松训练时，配合闭目冥想的过程，也有类似的实施经验。

在实施时需特别注意之处

1. 要鼓励开放性、非理性、创意的表达，鼓励他们发挥创造力。
2. 接纳所有学生的反应，没有外在的审断。
3. 要选择能帮助学生舒展其思考的类推，最好与学科主题或单元有关。
4. 当学生乐此不疲地想整节课都如此进行时，可以考虑以此为今后大家成绩进步时的奖赏，但仍然应该在引起动机之后导入当日的教学进度。

策略 21 交换观点

概要

这个活动能引导学生立即投入你所教的科目中，也能培养学生成为一个细心的聆听者，并打开心胸接纳多元的观点。

🌀 实施的步骤

1. 发给每个学生一个名牌，然后请学生在名牌上写上名字并戴上。

2. 将学生分成两人一组，向另一个人介绍自己。接着要两人针对一个有争议性的问题或声明交换想法，这个声明或问题必须是能诱导学生去思考和发表意见的，例如：

  a. 问题："对丧葬仪式的举行该如何规范？"
  b. 声明："基因改造是违反自然的。"

3. 宣布"时间到"，要学生和同伴交换名牌，并继续认识另一个同学。要学生分享他们前一个同伴（他们现在戴的名牌上的这个人）的观点，而不是介绍他们自己的观点。

4. 接着，让学生再次交换名牌并找其他人谈话，比照上例，只交换他们名牌上那个人的观点。

5. 继续这个过程，直到见过大部分的学生，然后叫每个学生取回他们自己的名牌。

🌀 其他变化的方式

1. 可以用这一交换名牌的过程来破除社交上的冷场，教学生分享他们自己的背景资料，而非争议性的问题或声明。

2. 不交换名牌，而是要学生不断地去认识新同学，每次都要倾听他们对你所指定的问题或声明有什么意见。

3. 也可以将学生分成四人一组，每小组先两两配对，彼此交换观点，过一段时间后，再交换配对组合，如此每位同学皆可与同组的其他三人沟通、交换意见。

🌀 适用对象

适用科目：社会科、生活与伦理课、辅导活动。
适用年级：小学中年级至高中。

🌀 相关的学理根据

本策略是参考美国马里兰大学莱曼教授（Frank Lyman）所发展出来的最简单的思考分组分享法（think-pair-share，TPS）的精神而设计的。在 TPS

思考分组分享法中，当老师讲授教材的时候，学生以两人为一组，然后老师问全班一些问题，学生先自己想自己的答案，接着再跟隔壁的组员讨论答案，直到得到一致性的答案，最后请每组的学生来分享他们一致同意的答案（Slavin, 1995）[132]。而在本策略中，以两人一组的方式进行时，小组的任务与团体的张力促使每个人都要积极参与并表达意见，将能使人际关系有急速的突破。

此外，明尼苏达大学的约翰逊教授等人还特别提出七个守则，以供类似的讨论来遵循（Smith et al., 1981；Slavin, 1995：129-130）：

(1) 我是批判观念，不是批判人。
(2) 我记得我们都是一伙人。
(3) 我鼓励每个人都参与。
(4) 我倾听每个人的观点，就算我不同意也是如此。
(5) 我会重述别人所说的，如果他的观点不清楚的话。
(6) 我会试着去了解双方对这个议题的意见。
(7) 我会先将所有的观点都表达出来，然后将它们整合起来。

实施的现状

在社会领域的科目中曾有类似的实施经验，但并不普遍。在综合领域的辅导活动的单元中，则有较为普遍的实施，通常是利用第一次或第二次上课的时候，请学生互相访问，分享他们自己的背景资料。

在实施时需特别注意之处

1. 需要强调并尊重每个人观点的独立性，与多元文化、多元社会的现状相呼应。

2. 移动位置所造成的噪音与谈话的音量都可以先约法三章，以免影响邻近的教室上课。

策略 22　对或错

概要

这种合作式的活动能在课堂上激发学生的参与度，对团队凝聚力、知识的分享与立即看得到的学习效果而言，都有提升或增强的作用。

实施的步骤

1. 设计一份本科目的问题单，其中有一半的问题叙述是对的，而另一半的问题叙述是错的。例如，"上网络咖啡馆很容易会沉迷"的叙述是对的，"酒是一种兴奋剂"的叙述则是错的。在每张不同的卡片上写下一个句子，并确定学生人数和卡片数目相同（若班级人数为奇数，则替你自己也做一张卡片）。

2. 发给每位学生一张卡片，告诉学生他们的任务是，要决定哪些卡片是对的，哪些又是错的，并告诉学生可以使用任何方式来完成任务。

3. 全班都完成之后，要学生宣读每张卡片的内容，并记录全班对每张卡片持对或错的意见，但是也要考虑少数同学的看法。

4. 对每张卡片给予回馈，并记录全班一起完成作业所使用的方法。

5. 最后指出小组所使用过的一些正面的技巧要一直用下去，因为这是主动学习的特色。

其他变化的方式

1. 活动开始之前，征求一些学生担任观察者，他们的工作是要来评估各小组工作的品质。

2. 若不用事实性的叙述句的话，也可以设计一份意见表，并把每项意见写在每张卡片上。接着分发卡片，并要学生试着与其他同学达成一致性的意见。最后要学生也要尊重少数人的看法。事实上，这是根据六六讨论法的精神来实施的。如果再加上限时的条件的话，将更能提升小组的凝聚力。

3. 可将学生分组，每组派一人担任答题者，其他成员则为智囊团。老师宣布问题后，有30秒的讨论时间，然后答题者以"○"或"×"的手势答题，并说明他们答题的理由。

适用对象

适用科目：任何学术性科目皆可。

适用年级：小学中年级至高中。

相关的学理根据

一般人在面对问题情境时，通常会有功能固着（functional fixedness）与反应定式（response set）的反应，比较容易缺乏弹性思考，所以在问题解决的练习上，自我监控（self-monitoring）是很重要的，一般教师在教学上可以参考下面的建议（朱敬先，2000）[461]：

（1）要求学生确实了解问题；
（2）鼓励对问题从不同角度进行了解；
（3）协助学生发展系统的正、反面方法；
（4）教导启示法（亦即要学生解释问题解决的步骤）；
（5）要求学生不断思考，勿以单一解决为满足。

因此，教师在设计问题时，便可从学生是否能辨析对或错的反应中，窥得学生的思考脉络。

实施的现状

在一些体制外的实验学校与愿意尝试教学创新的老师中，曾有人实施过类似的策略。例如，辅导活动的老师可以将一些有争议的两难问题设计成卡片来让学生广泛讨论。

在实施时需特别注意之处

1. 弹性思考的能力远比标准答案更重要，所以，应该刻意鼓励学生发表另类的想法，甚至可以设立创意奖来启发学生。

2. 在讨论的过程中可以允许学生在行间走动，但不是流于聊天，这可以在一开始就约定好；如果发现学生在聊天，可以趋前适时制止，但是尽可能不要中止讨论。

策略 23 签订学习契约

概要

这个设计是要让学生在彻底思考后，为自己的主动学习负责。

🌱 实施的步骤

1. 设计一份契约，以条列的方式具体列出，范例如下：

我的学习契约书

1. 我知道在这个班上，我将学到_____科（填入科目名称）。
2. 我在这门科目上设定的目标是：_____（填入你的目标）。
3. 我对这些目标有使命感，并会尽力做到下列事项：
   a. 我要利用在班上的时间，借由主动参与的方式来达成这些目标。
   b. 我要为自己的学习负责，而不是被动等待别人来激发我。
   c. 我要注意别人所要表达的意见，并主动提出建设性的回答，以帮助别人学习。
   d. 我要对每一课都做课前预习。
   e. 我要遵行孔老夫子的教诲，实践"博学""审问""慎思""明辨""笃行"，并把所学到的运用到日常生活中。

签名：_____ 日期：_____

---

2. 在你权力范围内，你保证会尽力让学生获得有效学习的经验，并且帮助他们达到这个目标。

3. 把契约的复印件发给学生，要他们逐字慎重宣读，然后说："若是没有大家的努力与对主动学习的使命感，这个契约就无法达成。"借由和他们签订这样的契约，让他们体认到师生间这种合作关系的严肃性。

4. 给学生时间讨论及反省，告诉他们一旦签约了，就一定要遵守。但是要不要签这份契约的决定权还是在学生手中，这是借着公开签约的方式，让学生体验到"言出必行"的学习经验。

🌱 其他变化的方式

1. 设计一份给老师自己的契约，契约内容可参考下面的项目：
   a. 我要主动倾听学生的意见。
   b. 我对学生的学习过程永远采取支持和协助的态度。

  c. 我的教学方法要有变化。

  d. 我会准时上下课。

  e. 我会提供容易阅读的讲义或其他的教材。

  f. 我会广纳学生的建议。

  g. 我会提供视听器材。

  2. 要学生说出他们对老师的期望，或由老师发下白纸，学生以匿名问卷的方式来表达他们的意见。

适用对象

适用科目：任何学术性科目均可。

适用年级：小学高年级至高中。

相关的学理根据

  "自律学习"（self-regulated learning）的概念和所谓的"有效能的学习"（effective learning）与动机的含义其实是相通的。一个"自律学习者"应该同时具备学习方法与自我控制能力，那么，他的学习动机会比较强烈，学习过程也会比较容易。教师若能鼓励学生成为主动、自信、自律的学习者，则学生较能善用其学习资源与机会。为了要成为有效能的、专家的、自律的学习者，学生必须兼具学习方法和学习意愿（朱敬先，2000）[488]。而影响学习方法与意愿的因素有三个，即：

(1) 知识：对自我本身、学科知识、学习任务、学习策略等方面的知识；

(2) 动机：知道为何而学、认清学习目标与动机努力向学、增益知能；

(3) 意志力（volition）：能让学习者约束自己、坚定持续进行下去的因素（朱敬先，2000）[489]。

  因此，在本策略中，当学生在公开宣读并签下学习契约的同时，就代表他必须为将来的主动学习负责，让自己成为自律的学习者。

实施的现状

  提倡人本主义的种籽学苑与某些中学的实验班均使用此法。一般而言，在体制外的学校比较可能有弹性来实施这种兼顾尊重学生自主性与能力本位的策略。

在实施时需特别注意之处

1. 因为一般的学生在学习的历程中从来没有受到如此尊重,刚开始时可能会受宠若惊,而不知道如何拟出适当的条款,此时,老师可以列出一些低难度、一般难度与高难度的建议条款,让学生自由搭配。

2. 当学生的履约情形不甚理想时,可以个别约谈后修改契约;或是考虑在班会或类似的公开场合中由当事人提出申请,再探讨修约的幅度。

第四章

帮助学生主动学习的策略

如果说前一章所介绍的策略是主动学习的开胃菜的话，本章所要探讨的策略则是一道一道的佳肴。这些策略其实就是要用温和的方式促使学生去想、去做、去感受的一些活动。这些活动可分为八类，分别是：全班式的学习策略、引发全班讨论的策略、提问的策略、合作式学习的策略、同侪教学的策略、独立式学习的策略、情意类学习的策略和技能练习的策略。

每个阶段的教育都是要获得知识、技能和态度。认知类的学习包括知识的记诵、理解、应用、分析、综合与评鉴六个层次（Bloom，1956）；技能类的学习包括发展学生的能力以完成工作、解决问题和自我表达；态度类的学习则牵涉到感受和价值观的检验和澄清。在正式的课堂学习之后，每个学生要接受这一科在认知、技能和态度上的评量。每个人的学习方式和效果会有差异，那么，是主动式还是被动式学习会产生差别呢？

教育心理学家里夫认为一个有学习动机的学生应该具备下面这些指标（Reeve，1996）：

（1）主动的（active）。

（2）兴奋的（excited）。

（3）坚持的（persistent）。

（4）乐观的（optimistic）。

（5）迅速开始学习（quick to begin tasks）。

（6）寻求挑战（seeks challenges）。

（7）极为专注（concentrates deeply）。

（8）展现高度努力（shows high effort）。

这八个指标事实上就是主动式学习的最佳表征，而认知、技能和态度上的主动学习通常是借着探索过程而发生的。换言之，学生是在一种主动探索的方式中来学习，而不是以一种被动反应的心态来学习。具体来说，学生是要对抛给他们的问题或自己找的问题自己去寻求答案，他们是在高昂的兴趣中去学一些知识或技能以完成指派给他们的工作，他们也会碰到一些要逼他们检验自己的信念与价值观的议题。这一章所探讨的策略其实就是要在温和的方式中促使学生去想、去做和去感受的一些活动，这些活动可分为八类，兹说明如下。

1. 全班式的学习策略（full-class learning）

第1组的策略是从策略24到策略33，这些策略是要探讨如何让老师主导的教学变得更有互动性，以吸引学生全神投入。换句话说，这些策略是要加强全班性的教学，因为就算是传统的讲授式呈现，也能通过很多技巧来变得很活泼。另外，看教学视频与邀请来宾出席也有新的改进方式来实施。最后，也要特别探讨一些新的方法来教难懂的概念，好让学生有最好的理解。

2. 引发全班讨论的策略（stimulating class discussion）

第 2 组的策略是从策略 34 到策略 40，主要是探讨如何加强你那一科中一些主要议题的对话与辩论，让学生能主动并广泛地参与。

一般说来，老师尝试着进行全班讨论时，常常会遇到很尴尬的沉默，因为大部分学生都不敢第一个发言。其实，讨论法与讲述法的开头都是一样的，引起动机都是首要之务。这组策略都是确定能引发讨论的策略，让每个学生完全投入，有些策略甚至会产生学生之间极其热切的意见交换。

3. 提问的策略（prompting questions）

第 3 组的策略是从策略 41 到策略 43，主要是探讨如何帮助学生愿意问的问题。在教学的时候，老师常常会问："有没有问题？"但是讲台下却是鸦雀无声。有的老师可能认为是学生没有学习兴趣所致，而事实通常是因学生还没有预备好要问问题。这组策略就是要帮你改善这种尴尬的情形，让学生有机会针对你所教的教材好好思考过后，才提出特定的问题。

4. 合作式学习的策略（collaborative learning）

第 4 组的策略是从策略 44 到策略 49，主要是探讨以小组的方式来完成学习任务。这些策略能够培养学生的相互依赖和合作精神。一般而言，以小组方式完成学习任务是促进主动学习的最佳方式之一。同侪之间的支援、多元的观点与分享的知能，能够使合作式学习成为教室的学习气氛中最宝贵的部分。但是，实施合作式学习在实务面上也不见得是毫无弊病，沟通不良、参差的参与度、在小组中打混之类的瑕疵时有所闻，而这组策略则是要扩大合作式学习的好处，并将它的缺点降到最低。

5. 同侪教学的策略（peer teaching）

第 5 组的策略是从策略 50 到策略 56，主要是探讨怎样让学生彼此互教，让学生在教学的过程中成为老师的好帮手。有些学者认为，只有当学生能够去教别人的时候，我们才可以说他精通了那一主题。这些同侪教学的策略都是具体可行的，主要是要探讨怎样让学生能够一边好好学习，同时也成为别人的学习资源，探讨在学生教完之后老师做补充的方式。

6. 独立式学习的策略（independent learning）

第 6 组的策略是从策略 57 到策略 62，主要是探讨由学生单独完成学习的活动与如何让学生对自己的学习负责。事实上，全班式的教学与合作式学习本身虽有其功效，但是借由独立学习的活动则更能增进学习效果。当学生独立学习的时候，他们就能发展出专注与反省的能力，也让他们有机会为自己的学习负责。这里所要探讨的策略，是教室里和教室外都能用到的技术。

7. 情意类学习的策略（affective learning）

第 7 组的策略是从策略 63 到策略 67，主要是探讨如何检验自己的感受、价值观和态度。这是和价值澄清与增进自我了解有关的策略。无可讳言地说，就算是尖端科技的主题也会牵涉到情意类学习。例如，当学生使用电脑时，完全上瘾的话，那么电脑又有什么好呢？这里所探讨的策略是要让学生在学习本科目主题的同时，也能对自己的感受、价值观与态度有所觉醒，让他们彻底检验自己的信念，并且具有以新的方式来做的使命感。

8. 技能练习的策略（skill development）

第 8 组的策略是从策略 68 到策略 78，主要是探讨如何练习专业性与非专业性的技能，如何让技能加速发展起来与如何有进一步的练习。当今教育最重要的目标之一，就是要让学生获得职场所需的工作技能。这些技能有两大类：第一类是专业技能，如写作与使用电脑；第二类是非专业技能，如专注倾听和口齿清晰。当学生努力要学习新的技能，或是努力要改进现有的技能时，他们需要有效的练习，也需要获得合适的回馈。这里所介绍的策略有些是密集式的，有些是趣味性的，尤其是各式的角色扮演法都被一一探讨到。

策略 24　激发好奇心

概要

这个简单的技巧是借着鼓励学生去思考一个主题或问题的方式，激发学生的好奇心。若学生从一开始上课就能投入的话，那么学生将更容易记住老师在这一科目中要教的内容。

🌀 实施的步骤

1. 问全班一个很吸引人的问题，以激发他们对你要讨论主题的好奇心。在你事先的估计里，这个问题必须只有少数几个学生知道答案。常见的问题种类如下：

   a. 日常知识：为什么女性会有月经？

   b. 如何做：如何腌制脆梅？

   c. 名词定义：何谓牛顿第二运动定律？

   d. 书名：你认为米奇·阿尔博姆（Mitch Albom）所写的《相约星期二》一书是在讲什么？

   e. 事物运作的方式：爆米花是如何爆出来的？

2. 鼓励学生认真思考和放胆乱猜，以类似"猜对得小奖，猜错也鼓掌"的话来鼓励学生（这里所谓的"小奖"可能只是一颗糖果，鼓掌则是鼓励学生的胆识）。

3. 不要马上给学生回馈，要接受所有的猜测，以引发学生对真正答案的好奇心。

4. 把问题当作你正式讲课的开场白。例如，可以用"欲知问题真相如何，且待本大美女（帅哥）一一道来"来开场，并将问题的答案融入你教学的过程中，你应该会发现学生比平时更为专心。

🌀 其他变化的方式

1. 将学生分成两人一组，然后请他们一起来猜猜看。
2. 直接告诉学生你将要教的东西，以及为什么这些东西很有趣。
3. 可以用电影预告片的方式来呈现，让这样的介绍变得很有味道。
4. 可以在下课之前将问题抛给学生，请学生在下次上课之前，先在互联网上搜集相关资料，以免因缺乏先备知能而冷场。

🌀 适用对象

适用科目：任何科目均可。

适用年级：小学低年级至大学。

🌀 相关的学理根据

在早期的教学原理的教科书中通常会提到，在教学过程中准备阶段要引起学生的动机可以运用下面的技巧（吴鼎，1974）[315-316]：

(1) 从揭示挂图、提供实物引起动机。

(2) 从报纸新闻、社会活动引起动机。

(3) 从观察自然现象引起动机。

(4) 从学生的旧经验引起动机。

(5) 从讲述故事引起动机。

(6) 从谈话引起动机。

近期的教学原理的教科书，则从不同的角度来补充，认为需要灵活运用下列方法（林宝山，1988）[268-269]：

(1) 建立学生的自尊感。

(2) 利用学生现有的动机。

(3) 引发潜在的学习兴趣。

(4) 协助学生发展合适的目标。

(5) 保持现有的进度。

(6) 发展学生的接纳态度。

(7) 提供舒适的学习环境。

(8) 利用增强的原理。

(9) 提供良好的示范作用，以身作则。

(10) 创造积极的班级气氛。

其实，这些技巧在一般的教学过程中非常普遍地被使用，然而，只有这些方式能引起学习动机吗？学习动机到底是什么呢？美国的教育心理学家凯勒与柯普认为学习动机有四大构成要素，如取每一要素的英文前缀可拼成ARCS。他们认为任何教学方式只要能符合ARCS的原则，就能引起学生的学习动机。兹简述ARCS模式如下（Keller & Kopp，1987）[289-320]：

(1) 获得关注（attention）：这是指能引发并维持好奇心或注意，下含三种策略。

　① 唤起知觉（perceptual arousal）：这是借着提供新奇的、令人诧异的、不协调的或不确定的事物来达成的。

　② 唤起探索的心（inquiry arousal）：这是借着老师抛出问题，或由学生自发提问来达成的。

　③ 多样性（variability）：这是借着多样化呈现教学来达成的。

(2) 有高度相关性（relevance）：这是指在激发好奇心之后，学生会质疑教材内容与现实生活之间的相关性,下含三种策略。

  ① 熟悉性(familiarity):这是指要使用跟学生的经验与价值观相配的例子与观念,用明确的口语来表达。

  ② 目标导向(goal orientation):这是指要清楚表达教学的目标与用途。它既可以是现在要达成的目标,也可以是学生想达成的自定目标。

  ③ 动机匹配(motive matching):这是指要运用一些教学策略来配合学生的动机起伏状况。

(3) 信心(confidence):这是指学生在学习过程中心理层面的危险性要相当低,让他们不需要害怕丢脸或尴尬,要根据学生自信的层次与学习目标的类型来调整冒险的层次,下含三种策略。

  ① 对成功的期望(expectancy for success):这是指让学生知道评量的标准与表现的条件。

  ② 挑战性的设置(challenge setting):这是指提供多种成功的水平,让学生能设定自己的成就标准,也让他们有机会来体验成功。

  ③ 属性的塑造(attribution molding):这是指提供合适的回馈来培育学生的能力与努力。

(4) 满意度(satisfaction):这是指学生努力的结果要与他们的期望一致,下含三种策略。

  ① 自然的结果(natural consequences):这是指提供实际情境让学生能运用刚学会的知能。

  ② 正面的结果(positive conscquences):这是指提供回馈与增强的机制来维持所要做的行为。

  ③ 公正性(equity):这是指对学生成就的评量要维持一致的标准。

  事实上,与生活现状直接相关的问题最能激发学生的好奇心,这是因为它吻合了上述的获得关注与有高度相关性的动机原则。

实施的现状

  这个策略在各阶段的教育中都非常普遍地被采用。例如,物理老师可能问:"为什么杂技演员走空中钢丝不会摔下来?"让学生猜测后票选出前三项最有可能的答案,最后由老师从学科观点来解释。像这样以问题情境来导入时,学生很容易被引发学习动机,迫不及待想知道答案,但是老师并不立即解释，反而先让学生尽情发挥久被压抑的想象力，最后在老师讲解时，学生自然会专注学习。

另外，对心智发展较成熟的学生而言，有的老师会配合信息融入各科教学的时代趋势，在上课之前就请学生通过互联网做相关背景资料的查询，找出多元的观点。

🌀 在实施时需特别注意之处

1. 老师要注意教学时间的限制，在提出问题后，应给予学生思考的时间，然后继续导入主题的讨论。

2. 老师在提问题的时候，可以配合丰富的肢体语言，以增加戏剧效果。

3. 为了避免由少数优秀的学生垄断回答的机会，可以采用两人小组讨论的方式来进行，并且规定每次都要由不同的组员来回答，让每个人都有成就感。

策略 25　认真听课的小组

🌀 概要

在以讲述法为主的单元中，这个活动能帮助学生集中注意力并专心听讲，并且是以小组的方式把教材弄清楚。

🌀 实施的步骤

1. 先将学生分为四个小组，每组都有不同的任务：

小组	角色	任务
A	发问者	老师授课完毕后，提出最少两个与该单元有关的问题。
B	赞成者	老师授课完毕后，说出他们同意哪些观点（或认为哪些观点很有帮助），并解释原因。
C	反对者	老师授课完毕后，评论他们不同意哪些观点（或认为哪些观点无益），并解释原因。
D	举例者	老师授课完毕后，举出具体的例子或教材内容的应用。

2. 正式讲授上课内容，以平常讲授的方式来进行就可以了。

3. 讲完后，给各小组一些时间去完成所分配的作业。

4. 最后，让各小组发表各组的作业。你会发现，学生的参与度比你原先想象的还要高。

其他变化的方式

1. 设计其他的角色。例如，指派一组来报告课程内容的摘要，或指派另一组来设计小考题目，以测试大家是否了解教材。

2. 事先提出一些在上课时要回答的问题，再挑战学生是否能在讲授中找到答案，能答对最多题目的小组为优胜者，由老师予以口头鼓励。

适用对象

适用科目：任何学术性科目均可。

适用年级：小学高年级至高中。

相关的学理根据

在一般正常教学的过程中，学生倾听的时间比例常会超过50%，然而，听课时却有可能存在两种极端的现象，即心不在焉地听讲（absent-minded listening，AM）与全神贯注地听讲（focus-minded listening，FM）。就如同FM收音机是接收直线的声波，FM型的倾听者也是将他们的心思直接对准他们所倾听的内容，而AM型的倾听者则是断断续续地捕捉别人所说的内容。如何将学生从AM转到FM的听课心态确实是很大的挑战，因为并不是所有的老师都能拥有好的口才，所以，在正式进行讲授过程之前，将学生的注意力从"讲授的品质"转到"倾听的品质"可说是引发学习动机策略的灵活运用。

再者，根据安妮塔·伍尔福克（Anita Woolfolk）的看法，有一类情绪与行为失常的问题可称为注意力或不成熟的问题，它的特征包括：注意时间很短暂、经常做白日梦、很少主动、脏乱与身体协调性不佳。这一类不成熟的学生如果不是落后全班学生太多的话，通常是可以用一般的行为管理技术来克服的；而如果是行为管理技术无法奏效，或者是学生无法专心听讲的问题很严重的话，则需要寻求专业咨询人员或心理卫生人员的协助（Woolfolk，1995）。本策略原则上属于一般的行为管理技术，让学生从被动的倾听层次，转变为在心中主动地过滤与分析教材。

此外，教育心理学家埃默和米利特（Emmer & Millett，1970）也从实证的观点提出能帮助注意力集中的八项建议（Woolfolk，1995）[246]：

（1）先告知学生本次教学单元的目的，说明学习这个教材对他们的有用性与重要性。

（2）质问学生为何他们认为学这些教材会很重要。

（3）使用问题来引发好奇心，例如，"如果……的话，会发生什么？"

（4）安排偶发事件来制造震撼效果，例如，上沟通技巧课之前的大声争辩。

（5）改变外在环境，如布置教室或移到不同地方上课。

（6）改变感官接收的频道，让学生去摸、去闻或去尝。

（7）使用动作、手势和抑扬顿挫的声调，行间巡视，手指比画，轻柔感性地说话。

（8）避免分心的动作，如敲笔。

本策略就是根据他们的第一项建议而设计的一个很好的例子。

实施的现状

这个策略在很多科目中都有实施，只不过没有像本策略中分四大类的设计，通常老师只是会要求学生在他讲授完毕之后一定要提出问题。但是有一些数学老师则会要求学生在他讲授之后，每组都出一些问题来评量别组的同学，以提振学生的注意力。

在实施时需特别注意之处

1. 因为本策略是配合小组讨论的方式来进行的，所以，在上课之前就需要安排成分组的座位入座。

2. 如果能够事先提醒或指定学生做课前预习的工作，参与的程度应该会更好。

3. 可以搭配引导式笔记技巧的策略，以收事半功倍之效。

策略 26　引导式的笔记技巧

概要

这是一个很普遍的技巧，它是由老师预备一份特别设计的讲义给学生，好让学生能依循老师讲授的内容来做笔记。就算是只套用这个技巧的一小部分，也比直接发给学生完整的讲义更能让学生专心投入。在引导式的笔记技巧中，最简单的就是引导式填空的设计方式。

实施的步骤

1. 设计一份授课内容的讲义，通常可以将课文中的粗体字标题或段落标题包括进来。
2. 省略重点摘要中一些关键的字词，改由底线或空格取代。
3. 设计讲义的方式通常有三大类，以下示范几个简单的例子：

   a. 提供一连串定义的叙述句，留下专有名词的空格，由学生填写；反之亦然。

   _____：河流、湖泊或海边因含有过量的磷酸盐、硝酸盐的肥料，而造成藻类过度繁殖的现象。

   红树林：_____。

   b. 留下一两个相关联的空格。

   常见的互联网服务有下列几种：

   * 档案传输（FTP）　　　　　　　* _____
   * 电子布告栏（BBS）　　　　　　* _____
   * 查询资料　　　　　　　　　　* 网络新闻论坛（News）
   * _____

   c. 在文章中空出关键词，又称完形填空法（cloze），如下例所示。

   > **临江仙·滚滚长江东逝水**
   > 明·杨慎
   >
   > 滚滚长江东逝水，_____。
   > _____转头空。
   > 青山依旧在，_____。
   > _____，惯看秋月春风。
   > 一壶浊酒_____。
   > _____，都付笑谈中。

4. 发下讲义，并告诉学生这份讲义空白部分的答案待会儿会出现在讲授的过程中，以借此帮助他们能主动听讲。

5. 在下课前几分钟时，请坐在左右或前后的学生互相检查，是否每一空格均填上正确答案。

其他变化的方式

1. 提供一份学习单，内容包含几个与你要教的主题相关的小标题，每个小标题下多留一些空白，让同学自行记下重点，例如：

> ○ 淡水中生物世界的分类
> a. 溪流生态系：＿＿＿＿＿＿＿＿＿＿＿＿＿＿＿＿＿
> b. 湖泊生态系：＿＿＿＿＿＿＿＿＿＿＿＿＿＿＿＿＿
> c. 水潭生态系：＿＿＿＿＿＿＿＿＿＿＿＿＿＿＿＿＿

2. 老师也可以考虑在教完后发给学生第二份含有空格的讲义，让学生在不看自己笔记的限制下填答，以评估学生的学习成效。

3. 把讲授的单元分成几个大段落，老师讲授时学生要仔细聆听，但不抄笔记。等到一个段落讲授结束后，再让学生一口气写下重点。

4. 可以把课外补充的资料也列在同一份讲义上，并告诉学生可到哪些地方或利用什么方式找到资料（例如，图书馆、百科全书、互联网），学生再利用课余时间完成讲义。

5. 如果采用分组的方式的话，老师在讲授完毕之后，可以奖励完成最多空格的小组，通过小组成员想得奖的荣誉心与同侪压力，来促进专心听课的学习过程。

适用对象

适用科目：任何科目均可，尤其是教材内容很多的单元。
适用年级：小学高年级至高中。

相关的学理根据

1. 安布拉斯特（Armbruster）与安德森（Anderson）曾提及常用的学习

技巧（如画线、强调关键词、注意书中彩色的部分、做大纲、写笔记等），除可助学生集中注意力与组织课文之外，亦可以帮助学生互相观摩与比较（朱敬先，1997）[243]。

2. 虽然讲义上有一些空格，但是整份讲义设计的原则基本上符合奥苏贝尔（David Ausubel）所提倡的前导组织架构（advance organizer）的理念（Joyce et al.，2000），有层次井然的规划，所以学生比较容易跟上讲解的过程。并且，学生可以在听讲之前就先浏览该单元的重点，并在听讲的过程中主动搜寻课文中的关键词，化被动听课为主动检索，就可以轻易学习到如何在一篇讲述中摘取重点。

3. 根据安妮塔·伍尔福克的看法，如果要把信息处理（information processing）的理论运用到教室内的话，应该参考六个指标：确定学生都注意了；帮助学生把基本的与非基本的细节分开，并着重在重要的部分；帮助学生把新的教材与他们已经知道的东西贯穿起来；提供教材练习与复习的机会；以清楚又有组织的方式来呈现教材；着重教材的意义，而不是记忆（Woolfolk，1995）[257-258]。本策略就是一个很好的运用范例。

实施的现状

在补习班与一般学校系统里，这种引导式的笔记技巧在学术科目的教学中都非常流行，尤其是引导式空格的方式最普遍。这个策略既能让学生免于埋头猛抄板书之苦，省下许多抄写的时间，又不会因手中有完整的讲义而有恃无恐，甚至心思不集中。反而是让学生为了寻求关键词而专心听讲，使原本可能是沉闷的讲授过程中的被动学习转为主动学习。

在实施时需特别注意之处

1. 这种"引导式的讲义"的方式是非常特别的，它与我们常见的大纲式的讲义或巨细靡遗的讲义非常不同。通常可以参考几本坊间的参考书与测验卷来编写，不一定要由授课老师自己从头编起。

2. 在常态分班的班级中，每个学生的认知程度不一，能持续专心听讲的时间长度也不一。因此，学生若上课一不专心，就不知道老师讲解到什么地方，只好等下课后再去抄别人的笔记。其实，授课老师可以在每个大段落先暂停一下，请邻座的学生互相检查，以克服这个问题。或者，也可以在下课之前，请以前考试成绩较落后的学生站起来快速宣读他的笔记，如果完全正确则予以奖励，如果仍有误差，则可立刻予以补救。

3.若一开始就遇到比较散漫的班级，可以规定在下课之前将"引导式的讲义"全部收回，快速检阅后发回，或是由邻座的同学在下课前彼此检查笔记是否完整，借此督促学生每次都要认真听讲。

策略 27 又听课又玩宾果

概要

试想若把传统的讲课变成宾果游戏，不仅上课比较不会无聊，学生还会更专心。学生一边在进行宾果游戏，一边也在注意教学重点，学习过程变得很有趣味。

实施的步骤

1.将上课的内容最多编成九个重点。

2.制作一张3×3格的宾果卡，并将上述的九个教学重点写在卡上的九个框内，若重点的总数不满九点，则有的框空白也无妨。

3.再制作几张有相同教学重点的宾果卡，并将重点写在不同的框框里，尽量让每张宾果卡都不一样。

4.把这些宾果卡发给学生，并且给每个学生一张有九个彩色圆点的小贴纸，教导学生跟着老师上课的重点，逐一将圆点贴纸贴在卡上相对应的框框里（注意：空白框框上不能贴上贴纸）。

5.当学生收集三个连续水平、垂直或对角线的贴纸时，他们要喊"宾果"，老师要马上核对并登记在黑板上。

6.继续讲完这个以讲述法为主的单元，并尽量让学生能够多次达到宾果。

7.口头奖励有"宾果"的学生，或累积个人"宾果"的次数，于段考后一并公开表扬。

其他变化的方式

1.利用教材内所提到的关键词或名字当作宾果卡的内容。取代上述以教学重点来编的方式，亦即当老师提到这个名词或名字时，学生将贴纸贴在对应的框框里。

2. 将关键词、名字和教学重点混合使用，来设计大杂烩的宾果游戏。

3. 制作 2×2 格的宾果格子，沿用上面所提到的教学重点、关键词或名字的方式。只要在任何一张宾果卡上列举四个，然后比照办理来制作一些新卡，卡上写上不同的数据，使每张宾果卡不尽相同。

4. 对于高年级的学生，可使用 5×5 格的宾果卡。

适用对象

适用科目：任何科目均可。

适用年级：小学中年级至高中。

相关的学理根据

中国自古即有明训："业精于勤，荒于嬉。"所以，在传统的教室中，历来游戏与正式的教学很少有交集。事实上，游戏除了娱乐功能之外，学生还可以从游戏中学会语言、应对、社交、操作技能甚至等待及分享的观念。游戏可以激发学生探索、观察与发现的热情；可以帮助学生理解语言、形成概念、掌握表达方式；可以让学生学习传递信息、陈述事件和解决问题；还可以让学生享受动手操作的乐趣和完成的喜悦。原本枯燥乏味的机械过程可以变成兴致盎然的学习过程，在学生的心中留下美好的学习经历，让他们在快乐中成长。

上述的这种学业导向的游戏（academic games）有两种特色：第一，它不会认可或鼓励与伦理道德有悖的呈现方式；第二，在这类游戏中获胜只能单单倚靠学生灵活运用学科知识与解决问题的能力而达成。一般而言，学业导向的游戏在教室中的应用有四大目的：要练习或精进已经习得的知能；要找出学生在知识或技能上的鸿沟或弱点；当作复习或总结的工具；要发展出许多概念和原则之间的新关系。在游戏中通常会用到的认知技能则包括分辨不同的概念、学习新的概念与使用法则等（Gredler，1996）[524]。

实施的现状

宾果游戏在中小学阶段可以说是很普遍的一种游戏方式，只不过一般人比较少联想到它还可以有教学上的应用，而本策略的设计是将各种教材内容自然融入宾果游戏，可说是值得未来大力推广的方式。

🌀 在实施时需特别注意之处

1. 从第二次起，可以请学生事先预习上课内容，以求能在学习成果上事半功倍。

2. 可以根据环保的理念来设计复贝（用塑料薄膜将纸以热处理的方式黏在一起）过的纸卡，以便循环使用。

3. 每次学生喊出"宾果"之后，本身就会有某种程度的满足，不需要每次都立即奖励，可以累积各人或各组的分数，间隔一段时间之后再颁奖。

策略 28　互助合作的教学

🌀 概要

这个方法能大大改变学生的学习步调。它让学生先用不同的方法学习，再互相比较，并整理笔记。

🌀 实施的步骤

1. 将全班平均分为两大组。

2. 将要教的主题妥善编排成易读的讲义发给第一组的学生，让他们到另一间教室研读。

3. 同时以口头的方式将同一单元讲授给留在原教室内的另一半学生。

4. 接着将两种学习的方式对调，亦即对先前自行研读的学生讲课，听过课的另一组同学则转而研读书面资料。

5. 最后让第一组与第二组的人两两搭配，并报告他们所学习的重点。

🌀 其他变化的方式

1. 让一半的学生闭着眼睛听该课的内容介绍，另一半学生则遮着耳朵，观看投影或幻灯片之类的视觉教材。上完课后，接着再让两组同学一起讨论他们所听或所看到的重点。

2. 针对你要学生学的一个观念或理论，仅给班上一半的学生一些具体的例子，而不直接教该理论。相反地，将该观念或理论的内容定义告诉另一半的学生，但不提供例子。再由两个不同组的成员搭配为两人小组，并让他们一起复习教学单元。

适用对象

适用科目：任何科目均可。
适用年级：小学高年级至大学。

相关的学理根据

这是美国约翰·霍普金斯大学的教育心理学家罗伯特·斯莱文（Robert Slavin，1995）所提倡的拼图法第二代（Jigsaw II）的变体版，教材或学习资源的相互倚赖，与组员之间的互相教导是它最大的特色。拼图法第二代的实施步骤是：

(1) 全班阅读（reading）：学生拿到专家的主题后，就去阅读那个主题要读的教材。
(2) 专家小组的讨论（expert-group discussion）：分到同一专家主题的学生从原先的异质小组中抽离，集中到专家小组中来讨论。
(3) 回到原小组报告（team report）：所有的专家都回到他们最初的异质小组去教导他们的组员。
(4) 测验（test）：学生要有一次小考。
(5) 小组表扬（team recognition）：可以用奖状、布告栏或其他的奖励方式，都可以单独或搭配使用。

实施的现状

实施拼图法第二代的老师时有所闻（蔡文荣，2001），但是，如本策略所提到的分一半的人到另一间教室去阅读教材的设计，则可说是窒碍难行的安排，但是在少数体制外的学校中也有实施的例子。

在实施时需特别注意之处

1. 可以依照罗伯特·斯莱文教授的拼图法第二代的标准步骤，请学生在上课前半段的时间分别读不同部分的教材即可，不需要再找其他的教室容纳一半的人。

2. 两人小组进行讨论时，需要小心控制音量，老师也需要有行间的巡视，以免学生流于聊天。

策略 29　引导式教学

概要

老师先问一个或多个与学生背景知识有关的问题，记下他们的假设或结论，然后加以排序分类。引导式教学法和传统直接讲授的方法不同，它能让你在正式教学开始之前，先了解到底学生知道什么、了解了多少，尤其适用于抽象概念的教学。

实施的步骤

1. 提出一个或一系列能触发学生的思考或知识背景的问题，这些问题最好要有一些可能的答案，例如：
   a. 哪些生物才称得上是鸟类？为什么？
   b. 蝴蝶是昆虫吗？蝴蝶如果是昆虫，你的证据何在？你认为要具备哪些特征才能称为昆虫？

2. 进行分组讨论，给予学生一些时间来讨论刚才所提出的问题。当学生讨论时，老师需要在行间巡视，并随时提供帮助。

3. 集合全班，并记录学生的想法。如果可能的话，将他们的答案依照你要教到的类别或概念来分类，然后分别记在白纸上并粘贴在黑板上。例如：
   a. 将学生列出的概念"会飞""有翅膀""尖嘴"，归纳于"鸟类"的特征之中。
   b. 将"垃圾减量""垃圾分类""资源回收"列在"资源的有效利用"这个概念的分类之下。

4. 接着老师才讲解教学的重点。

5. 然后让学生对照他们的答案与老师的教学重点，并比较其周延性及上下属性。要特别注意的是有些想法可以补充加到教学单元的重点中。

其他变化的方式

1. 先不要将学生的答案做分类，而是全部列在一张单子上，叫他们用自己的观念来分类，这样能训练学生分析、统整和评鉴的能力。

2. 你不要一开始上课就有预设的分类，而是由你与学生一起来，看看你们如何把这些想法纳入一些有用的类别中。最后与该科目的系统分类加以比较，使学生体验并尊重多元观点。例如，在教植物分类时，学科本位的系统分类法是依照植物的构造来分，也可以以可食用、可作为药物等功能来分类。

3. 如果教学时间有限的话，可以采取老师直接和全班对话的方式来引导学生的思路，将学生的发言记录在黑板上或墙报纸上，然后将他们的答案依照你要教的概念来分类，接着才讲解教学重点。

适用对象

适用科目：任何科目均可。
适用年级：小学低年级至大学。

相关的学理根据

在传统的教室中，我们当老师的人很容易就直接阐述我们所知道的知识，在每一点上很容易就能从学生那里得到认同，却从没有让学生自己去思考一下。而没有经验的老师常会问学生一些封闭性的问题，亦即只有单一标准答案的题目（Sigel，1990）。这类问题就像是："你们知道不知道……"，"你们有没有问题"，"物质燃烧时需要氧气吗"，等等。虽然这样的问题能帮助学生专心听讲，并产生了某种程度的师生互动，却未必能使学生真正投入。换言之，一个专心的学生可能是被动地听讲，并没有深入思考，而投入的学生却是与主题一直互动，通常是通过主动对话的互动方式来帮助他们建构自己的学习，这不是机械式回答能达成的（Bruner，1996）。

在引导式的教学领域中，HRASE（history 历史、relationship 关系、application 应用、speculation 推测、explanation 解释）是一个最有潜力的技巧（Penick et al.，1996）。HRASE 的发问技巧是从一个简单的问题开始，以便建立学生的信心，然后，快速进展到更能引发思考的问题，让学生产生一些新点子。换言之，历史类的问题可能只是问学生在自然科的实验室中发生了什么。关系类的问题可能进一步要学生比较这个实验与其他的主题或观念，然后要求学生应用从比较之中所得到的知识，接着做一些深度思考的推测，最后解释运用与推测的结果。在最后一个步骤中，还有一种另类的变化方式，就是要看学生是否能用简单的话，而不是套用专门术语，来清楚说明一个主题及其细节，以决定他对教材是否有深入的领会。

此外，有效的发问也能够帮助学生温故知新，并发现新的模式，门克与普雷斯利（Menke & Pressley，1994）提出了逐步质问（elaborative interrogation）的技巧，来帮助学生将先前所学的知识活络起来，在这个技巧中，不是问学生只有一个标准答案的问题，老师是问"为什么"。在逐步质问技巧中，不是问第二次世界大战是何时开打的，而是问为什么会发生这样的战争。门克与普雷斯利引用了一些研究，证明这类问题能明确地改善学生的能力，以记住他们所学的东西（Latham，1996）。

而在本策略中，老师本着引导式教学的精神，发问的用意是为了快速了解学生的先备知能与错误想法（misconception），以作为接下来教学调整的依据。

实施的现状

这个策略在很多中小学的教室中处处可见，但是有些老师并没有做到分析学生的意见或看法以深入了解学生的背景与程度，并进而调整上课的方式。

在实施时需特别注意之处

1. 一开始抛出问题时，学生提出的答案常常就是错误想法的所在，老师需要肯定学生勇敢发言的胆识，禁止其他学生因此而嘲笑发言者的答案。

2. 学生回答问题时，老师可以在黑板上将学生的错误想法一一列出，甚至将别的班级或以前的学生所提出的错误想法也列出，让学生有机会比较错误想法与正确答案之间的同异之处。

策略 30　与来宾讨论

概要

在学习活动中如果能有专家型的来宾参与，是一种非常好的学习方式。这些来宾不见得是有时间或有经验来准备上一次课的人。这种方法同时能让学生有机会和某一领域的专家在一种很特别的方式下互动，也能让他们在预备邀请来宾的过程中扮演一种主动的角色。

实施的步骤

1. 邀请一个演讲者以专家的身份来演讲你目前正要探讨的主题，例如，在上到"资源的有效利用"这一章时，可以邀请县或市环保局的承办官员到校。

2. 要事先告诉来宾，这堂课的进行方式就像是一场模拟的"记者会"。在这种方式下，来宾先讲一些简短的重点或公开的声明，然后预备好要回答台下的"新闻界"。

3. 在来宾莅临以前，由学生讨论并决定"记者会"要怎么举办，并列出一些要问演讲者的问题。

4. 要鼓励学生预备邀请卡与感谢卡。

5. 来宾莅临时，应派学生代表至校门口引导来宾至班级教室。上课结束后，由学生代表致赠感谢卡，并送来宾至校门口。

其他变化的方式

1. 可以在同一时间邀请多位不同的来宾，以圆桌方式进行讨论。以小组方式，每桌安排一位来宾以进行信息与经验的分享，这样小组的成员就有机会在一种个别化的情境中来进行发问。将整节课分成几个回合，每一回合，依照可用的时间和邀请的来宾人数来决定讨论时间的长短。一般而言，10到15分钟是最适当的。时间一到，就叫每小组移到另一桌来进行下一回合。

2. 可邀请一些你以前教过的学生来当你的来宾。

3. 可邀请班上学生的家长或学校的义工来当你的来宾，这对亲师合作关系的建立与开拓非常有帮助。

适用对象

适用科目：任何科目均可。

适用年级：小学中年级至大学。

相关的学理根据

这个策略基本上是套用"专家型认知"（expert pattern recognition）的方式，由富有"叙述性知识"并擅长一般"程序性知识"的专家来帮助学生学习。这里所谓的"叙述性知识"即事实与语文信息，而所谓的"程序性知识"就是了解如何形成各种认知活动，既知其然，又知其所以然，所以能切实操作所拥有的知识技能，而无须过多时间反应。让学生与在某方面有独到经验的专家讨论，彼此分享经验，将能增进学生对该领域的了解，也能从中吸取经验，避免不必要的错误（朱敬先，1996）[460]。

实施的现状

在城市核心区或科技园区的学校或班级中，因为很多学生家长都具有很高的学历与很丰富的实务经验，常常是被邀请的对象。

在实施时需特别注意之处

1. 邀请来宾来班级或学校做讨论时，最好是与即将要上的单元有密切的关联，而不应该是随性式的规划。

2. 可以将学生家长列为最先邀请的人选，因为最容易实施，也最容易在轻松、自然的气氛下进行。

3. 送走来宾之后，最好还能够留一小段时间让学生统整当天所讨论的内容，而不至于只是情绪上的兴奋。

策略 31 模拟演出

概要

有时候不管口头解说是如何详尽或实物呈现是如何清楚，然而某些概念和步骤仍无法被充分领略。解决的方法之一是要求学生以实际行动来演出那些概念或想法，或是将那些步骤实际执行一次，这样才能将教材内容的全貌勾勒出来。

实施的步骤

1. 选择一个概念、一系列相关的概念或一个步骤，而这个概念或步骤是能经由实际演出来说明的。例如：

   a. 关系代词在句子中的变化。
   b. 找出最小公倍数。
   c. 水的循环系统。
   d. 闽式建筑。
   e. 光的折射。

2. 选用下面任何一种方法来演出：

   a. 让学生上台用肢体语言去模拟演出某个主题。

b. 设计一些大张的卡片发给学生，上面写重要的概念或步骤的顺序，然后将学生和卡片按照正确的顺序排列在一起，这是以具体的视觉效果来呈现抽象概念的方式。

c. 学生将教材以戏剧化的方式来进行角色扮演。

d. 征求自愿者将每个步骤表演出来。

3. 讨论整个演出的过程，并强调本单元的教学重点。

其他变化的方式

1. 将学生演出的过程录下来，并放映给全班同学观看。
2. 要求学生自创演出某个概念或步骤的方式，不一定要由老师指导。
3. 找其他值得演出的议题或问题情境给学生，例如，个别的矛盾（价值观或兴趣）、人际冲突、两难情境、社会上有争议的议题、历史上或当代的问题等。
4. 演出后，可以由演员探讨个人的感受，或是由观众探讨观赏的感受。
5. 可以用额外加分的方式来鼓励害羞者上台，等大家都很热衷上台演出时，可以对正确性、流畅性、肢体语言、声调表情与创意性等项目加以评分。

适用对象

适用科目：任何有抽象教学的科目。

适用年级：小学高年级至大学。

相关的学理根据

1. 这个策略与角色扮演教学法的精神是一致的，它在演出之后还强调讨论的过程，让学生借着后设认知（metacognition）的设计，能统整并内化整个学习内容。

2. 本策略是要将抽象的概念或步骤以拟人化的方式来演出，在角色扮演的过程中，当事者知道他表现的是什么样的动作，如果动作是正确的，他所得到的内在回馈就会使他满意，以后便会继续表现该正确动作，反之亦然，此即为知觉痕迹（perceptual trace）的现象（张春兴，1996）[457]。

实施的现状

有些老师会在讲解完古文中的故事或是英文读物中的剧情之后，将全班以分组的方式来分段演出，以增进学生对人物及其剧情的领会。也曾经有高中的英语老师在教英语听力课时有过类似的应用，在带领学生念完课文之后，由各组上台演出，各小组可以有一位提词员负责暗示，但对话的内容还是着重在沟通，不一定要逐字背诵课本上的范例，词穷的时候也可以利用肢体语言来表达。在这种实际演出对话的活动之中，英语课就能变得有趣又生活化，不仅可以激发学生的创造力，也可以让学生更熟悉教材内容，还能够增进同学之间的合作与默契程度。

在实施时需特别注意之处

1. 扮演的重点是要让学生身历其境，所以不必要求演技。先让大家有兴趣、敢于上台演出最重要，所以一开始实施时，就要跟学生强调。

2. 演出后的讨论所代表的后设认知阶段是这个策略的重头戏，不可以省略。最简单的方式是采取"我今天学到了……"的未完成句子来进行。

3. 在扮演完毕后，老师可以给予正面的回馈与讲评，让学生对下次扮演保持期待。

策略 32　到底我是什么

概要

这项活动是以一种新奇的方式来帮助学生学习认知性的教材。它是改编自某一个电视综艺节目，要让学生有机会复习已教过的教材，并且能以小组的方式互相测验，以增进其学习成效。

实施的步骤

1. 将全班分成两组或更多组。
2. 将以下内容写在一张张的纸条上：
　　a. 提供一个人物：例如，我是"孙中山"。
　　b. 提供一个事件：例如，我是"涨潮"。
　　c. 提供一个理论：例如，我是"门罗主义"。
　　d. 提供一种观念：例如，我是"通货膨胀"。
　　e. 提供一项技能：例如，我是"动画特效技术"。

f. 提供一个引用文句：例如，我是"我思，故我在"。

　　g. 提供一个公式：例如，我是"面积＝长度 × 宽度"。

　3. 将这些纸条放在盒子里，并要每组选一张纸条。被选出的纸条会透露出"神秘嘉宾"的身份。

　4. 给每小组五分钟来做下列工作：

　　a. 选择一名组员扮演那个"神秘嘉宾"。

　　b. 设想这个"神秘嘉宾"可能被询问的问题，并思考他要如何反应。

　5. 先选择一组来介绍第一位"神秘嘉宾"。

　6. 再从其他小组中，选出一个猜答的小组，至于要用什么方法来选出这个小组则可以有相当大的弹性。

　7. 当游戏开始时，要求"神秘嘉宾"透露他的类型（人物、事件等）。猜答的小组成员轮流询问"神秘嘉宾"一些是或否的问题，直到其中一位组员能够确认嘉宾的身份。

　8. 邀请其余的小组选出他们的"神秘嘉宾"，为每位嘉宾选出新的猜答小组。

其他变化的方式

　1. 如果"神秘嘉宾"不能确定如何回答猜答小组所提出的问题时，可允许他与他的组员商量。

　2. 老师可以明确指出他想要"神秘嘉宾"如何演出。例如，"神秘嘉宾"可试着去模仿大家在描述的名人。

　3. 为了增加趣味性与竞争性，可以请两组互猜对方的"神秘嘉宾"，每组轮流问一个"是"与"否"的问题，然后看哪一组先猜出对方的"神秘嘉宾"。

　4. 可以对能在一分钟内（或更快的时间内）答对的小组予以加权计分，以增加趣味性。

　5. 可以在游戏结束之后，请大家票选出最佳机智、最佳演技等奖项，以表彰每个人的多元智慧的成果，让更多人能有被肯定的机会。

适用对象

适用科目：任何认知性科目均可。

适用年级：小学中年级至高中。

相关的学理根据

这个策略属于角色扮演（role playing）与学业导向的游戏的综合运用，这类游戏通常会有一个关键性的特点，也就是游戏过程中正增强的频率与立即回馈的机制会被特别设计，能正确回答学术性问题的人或小组就可以立即在游戏中得分或进阶，而答错的人或小组马上可以得知失分或不能进阶。

要在这样的游戏中获胜的话，就需要参与的人或小组能够以一种有效能又有效率的方式来引导并管理他们的思考，所有的变项都必须注意到，所有可能发生的行动或结果必须事先考虑到，并发展出自己的行动方针，而这正是美国教育心理学家加涅（Robert Gagne）所提到的认知策略（Gredler, 1996：525；Gagne, 1985）。

实施的现状

通常在中小学的班会时间、篝火晚会或同乐会等类的场合会看到这种即席式的表演与猜谜，而实施时也以娱乐成分居多，比较少看到学术取向的例子。这与本策略中所强调的要与学科的内容做紧密的结合，让学生以趣味的方式来加深学习效果的设计还是有相当大的差距。

在实施时需特别注意之处

1. 可以在前一天预先告知学生实施的时间和方式，以激发学生的动机，让学生能在课余时间先复习教材内容。

2. 谜题内容最好与课程内容密切相关，但是，如果时间充裕的话，也可以穿插一两个趣味性的内容。

策略 33　影片评论

概要

通常在上课时观看教育性的影片是一种被动的事情，学生常是坐在椅子上等着接受视听上的娱乐，而本策略则是化被动为主动，以一种活泼的方式来让学生专注观赏影片。

🍂 实施的步骤

1. 选择你要给学生看的一部影片。这部影片必须是老师自己已经从头到尾观赏过至少一次以上的影片。
2. 在看影片前，事先告诉学生，看完影片后要以批判的角度来探讨这部影片，要求他们注意几个方面，包括：
   a. 演员的逼真度。
   b. 与现实生活的相关性。
   c. 令人难忘的片段。
   d. 内容或情节的安排。
   e. 对他们生活的适用性。
3. 播放影片。
4. 进行类似电视台的"本周影评"式的讨论。
5. 若有可能的话，可以采用全班举手表决的方式来做整体的评价等，例如：
   a. 一颗星到五颗星。
   b. 以大拇指的方向来表示满堂彩或倒胃口。

🍂 其他变化的方式

1. 指派一个小组担任影评人。
2. 再播放一次影片，当学生有机会再次观赏时，有时候这些评论会改变他们原先的看法。
3. 讨论结束之后，可以请学生在周记或日记上发表观赏心得或讨论心得，字数原则上以 1000 字以内为度，并由老师在批阅后，选择代表性的不同观点在课堂上分享。
4. 可以视影片的性质来设计检核表之类的讲义，让学生在观赏影片时也可以做一些简单的记录，以供后续的讨论。
5. 如果时间许可的话，可以请学生分组讨论其中有争议性的情节，然后以角色扮演的方式上台示范他们另类的观点。

🍂 适用对象

适用科目：任何科目均可。

适用年级：小学高年级至大学。

相关的学理根据

根据美国印第安纳大学的学者海尼克等人的看法,并不是每样教学媒体都适用于教学,在选择教学媒体时,必须慎重考虑八个标准(Heinich et al., 1993):

(1) 媒体的目标是否符合我的需求?
(2) 我的学生是否具有了先备知能(如阅读能力与词汇掌握程度)?
(3) 媒体的内容是否正确,资料是否更新?
(4) 媒体呈现之后,是否能激发与维持学生的兴趣?
(5) 媒体是否能提升学生主动参与的程度?
(6) 媒体制作的品质是否令人满意?
(7) 媒体制作者是否提供有关使用效能的证据?
(8) 媒体的内容是否会引起争议?

此外,在1946年戴尔(Edgar Dale)所提出的"经验的金字塔"(cone of experience)(如图4-1)理论中,电视与电影属于高层次的图像传播的媒体,能将更多的信息浓缩在较短的时间内呈现,使教学所花费的时间比起实地旅行或观察相对减少,是广被使用的教学媒体。然而,在观赏以前,若是先告知学生认知上的重点与后续讨论的安排,将能使学生从休闲娱乐的心态转为认真观察与比较的态度。

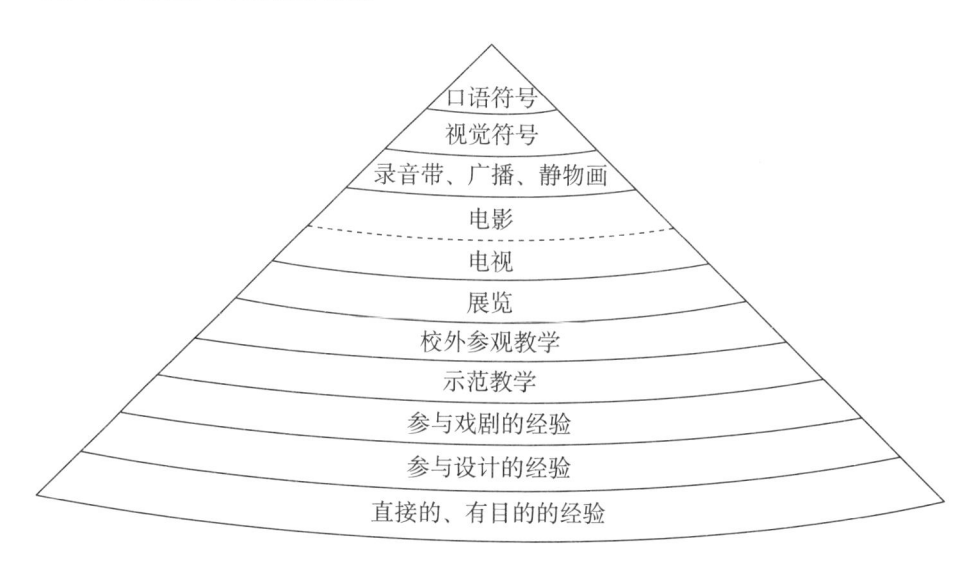

图 4-1 埃德加·戴尔的"经验的金字塔"

实施的现状

在中小学中，有些科目比较常使用到影片教学，如历史、美术、音乐、辅导活动等。但是，有些老师缺少进一步的设计，让学生纯粹是沉默的观赏者，甚至还会在观赏过程中有打盹或其他分心的现象，所以需要通过本策略所提供的改进之道，以使影片教学能达到最大的效果。

在实施时需特别注意之处

在上课中观赏教育性的影片是非常普遍的现象，但是在实施的时候，需要考虑几方面（Brown et al., 1997）：

第一，与本科教学目标的相关性。除非是因为授课老师临时有事而无法上课，不得已之下临时选片填时间，否则在选择影片时，仍应该优先考虑该影片与教学目标是否直接相关。毕竟在有限的教学时间之内，额外的活动安排对教学目标的达成未必会有帮助，甚至还会对原本的教学活动的实施产生排挤效应。

第二，影片版权的取得或借用需合法。在著作权法的保护之下，老师不能认为凭教学用途的理由，就可以任意拷贝要使用的影片，遵守法律的身教其实是应该特别注意到的。同样是坊间录影带租售店的影片，有的是公开放映版，有的是只供家庭观赏的版本，这是在使用之前需要先厘清的事情。

第三，播放影片场地。如果是在专业的视听教室中实施，需要事先去测试各种播放的设备，以免遇到临时手忙脚乱，甚至发现无法使用的窘境。同时，最好在上次上课就先预告这次要观赏影片，请学生在上课前就到视听教室坐好，以免浪费有限的教学时间。如果是在原来的教室中播放影片，除了需要有专人负责借用的程序之外，老师应该全程陪同，并在上课之前协助视听器材的架设与测试，以免学生任意玩弄或破坏器材。使用之前需测试影片播放的音量是否会造成隔壁教室的干扰，必要时，需先取得在隔壁上课老师的谅解。

第四，逐步抓住学习重点。因我们很容易忘记所看到的内容，因此可以随时暂停片子来问问题，或讨论其含义以加深印象。

策略 34　人人参与的辩论

概要

辩论需要用到一个人分析、应用、综合与批判的认知能力，如果学生采取与他们原本立场相反的角度来辩论，更有助于培养思考与反省的能力。本策略是采取全体学生都投入辩论的方式进行，而不是挑选少数的代表来辩论。

实施的步骤

1. 设计你那一科目中一个可能引起争议的议题，例如，"到底是要经济发展还是要环保？"

2. 把全班分成正反两方来进行辩论，通常男女人数相当时可以用性别来分组，也可以教室的中线来分组。

3. 再把正反两方分成2到4个小组。例如，班上有40人的话，正方分成4个组，反方也分成4个组，每组刚好有5人。

4. 同时要求每个小组讨论要用什么论点或依据来辩论，或是由老师提供一份详细的清单，让他们来讨论并挑选。

5. 初步讨论后，每小组要选出一名发言人。

6. 视实际的分组情形，放置大约四张椅子给正方的发言人；在对面之处也放置相同数量的椅子给反方发言人。把剩下的学生安排到自己所属辩论组别的后面。

7. 开始进行辩论，让发言人发表意见。

8. 每个人都听完首轮辩论之后，先暂停辩论活动。正反方发言人集合各自的小组，并与组员构思如何反击对方"首轮辩论"的内容。

9. 接着每小组再重选新的发言人，最好是从未上台者也要有机会出任。

10. 重新开始辩论，亦即正反方辩论者面对面而坐，并让他们之间"相互辩论"。当辩论持续进行的时候，须确定双方都轮流发言，并鼓励其他未发言的学生传便条给发言人。纸条的内容可以是有建议性的辩论，或是具有反证效果的重点。同时，也鼓励学生给予自己这一方的代表欢呼或掌声。

11. 当你觉得进行得差不多了，就结束辩论。暂时先不公布优胜者，重新集合全班围成一个大圆圈，且让全班的学生坐在与自己相反立场同学的旁边，并举行一个全班性的讨论，从后设认知的角度来看学生从辩论的经验中学到了什么，在辩论中最可圈可点的论据是什么。

其他变化的方式

1. 加一张或几张空椅子到辩论组中。当后排的学生想参加辩论时，可以让他们随时坐到这些空椅子上来加入辩论。

2. 先进行首轮辩论的活动，然后可以用传统的辩论方式来进行，但应经常更换辩论的发言人。

3. 辩论的议题可以跳脱课本的内容，进一步延伸到社会流行的议题（例如，"地沟油"事件等）与学生关心的议题（例如，如何与父母沟通）。

4. 就算是课本中已有定论的议题也可以进行辩论，借以厘清学生的观念与价值观，并产生真正的认同与学习的内化。

5. 因为学生的心智成熟度与学习经验参差不齐，可以提早几天或一周的时间让学生去搜集并统整资料。

适用对象

适用科目：社会科或任何与价值观有关的单元。

适用年级：小学中年级至高中。

相关的学理根据

1. 辩论的过程会套用到价值澄清法的澄清式问答，让学生在反复辩论的过程中，认真考虑各种可能的后果，并为自己的决定负责，捍卫自己的立场，这样才不至于真实面临问题时无所适从。

2. 本策略用到一种合作式技巧"互相考问"（reciprocal questioning）。换言之，老师每讲完一课后，将学生成对分组，由老师提供题干，学生练习创设新问题以及质问和回答。这种方法可以鼓励学生对教材深入思考（Woolfolk，1995）[380-381]。

实施的现状

本策略是很普遍实施的教学活动，以前在辅导活动的科目里常被使用，以使学生针对两难的问题澄清其价值观，教导审慎思考的技巧，在学习过程中对自己的信念、情绪或行为做自我分析，然后建立自己的价值观。

在实施时需特别注意之处

1. 本策略实施时容易造成学生情绪上的亢奋，在理性思考不成熟的情况下提出一些莫名其妙的质疑。如果遇到这种情形，可以先请大家暂停，以小组方式先思考并统整论点，然后进行下去。

2. 实施之前需要先将游戏规则沟通清楚，例如，不能做人身攻击、必要时老师可以暂停辩论等。

3. 可以事先强调辩论输赢还在其次，最重要的是自我统整、自我决定、自我负责的成长契机与民主风度的培养。

策略 35 开居民大会

● 概要

这个策略能营造出一种类似居民大会的气氛，能使整个班级积极投入讨论的过程，就算是大班级也非常适用。

● 实施的步骤

1. 选一个与你那一科有关的主题或案例，以客观的方式简介该题目或问题，给他们提供背景资料及不同的观点，甚至还可以提供进一步的书面资料。

2. 一开始就宣布，你想要班上同学能针对这个主题有自己的见解，所以不会只是点座位靠近讲台的学生来回答问题，而是要采取"自由点下一个发言者"（next speaker）的方式。也就是当有人发言完毕后，他可以点其他举手想要发言的人。

3. 学生发言要简短，这样的话，其他的人才能够有参与的机会。你可以限制每个人发言的时间，并指示学生要选择尚未发言者，原则上，要尽量让每个学生都有轮流表达意见的机会。

4. 只要这个讨论看起来还很热烈，就可以让它继续下去。

● 其他变化的方式

1. 可以把这个会议变成一个辩论会。请学生分别坐在正反两边。遵照"自由点下一个发言者"的方式来进行，但是下一个发言者必须持相反的意见。假使有些人的观点因辩论而动摇了，就请他们移到对方的阵营去坐。

2. 以小组讨论作为开始，先让他们表达自己的观点，再从观众群中请有意见的人来回应。

适用对象

适用科目：任何科目均可，尤其适用于班会时间实施。
适用年级：小学中年级至高中。

相关的学理根据

本策略是源自讨论教学法（discussion）来设计的。所谓的讨论教学法是指，学生与学生之间或是学生与老师之间，在教学的情境中来来回回地分享资料、观点或意见，或是一起来解决一个问题。如果只是老师问一个问题，然后一个学生或一些学生回答问题，然后老师再问下一个问题，就这么继续下去的情境还不能算是讨论教学法，只能算是一般性的回答问题。

讨论教学法的目的在于复习学生已经学会的东西，让学生省思他们自己的观念与意见，探索一个新的议题，解决一个问题，或是增进面对面的沟通技巧。而在实施讨论时，老师的角色是促进兼调节者（facilitator-moderator）、参与者（participant）或观察兼记录者（observer-recorder），而不再是信息的提供者。而就座位上的安排而言，可以是圆形（circle），也可以是如图2-9 的组中有组排列法之一——鱼缸形的内外圈排法（Cruickshank et al., 1995）[174-177]。

是否讨论教学法就一定比较好呢？当我们检讨库利克在 1979 年对讨论教学法学习成效的综合比较结论时，可以发现如果从记忆类的评量成果来看的话，讨论教学法与传统讲授法的教学效果是在伯仲之间。对高层次的认知学习（如解决问题的能力）而言，讨论教学法显然是优于传统讲授法；而在态度上的改变这一层面上，讨论教学法也是占优势的；但在学生对教学法的满意度上，两种教学法则是互有输赢（Dunkin & Barnes，1986）[756]。

实施的现状

从小学到高中阶段，在班会时间最常见到这个策略的实施，每个人可以对讨论的主题有自己的见解。而在本策略中特别设计的"自由点下一个发言者"，则可以让讨论不至于产生冷场的情形，是未来可以加强推广的好点子。

🌀 在实施时需特别注意之处

1. 老师需要在最后做讲评，让学生的论点有个完美的统整。
2. 如果讨论出现冷场现象，老师可以适时介入，提供一些建议。

策略 36　鱼缸决策三部曲

🌀 概要

"鱼缸决策"是一种讨论的方式，即由班上部分同学组成一个讨论内圈，其余同学则环绕讨论圈形成一个聆听群，也称为内外圈团体讨论法。

🌀 实施的步骤

1. 设计与你的学科有关的四个问题以便讨论。例如，在地理这一科中，问题可能是：

  a. 地球的臭氧层是怎么被破坏的？近年来的情形如何？

  b. 臭氧层被破坏对人类有何影响？

  c. 各国对这一问题要采取什么步骤来处理？

  d. 我们个人又能做些什么？

最理想的问题设计原则是问题之间应互有关联，但这并不是必要的，你只要决定你所要讨论的问题的顺序即可。

2. 建立如图 2-9 的座椅配置（两个同心圆圈）。请学生由 1 报数到 4，将学生分成四组；要求第一组坐在内圈的椅子上来讨论，第二组到第四组则坐在外围。座次排定后，提出第一个问题来讨论，讨论的时间最多是十分钟。征求一名学生来担任主持人以带动讨论。

3. 第一组讨论完后，请第二组取代第一组坐在内圈，针对第一个问题问他们是否要提出简要的评论，然后继续讨论第二个主题。

4. 第三组与第四组都遵照相同的步骤。

5. 四个问题讨论完毕后，重新集合全班，请他们发表对整个讨论的感想。

🌀 其他变化的方式

1. 如果讨论的座椅圈无法形成，则以一般的小组讨论的方式取代之。每一个议题需有 1/4 的学生参与讨论；参与的学生坐在教室前面来面对其他的学生。如果你使用 U 字形的座次安排或会议桌的形式，则指定桌子的一边为讨论小组。

2. 可以只讨论一个问题，而不是四个问题。请随后的每一组回应前一组的讨论，因为"旁观者清"的缘故，外围的小组通常可以找出一些前一组讨论的漏洞。

适用对象

适用科目：任何可实施讨论课的教学单元均可适用。
适用年级：小学高年级至高中。

相关的学理根据

本策略是根据讨论教学法而加以变化出来的形态，取名为"鱼缸"是座位安排的缘故。这种讨论法主要强调的是大家都要面对面坐着，先选出一部分的人当作"鱼"，这些"鱼"在某种层面上属于"专家型"的成员，他们的表现可以成为别人的参考。换言之，是要让这些"鱼"被坐在外圈的人仔细观察他们是怎么活动的（Cruickshank et al., 1995）[176]。而因为通常是以两个同心圆的方式排列座位，故又被称为内外圈团体讨论法。

实施的现状

在中小学阶段，一般实施讨论教学法的时候，若不是一个老师面对全班的学生来进行讨论，就是老师将全班分成一些小组，按照事先拟好的讨论提纲来进行讨论。每一小组讨论时，都是只顾与自己的小组成员互动，无法扩大到别的小组。而这一种"鱼缸式"的讨论法则可以让坐在外圈的人扮演观赏金鱼悠游的角色，在观察的过程中，可以引发共鸣，可能找出漏洞，也可能引发多元的另类观点，其实施成果未必会逊于一般的讨论教学法，反而常能收到"他山之石"的效果。

在实施时需特别注意之处

1. 第一次实施的时候，可以先挑选各方面表现较佳的学生当作内圈的"鱼"，以便在最短的时间之内建立好的榜样，让其他人可以观摩。

2. 为了避免冷场的情况出现，可以请学生在上课之前先复习完课文，并上网找一些多元论点的资料，在讨论前整理成条列式的纲要。

3. 对坐在外圈的人而言，最好规定他们做一些笔记，或是随时记下自己最同意或最不同意的论点，这样才能避免他们出现纯粹只是要看好戏的心情。

4. 课桌椅的位置最好上课之前就安排好，以节省教学时间。

5. 这种鱼缸式讨论法能把讨论扩大到更大的组，所以会很耗时间，可以安排连续两节课的时候再实施，两节课中间的休息时间可以继续讨论。

策略 37　扩大的讨论

概要

这个策略是让学生以刺激讨论的方式，使全班能保持积极的参与度，人人都有机会确认、说明并澄清议题。

实施的步骤

1. 选一个能引发学生兴趣的问题，提出问题让学生被激发来讨论他们的看法。最多选五个问题来讨论。

2. 挑4到6人组成一个专家小组，围成半圆形或一字排开坐在教室前面。

3. 要教室里其他同学围着专家小组坐成马蹄形。

4. 以鼓动性与开放性的问题来开始，由老师主持专家小组的讨论，同时让其他学生做笔记来预备他们自己接下来的讨论。

5. 在指定的讨论时间结束时，把全班分成小组来继续讨论剩下的问题。

其他变化的方式

1. 颠倒实施的顺序，从小组的讨论开始，再接着进行专家小组的讨论。

2. 请学生提出问题来讨论，而不是由老师提出，这样学生的参与度会更高。

适用对象

适用科目：任何适合讨论的教学单元均可适用。

适用年级：初中至大学。

🌀 相关的学理根据

在英文文献中，常见的"专家小组讨论法"有四种，但在一般教育界人员的认知或是中文的辞典里，则通称为专家小组讨论（Lang et al., 1995）[304]，兹分述如下：

(1) 专家小组（panel）：通常是由老师或学生来担任主席，在全班面前讨论一个主题。有时候可以指派或选出一个委员会先进行该主题的初步调查，然后向全班做报告。

(2) 专题座谈（symposium）：要先有几个学生成为某一主题的专家，然后让他们对全班针对该主题做一些简要的报告。

(3) 公开论坛（forum）：是采取全班讨论的形式，由一位主席来引导大家，借着一连串的问题与回答、简短的叙述来探索问题。

(4) 圆桌会议（round table）：由一组的人围绕着圆桌而坐，在全班面前探讨一个主题。

在正常的情况下，虽然有四种专家小组讨论的形式，但讨论结果应该是一份听与说的人都能满意的结论。换句话说，舞台上的讨论者能合适地组织他们的资料，并将之与研讨的主题串联起来，而在旁边的倾听者也能够正确地理解所讨论的内容。

🌀 实施的现状

在中小学阶段，一般实施讨论教学法的时候，若不是一个老师面对全班的学生来进行讨论，就是老师将全班分成一些小组，按照事先拟好的讨论提纲来进行讨论，但像本策略中先有"专家小组"示范式的讨论，然后由观摩的人仿效为扩大的讨论，则是有待推广的方式。

🌀 在实施时需特别注意之处

1. 正式讨论前（吴英长，1996）[279-281]：
   a. 实施之前要先有简单的说明，包括进行讨论的题目是什么、需要多少时间、应该遵守哪些规则等。
   b. 如果学生缺乏讨论的经验，则可以先自我介绍、玩游戏、叙述一件事并提出问题或予以综合，或根据纲要来报告自己的经验。

2. 正式讨论时：
   a. 对退缩不说的人，可以采取直接问他问题、提供线索、预先告知等技巧。
　　b. 对谈话不休的人，可以采取适时插话、问一事实性的问题然后把话题抛给别人、转移注意力等技巧。
　　c. 对过度防卫的人，可以采取暂不评论、避免讽刺或揶揄等技巧。
　　d. 对过度顺从的人，可以采取鼓励不同的意见、暂停休息一下等技巧。
　　e. 出现人际冲突时，可以采取提醒回到目标上、不偏袒一方、探讨冲突的原因等技巧。
　　f. 出现离题发挥的人，可以采取提醒问题焦点、做简单总结等技巧。

策略 38　正反互辩

概要

这个活动是一个很棒的技巧，可以引发学生的讨论，对于复杂的议题有更深入的了解。它的形式和传统的辩论很类似，但实施上较为轻松、随兴，而且进行的步调较快。

实施的步骤

1. 选择一个具有正反立场或多元观点的问题。
2. 依照不同的观点分成几个小组，要求小组有论据来支持各自的立场。
3. 鼓励学生和邻座的同学组成小组来讨论。
4. 重新集合全班，要每个小组的成员坐在一起，小组和小组之间要隔一点儿距离。
5. 向学生宣布，任何一人都可以开始辩论。当某个学生为自己的立场陈述一个论点之后，接着让其他小组提出不同的观点或反证。然后一正一反的辩论就在小组之间不停地来回进行着。
6. 在辩论的过程中，老师以超然的角色来监督，要避免人身攻击。
7. 你以老师的角度来比较所听到的每个观点，然后对整个活动做出结论。
8. 如果还有时间的话，可以让学生有后续的回应或讨论。

其他变化的方式

1. 用一对一的方式来取代小组对小组的辩论方式，亦即让来自不同小组的两个人进行辩论。因为这种方式是可以在同一时间一起进行，所以所有的学生将在同一时间投入辩论活动。

2. 让正反双方的学生面对面排成两列。当其中一个学生说完他的论点后，就丢出一个东西（例如，一颗球或一袋东西）给对方的学生。接到东西的同学必须反驳前一个同学所说的论点，如此每个学生都需要一方面全神贯注听对方的论点，另一方面认真思考以反驳对方。

适用对象

适用科目：任何科目均可。

适用年级：小学高年级至高中。

相关的学理根据

本策略主要是可以培养学生批判性思考（critical thinking）的能力，而所谓的批判性思考，根据奥尔利奇（Orlich）等人于1985年提出的看法，至少是包括了观察、分类、使用数据、测量、贯穿时空、预测、推论、权宜性界定、形成假设、解释资料、控制各种变项、实验与沟通等探究的技巧（Lang et al., 1995）[231-232]。

一个成熟的人应该是具有独立思考能力的人，这是每个教育阶段所追求的目标之一，思考能力的培养可以说同时是社会上的议题与教学上的议题。具体地说，学生在多元社会情境的冲击下，要以批判的方式来仔细思考环境中多元观点的同与异，批判性思考的能力就能借此发展出来。而使用道德矛盾的情境和辩论的活动则是常见的手段之一，若是能把一些重要的议题带到教室中公开来辩论，这对教育的健康与活力来说，是非常重要的事。借着鼓励学生一起辩论的方式，就能帮助他们一起做推理，让双方的论点与声音都能被听到，这样他们才能理解人群社会，并对共同的文化经验有深入的鉴赏。而为了培养批判思考的能力，有一些活动设计是可以考虑的（Adams & Hamm, 1994）[26-30]：

(1) 给学生提供探索不同观点与不同领域的机会：通常是指要探索会让学生产生挫折感或愤慨的人或事物。

(2) 对互相针锋相对的议题来实施辩论和讨论：让学生以小组或两人伙伴的方式来建立对某一个主题的立场，然后向其他小组报告。另外，学生所采取的立场也可以转换，为反方答辩。借此，学生能学会以创新的方式来面对冲突，也能把他的创意带给别的学生来解决一些争议。

(3) 角色扮演历史上的事件或最近发生的时事中的冲突性观点，也可以检视有争议的新闻人物。

(4) 观赏电视节目中所传播的不同观点，例如，专访对某一问题有不同看法的人的节目。

(5) 请学生写信给报刊的主编，或是电视节目的制作人，来表达学生对某一重要议题的立场。

实施的现状

在社会科领域的教学中，将辩论活动导入正常的教学设计是很常见的例子，尤其是公共议题的单元，其适用性更是毋庸置疑。此外，也有一些自然科的老师会在类似环保议题的教学单元中安排辩论的教学方式。

在实施时需特别注意之处

在进行讨论或辩论的过程中，可能会产生噪音干扰到邻近教室的教学，因此，在实施时需注意以下几点：

第一，在活动开始前，先与学生做口头约定达成共识，或是将"秩序维持"列入个人或小组评分，以降低噪音音量。更重要的是，必须取得紧邻教室上课教师的谅解。

第二，事先与相关行政人员或巡堂人员沟通，以避免不必要的误解。

第三，因为辩论时要求小组要有论据来支持各自的立场，所以最好请学生在上课之前先上网或到图书馆找好相关的资料。

第四，要强调对事不对人、不要做人身攻击、"辩论的输赢还在其次，同学们的学习兴趣与效果才是老师最关心的"。

策略 39 大声朗读

概要

大声朗读课文能帮助学生凝神专注、引发问题并激发讨论。这个策略很像是一般教会的查经班，具有集中注意力及营造小组凝聚力的效果。

🍃 实施的步骤

1. 尽量挑一篇 500 字以内的有趣的文章来大声朗诵。
2. 向学生讲解课文,要强调一些重点或有争议的主题。
3. 用段落或其他方式来分段,并征求自愿者大声地朗读各小段。
4. 当朗读进行时,可随时停在几个地方,以强调重点、提出问题问学生或是举一些例子。假设学生在某些地方显得很有兴趣,可以允许他们稍做讨论。之后,再继续查读这篇课文。

🍃 其他变化的方式

1. 倘若你觉得由你自己来朗诵这篇课文较能加强讲授的效果,或是你对学生朗读的技巧实在没有信心,那么你可以自己来朗读。
2. 将学生编成两人小组,让每组的组员彼此对读,当他们读到需要做观念的厘清和讨论之处,就随时停下来。
3. 老师可以将系统整理过的板书请全班同学读一遍之后再擦掉,这样学生还能有机会再正式浏览并对照一次。
4. 在朗读之前先解释一些比较困难的生字与词组,然后在黑板上列出本篇文章的关键词,在朗读时请学生听到黑板上的关键词时举手复述,读完之后奖励发现最多关键词的学生。
5. 如果是英语课文的朗读,还可以请学生分小组来挑战正确朗读的极速,使学生在高昂的动机中全神贯注。这不仅可以训练他自己的朗读能力,还可以训练其他人的英语听力。

🍃 适用对象

适用科目:任何科目均可。
适用年级:小学低年级至高中。

🍃 相关的学理根据

事实上,这个策略就是根据最传统的直接讲授法来加以变化的。讲授法是最适合低层次的认知类与情意类的教学目标达成的教学策略。在美国,讲授法在一般老师的教学情境中占了 1/6 到 1/4 时间,高中老师比小学老师更常用讲授法来教学(Woolfolk, 1995)[457]。而在我们的中小学教学情境中，这个比例恐怕还要高得多，这主要是历来的教学进度与升学的压力所导致。

讲授法能在世界各地的教学情境中盛行，是因为它有下面这些优点（Kindsvatter et al., 1988）：

(1) 能够在很短的时间之内教完最多的教材：老师能比学生用较少的时间把所有的教材统整起来。
(2) 适用的时机多：例如，介绍一个新的主题、提供背景知识与激励学生自己更进一步学习。
(3) 能够帮助学生学习很认真地听课。
(4) 能够让老师可以随处停下来帮助学生解惑。

而另一方面，多年来讲授法也一直被批评，主要的缺点是（Woolfolk, 1995）[457-458]：

(1) 学生只要不注意听课几分钟，就会让老师受到影响。
(2) 学生一直是被动式的学习，脑中一直在吸收，比较无法提问题或思考问题。
(3) 学生的学习速度与理解速度参差不齐，而老师的讲授却是一直进行下去的。
(4) 不适合高层次的认知目标之达成。

实施的现状

这个策略在小学的语文教学中常常可以见到，但是，一般老师在实施时，比较少会在朗读的过程中随时暂停以强调重点、提出问题问学生或是举一些例子，而是当作讲解前或讲解后的例行性朗读。此外，也有些老师在下午的时段上课时会采取个别式或全班式朗读的方式，朗读的内容可能是板书上的内容，也可能是课文中的内容，目的是让学生不至于昏昏欲睡。

事实上，曾经有一些英语老师采用这个策略，并稍做调整。例如，在教一篇高中课文时，先让学生将课本合上，播放朗诵录音带二至三次，然后询问一些简单的问题，以使学生对课文的角色或背景有初步了解，然后让学生快速阅读课文，接着又让学生将课本合起来，由几位自愿者朗读课文，其他人在听到关键词时就举手抢答，一个关键词算两分，以得分最多的小组为优胜。这种调整过的策略应用能让学生一直维持全神贯注，也能同时训练听与说的能力。

🌀 在实施时需特别注意之处

1. 全班大声朗读时，如果音量过大就会吵到隔壁班，所以需要事先讲好音量的控制事宜。

2. 全班大声朗读时，有时候学生会故意将音调拖得很长，听起来像是有气无力，这时候可以采取分组或分排来朗读的方式，随机式地暂停并指派新的小组来朗读，将能有效改善学生朗读的情况。

策略 ㊵ 陪审团的审判

🌀 概要

这个策略是模拟一场欧美法庭的审判，让学生扮演法官、证人、检察官、辩护人、法院义工或其他各种角色。这可以说是激发"辩论式学习"的好方法（即通过极力地争辩某一观点和挑战反方观点的方式来学习）。

🌀 实施的步骤

1. 设计一份诉状来让学生了解一个议题的不同层面。例如，某人或某事可能会被审判的"罪行"，范例如下：
　　a. 一个有道德缺陷的真实人物：如希特勒。
　　b. 一本引起争论的书：如纳博科夫的《洛丽塔》。
　　c. 不好的价值观：如"雇五子哭墓团才是既风光又孝顺的表现"。
　　d. 错误的程序或法律。

2. 根据学生的人数来安排角色，例如，被告、辩方律师、辩方证人、控方律师、起诉证人、法院义工、法官、陪审团。每种角色可由一个人或小组扮演，陪审团人数则不限。你可以只用到上述的一些角色，也可以用到全部角色。

3. 让学生有足够的时间做准备。这可能需要花几分钟到一小时，要视议题的复杂性而定。

4. 进行审议过程。常见的方式有：公开辩论、由原告和证人报告案情、由法院义工做简报、双方结辩。

5. 进行陪审团商议。审理过程要公开，才能让每个人都知道证据是怎么被考量的。要那些非陪审团的成员留心倾听该案件的各种不同层面。

6. 法官进行宣判。

7. 老师以后设认知的角度来讲评。

其他变化的方式

1. 用"复审"来延续这个活动。
2. 不要用陪审团来审判，而是由法官一人来做判决。

适用对象

适用科目：社会科领域中的生活与伦理课，或与社会议题有关的教学单元或科目。

适用年级：初中至大学。

相关的学理根据

唐纳德·奥利弗（Donald Oliver）与詹姆斯·谢弗（James Shaver）分别在1966年与1974年创造发明了"法理探究法"（jurisprudential inquiry），来帮助学生系统化地思考当代的议题。这个教学法要求学生自己将这些议题转成公共政策的问题，分析关于这些问题的另类立场。基本上，这是教育的高层次教学模式。因为当我们的社会有文化与社会的变迁时，法理探究法特别有用，它能帮助人们反省对法律、伦理与社会问题上的立场。当代人需要了解当今的重要议题，有利于政策的形成。而法理探究法正好能让学生有工具来分析和辩论社会上的议题，帮助他们参与并重新界定社会价值观。奥利弗与谢弗认为一个老练的居民的形象很像是一个能干的法官，要扮演这个角色需要有三类能力：第一类能力是熟悉美国在宪法与《独立宣言》上的信条的价值观，这些原则构成了价值观的架构，是可以用来判断公共议题与做决策的根基。第二类能力是要有一套技巧来澄清议题与解决议题。在澄清议题与解决议题的过程中，主要是在澄清定义、建立事实并确认每个议题的重要价值观。第三类能力是指对当代的政治议题与公共议题的知识，所以要让学生大量接触美国社会在政治上、经济上与社会上的种种问题。学生是从具体的案例来探讨议题，而不是对价值观的一般性探讨（Joyce et al.，2000）[79-80]。

本策略基本上是承袭了法理探究法的精髓，以真实的案例来进行公开辩论，以使学生能借此来界定议题、采取立场、探索立论点、澄清价值的冲突、修正与辩护立场、检验在所辩护立场之后的事实性假设，至终能培养出现代人的法理素养。

🌀 实施的现状

这个策略在实施上需要许多前置作业的时间，也需要学生的高层次认知能力达到相当成熟的阶段，能够迅速分析并综合辩论中的资料，才能考虑实施。虽然有一些社会科的老师曾尝试实施，但往往受限制于时间与学生的认知发展。常听到的事例，通常是在中学阶段的道德科目中的实施经验。

🌀 在实施时需特别注意之处

1. 可以采取小组分工的方式来收集正反双方的资料，包括上网以关键词查询、上图书馆收集资料、实地查访或访问关键人物，并将分工合作的情形纳入学习评量的计分中。

2. 为了避免辩论的过程流于血气之争，可以事先说明游戏规则是对事而不对人，并且可以在老师以后设认知的角度讲评之后，请学生以感恩的口吻在一句话内总结本次的学习，例如，"我今天学到了……因为……"以将学生的注意力从高亢的情绪中转回到知性的成长。

策略 41 学习是从发问开始的

🌀 概要

在学新教材的过程中，假如学生是在一种主动探索的情况下学习，而不是被动接受的方式，那么学习会更有效率。这个策略是由学生自己去探索，老师并不事先说明，而这正是主动学习的关键。

🌀 实施的步骤

1. 发给学生一份你自己编选的讲义（或者你也可以用课本的某一页来代替发讲义），教材选用的前提是它能够让读者想到一些问题。一份理想的讲义会提供广泛的信息，却不会有太细节性的解释。它可以是用一幅有趣的图表来阐释某些教材，或是一份能自由解读的文章，其目的就是要激发学生的好奇心。

2.要学生和一位邻座的伙伴来研读这份讲义。让每个小组尽可能去了解讲义，并且在搞不懂的地方做记号，写下不懂的问题。鼓励学生尽量将不懂的地方以问号标出。假如时间允许的话，可以把两人小组并成四人小组，并且要让原来的每个小组有时间来帮助其他小组。实施范例如下：

　　a.一位计算机老师发下一张图表，说明网络黑客（hacker）是如何侵入一个终端使用者的账号并窃取密码的。

　　b.学生和他的伙伴去查阅这张图表，并决定问题所在，例如，"防火墙为何失效"，"如何做到远程遥控"。

3.重新集合全班，并对学生的问题一一回应。你的教学方式不再是按部就班地讲授，而是以问答的方式来进行。

其他变化的方式

1.如果你觉得学生不太容易搞懂教材的话，可提供一些线索来引导他们，或者给他们提供一些基本的背景知识，好让他们能自己研究，然后以学习小组的方式来进行。

2.实施的步骤可由个别学习开始，而不是一开始就采用两人小组的方式。

3.重新集合全班后，可以先一口气听完学生的问题，然后教事先准备好的单元，但要在讲授相关课文时，努力去回答学生所提出的各种问题。

适用对象

适用科目：各科均可。

适用年级：小学至大学。

相关的学理根据

本策略是根据教育心理学家布鲁纳所提倡的"发现式学习"（discovery learning）的理念设计的。布鲁纳认为，最有意义的学习是要靠学生自己被好奇心驱使而探索，才能发展出来的。学校要提供许多的学习机会，让学生能够借着发展并检验自己的假设来开拓他们的知识，而不再只是阅读教材并专心听讲而已。所以，根据这个理念，老师要实施"引导式探索"（guided discovery），亦即要给学生提供一些能主动操作的东西，让他们转化为直接的行动，也要提供能让他们对问题情境做搜寻、探索、分析与处理的一些活动。这样的学习机会不仅会增进学生对该主题的知识，也能激发他们的好奇心，帮助他们发展出可以适用到其他情境的学习策略。换言之，他们后设认知的能力也能具体地发展出来。

而当学生解决问题的能力或其创造力成为教学目标的关键时，发现式学习就是最适当的教学法。在实施时，老师要设计一些能让学生感兴趣的活动，或是在介绍活动时能激发他们的兴趣，接下来就是让学生自己来进行探索，并且是很有效率地一起工作（Good & Brophy，1995）[187-190]。

● 实施的现状

发现式教学在中小学阶段是非常普遍的教学方式之一，不仅是运用在自然领域的教学单元，近年来在社会领域的应用实例也逐渐增多。它的实施方式呈现多元化的风貌，有的是在实验室，有的是在社区或博物馆里，有的只是上网搜寻资料，不一而足。事实上，本策略的设计属于最简单的形态，不管实施者对发现式学习与建构主义的理念是否有深入的了解，都可以很快上手，让学生能在小组互相核对的方式下探索。

● 在实施时需特别注意之处

1. 老师所预备的讲义最好要设计成问题导向的方式，或是左右为难的情境。
2. 为了让学生有基础的知识来理解或发问，最好要求学生先预习要上课的单元。

策略 42　事先套好的问题

● 概要

这个策略是让你借着回答与一些学生事先套好的问题来呈现教材的风貌。虽然事实上你是在进行一堂事先已经充分准备的课，但对其他学生而言，你只是在进行一场问与答的讨论而已。

● 实施的步骤

1. 根据课程进行的逻辑顺序，设计 3 到 6 个问题。
2. 在卡片上写下每个问题，然后注明该问题提问时所要用的暗号。这些暗号包括：

a. 用右手拨头发。

b. 拿手帕擦眼镜。

c. 弹动你的手指。

d. 干咳三声。

e. 左手叉腰。

卡片设计范例如下：

不要将这张卡片拿给其他人看

上课三分钟后，我要讨论"电脑病毒的种类"这个问题，然后我会问大家是否有其他问题。当我用右手拨头发的时候，请你举手问下面这个问题：

"老师，只有一种电脑病毒吗？"

不要拿这张卡片出来大声念，请记住这个问题，并将它用你自己的话说出来。

---

3. 在上课前预先挑选好负责发问的学生，给每位学生一张卡片，并解释他们的暗号。要确定他们不会向其他同学泄露他们是在配合老师套招的托儿。

4. 一上课就宣布上课的主题，开始这场问与答的讨论会，并给予第一个暗号，叫第一个托儿发问。接着，你回答这个问题，然后继续进行其余的暗号和问题。

5. 接着你应该可以看到有些人举手，提出一些不是事先套好的新问题，那么就回答吧。

其他变化的方式

1. 将问题的答案事先写在墙报纸上、投影片上或讲义上，要回答每个问题时才逐步呈现，这会增加戏剧化的效果。

2. 将这些套好的问题给那些最漫不经心的学生或是怀有敌意的学生，并在他们发问后伺机加分，以积极的鼓励来维持这些学生的学习动机。

适用对象

适用科目：各科均可。

适用年级：小学高年级至高中。

相关的学理根据

在引起并维持学生的学习动机上，鼓励学生发问或对某个主题做评论是不错的方式，由学生自发的问题与评论可以提供值得老师把握的教学时机，让老师可以暂停原来预定的教学顺序，转而探讨学生的问题。这些问题或评论就是提出来的学生所感兴趣的，也可能是大部分的学生会感兴趣的（Good & Brophy，1995）[407]。事实上，在教学过程中，老师或学生提出的问题至少有三方面的目的（Slavin，1997）[244]：

(1) 用来促进学生想下一步，就像苏格拉底用诘问法来引发学生的思考一样。
(2) 鼓励学生更进一步思考先前所学的教材或开始一个新的讨论。
(3) 可以用来当作学习的探针（learning probes）。事实上，任何一个问题都是学习的探针，学生答案的品质就指出了到底学生学得多好。

在本策略中，由老师规划套好的问题让学生适时提出来的用意，其实还是怕学生一开始不知道要如何提出问题，让教学的场面太单调或太安静。不过，能事先规划好教学过程要准备哪些问题还是很好的习惯，因为至少有四个很明显的好处（Cruickshand et al.，1995）[346]：

(1) 可以使教学过程中的互动性大增。
(2) 可以注意到该教学单元的主要教学目标：如果太倚赖现场自发性的发问，那么问题的方向与重点可能会有所偏废。
(3) 可以兼顾到问题层次的多样性：毕竟高层次的问题比较难设计，所以很多老师才会老是习惯问低层次的问题。
(4) 问题可以清楚且准确地设计出来。

实施的现状

老师在教学时要求学生发问的教学现象是中小学教育阶段最普遍的事情，学者高尔（Gall）在1970年的研究指出，一个高中老师每天大约问了395个问题（Woolfolk，1995）[458]，岛内虽然没有人具体去调查发问的平均数，但是发问的普遍性却是公认的。在教学的过程中，学生发问的情形却可能有极大的差异，在有的班级中学生会热络地发问，而在有的班级中却是鸦雀无声。本策略中所提到的安排"托儿"来提出问题的设计，通常只会在正式举办教学观摩的时候发生，虽然是人工化的安排，但对于师生的互动频率还是有相当多的帮助。然而，如果能使等待的时间够长的话，在那种安静的空气中，班级紧绷的学习气氛反而可能使学生认真思考后发问，或勇敢地提出原本不敢提的问题。

🌀 在实施时需特别注意之处

1. 可以在上课之前请学生确实做好预习课文的准备，这样能避免所有当托儿的学生提出的问题都解决之后，还有其他人会提出问题。

2. 在安排问题时，最好是有标准答案的收敛型题目（convergent questions）与发散型题目（divergent questions）都要包括进来，两大类题目的比例要与授课时间一并考虑。

3. 在当托儿的学生提出问题之后，其实最好不要由老师自己先回答，而是问班上其他人是否有人能回答，以增进广泛的参与。

4. 学生提出很难回答的问题之后，最好要有足够的时间让学生思考。

策略 43 师生角色互换来提问

🌀 概要

不管是上完课还是上到一半时，若是问学生"有没有问题呀"，你有可能会得到冷淡的回应，而这个策略则是利用角色互换的技巧，由老师提出问题，让学生试着来回答。

🌀 实施的步骤

1. 假设你是一个学生，你要针对上课的进度设计问题，问题设计的类型如下：

  a. 解释艰深或复杂的题材：例如，你能不能再解释一次关系代词中 who 与 which 的用法？

  b. 比较不同的题材与其他信息：例如，狼和狈有何不同？

  c. 挑战自己的观点：例如，为什么需要如此？这会不会导致混淆？

  d. 对所讨论的观念要求举例说明：例如，你能不能各给我一个串联和并联的例子？

  e. 考验教材的适用性：例如，我在现实生活中如何利用这个观念？

  2. 在一开始提问题时，要告诉学生你将扮演学生的角色，而他们全体则扮演老师的角色，然后才开始提出你的问题。

  3. 你要追根究底、要幽默，或是不管用什么方法，就是要使他们尽量提供各种答案。

  4. 把角色转换几次，这会让你的学生很忙碌，而促使他们自己提出问题来。

其他变化的方式

  1. 不要在问答阶段一开始就使用这种技巧，而是在学生开始对问题很有把握的时候才使用，这样才不会有冷场的情况出现。

  2. 把这个问答阶段设计成记者招待会的形式，由你扮演媒体的角色，像是一个新闻记者等。老师不断提出值得深究的问题，或是对教材做无情的攻击，或是提出嘲弄教材的问题，借此向班级施压。

适用对象

适用科目：各科均可。

适用年级：小学高年级至高中。

相关的学理根据

  本策略的重点是要鼓励学生专心上课，由老师发问并由学生扮演学科专家的角色会让学生有新鲜感。如果参考布鲁姆等人在1956年对认知类教学目标的分类方式的话，教学过程中问学生的问题也可以分为六个层次：知识记忆类（knowledge）的问题是最低的层次，理解类（comprehension）与应用类（application）的问题是居中的层次，而分析类（analysis）、综合类（synthesis）与评价类（evaluation）的问题则是最高的层次。如果从答案的性质来看，通常可以分为鼓励开放性思考的发散型（divergent）问题与强调有标准答案的收敛型（convergent）问题两大类。研究结果显示，如果常问一些高层次认知类的问题的话，就比较容易引发学生做高层次的思考。而不管是高层次还是低层次认知类的问题，其出现频率都与学生的成绩成正相关，理论上没有哪一类的问题就一定比较好（Good & Brophy，1995）[278]。

然而，在教学实务上，资深的教育工作者还是提出两个建议（Cruickshank et al.，1995）[345-346]：

(1) 问题的认知层次要多样化，就算是老师的习惯是问一些低层次的收敛型问题，为了让学生能真的深入思考，还是要尽量在每次的教学中安排一些高层次的、发散型的问题。

(2) 所问的问题层次既需要与既定的教学目标配合，也要考虑到学生的情况。如果设定的教学目标只是要求低层次的认知，那么，低层次的问题当然就可以了，但是，如果是要培养学生批判思考的能力的话，就需要高层次的问题。

所以，在教学过程中，要一直让学生借着问题探讨的方式，维持在主动学习的最佳状况中。问题呈现之后，有时候会很热络，有时候却会出现冷场。其实，有时候老师等待学生提出问题或等待学生回答问题时，是需要有一点儿耐心的，如果真的能耐心等下去的话，常会有一些所期望的改变发生，诸如（Good & Brophy，1995）[279]：

(1) 会增加学生回答的长度。
(2) 会增加学生自发的回答。
(3) 会减少没有回答的情形。
(4) 会增加深思过的回答。
(5) 会增加同学之间对资料的比较。
(6) 会增加从数据推论出来的结论。
(7) 会增加学生自发的问题。
(8) 会增加从学生而来的各种贡献。

实施的现状

这个策略一开始是将笔试转化为口试，让学生能快速反应。类似这种的应用实例非常多，通常是在各种考试的前夕，由老师主导课程内容复习时会采用。

在实施时需特别注意之处

1. 最好请学生做好课前准备，这样比较容易使问答的过程更热络。

2. 对历来在该科目表现欠佳的人要尽量制造机会给他们，使他们的学习兴趣能被激发。

3. 原则上应该留意时间的掌控，不要让学生无限度地拖延时间。

4. 万一学生真的回答不出来，可以提供思考的线索，也可以当作下一次上课前要做的家庭作业。

5. 事先将要问的问题用荧光笔或色笔在课本上圈出来，或是以文书编辑软件打印好。

策略 44 分组查资料

概要

这个方法可与开卷考试（open-book test）相结合。它通常是在讲授式的单元中，由小组来查资料，以解答那些艰难的问题。这是一个特别能把枯燥的教材活泼化的策略，在学生精神不济的时候，更能显出它的功效。

实施的步骤

1. 老师先设计一些问题，这些问题是可以从你提供给学生的教学资源中查到答案的。这些资源可以包括：

  a. 讲义。

  b. 公文。

  c. 教科书。

  d. 参考书或百科全书。

  e. 透过互联网取得的资料。

  f. 人工制品。

  g. 教学的设备：例如，地理挂图、地球仪、模型等。

2. 在正式上课之前，请学生依照分组的方式先坐好，以节省上课的时间。

3. 将作业单发给学生。

4. 将学生分成小组去寻找资料，老师可以把查资料当作一种"友谊赛"，来鼓励大家都积极参与。比赛的方式至少可分为哪一组查的速度最快，或是哪一组查的资料量最多。

5. 全班一起来对答案，可以广纳各种答案以扩大学习的视野。

6. 若时间许可的话，老师可以在旁适时补充。

🌑 其他变化的方式

1. 题目设计的原则要多样化，除了可简单查阅而直接得到答案的问题外，也要设计需进一步从所查询的资料去做推断的问题。

2. 除了单单把问题的答案查出来，老师也可以叫学生做一些别的工作，如解决一个情境案例的问题、不同项目的配对练习或完成填字游戏等。

3. 当全班一起对答案时，除了奖励有"制式化"答案的小组之外，还可以特别奖励有另类观点答案的小组，或是能提供全盘统整观点答案的小组。这样的设计将会使学生产生更多的讨论，建构各具特色的学习过程。

🌑 适用对象

适用科目：几乎各科均可适用。

适用年级：小学高年级至高中。

🌑 相关的学理根据

本策略中的学习单是根据建构主义（constructivism）的观点来设计的，而分组查资料的方式则是融入合作式学习（cooperative learning）的精神来进行设计的。建构主义的理念是主张知识的形成是个人主动建构而产生，不是被动地接受或吸收，通过学习单的设计，让学生重整并组织个人经验世界，并且，通过分组的方式所产生的磋商与和解，社会建构式的认知过程就能自然发生，而小组组员之间的向心力与默契程度也会增进。

🌑 实施的现状

早期几乎很难得会有老师设计这种方式来上课，但是，自从建构主义的理念风靡教育界之后，再配合信息融入各科教学的时代潮流的影响，现在已经有很多中小学老师设计一些学习单，可以让学生在上课时到电脑教室或一般教室内的电脑去上网查资料，或是请学生利用课余时间上网查资料。不过，有些老师所设计的学习单内容仍然停留在有制式化答案的层次，学生只不过将网上所查到的资料照抄一遍，比较不容易让学生进一步比较与统整资料，进而建构自己的认知基模。

🔹 在实施时需特别注意之处

1. 如果是上网查资料，可以请学生查完资料之后，先以小组的方式彼此核对是否有不同的答案或观点，借此，学生能初步省思多元的观点。

2. 要鼓励学生以自己的话重述一次，以避免学生纯粹只是抄录而不动脑的弊病。

策略 45　学习小组

🔹 概要

这个策略是以小组的方式来研读教材，在小组中每个人都有明确的工作，这样就可以让每个学生都有责任感，也能够让小组学习进行得很有效率。

🔹 实施的步骤

1. 发给学生一份简短又排版精美的讲义、一份简短的课文或一张有趣的图，要他们默读。当教材有相当大的挑战性，或是可以用多元的观点来解释时，学习小组可以做到最好。

2. 把学生编成小组。

3. 给他们安静的空间去进行他们的研读部分。

4. 老师提供清楚的指示来引导学生学习并详细讲解教材，要提供下列方向：

  a. 明了课文内容。

  b. 举出例子、插图或概念的应用。

  c. 找出容易搞混的地方，或你不同意的地方。

  d. 讨论课文，发展出一个对立的观点。

  e. 评量你对教材有多了解。

5. 指派工作给组员，如助理员、计时员或发言人。

6. 重新集合全班，依所剩下的上课时间来实施下面一个或多个步骤：

实例一：健康教育的急救单元

A. 心肺复苏术的步骤（CPR）。
　　a. 检查现场；
　　b. 检查有无反应；
　　c. 打120电话请求帮助；
　　d. 打开供空气流通的口鼻；
　　e. 看、听和感觉是否仍有呼吸；
　　f. 捏住对方的鼻子，给他两口气；
　　g. 检查脉搏；
　　h. 如果是成年人的话，按压胸部15次，再给他两口气；
　　i. 重复三次；
　　j. 重新检查脉搏，如果还是没有好转，回到步骤d。
B. 讨论每个步骤。
C. 在每个步骤附上插图。
D. 哪个步骤你要老师说明或示范？

实例二：认识台湾少数民族

A. 分布地区。
　　a. 赛夏人　　b. 泰雅人　　c. 卑南人　　d. 阿美人
　　e. 邹人　　　f. 布农人　　g. 雅美人　　h. 排湾人
　　i. 鲁凯人
B. 讨论他们的文化特色。
C. 讨论他们的贡献。
D. 讨论他们面临的挑战。

a. 一起复习这些教材。

b. 给学生做个小考。

c. 将学生的问题整理成一份完整的记录。

d. 由学生去自我评量对教材的了解程度。

e. 实施实作评量，以评量他们的了解程度。

其他变化的方式

1. 不要采用小组方式而是由全班大声朗读教材，就像是教会的"查经班"在读经一样。在阅读到关键处时，可以暂停阅读以提出你自己的问题，或讲述课文。

2. 如果这个班够大，就分成 4 到 6 个学习小组，在每个学习小组中两两搭配，并要他们彼此比较笔记且互相帮助。

适用对象

适用科目：各科有需要分组讨论的教学单元均可适用。

适用年级：小学高年级至高中。

相关的学理根据

本策略是根据美国约翰·霍普金斯大学罗伯特·斯莱文（Robert Slavin）教授所设计的"学生小组成就区分法"（student team achievement division，STAD）来浓缩改版的。STAD 法是当今合作式学习（cooperative learning）领域中的显学，其实施步骤一般是分为五个阶段（Slavin, 1995）[71-73]：

(1) 全班授课（class presentations）：通常是由老师直接讲授教材，有时是采用视听媒体（如视频或幻灯片）来进行，教学时要提醒学生，现在讲授的内容与接下来的小考很有关系，而小考又与小组的整体表现有关。

(2) 分组学习（teams）：每一组是四到五人，采取异质性分组，是将学业能力、性别与族群因素都列入分组的参考。小组的功能是要确保每个组员都学习、都预备好可以参加小考，所以分组时大家依照学习单或讲义上的资料来学，一起讨论问题，互相核对答案，并帮助做错的人订正观念。

(3) 实施小考（quizzes）：在讲授了一到两节课，并有一到两节课的分组练习后，每个学生都要参加考试，考试时不可以彼此帮忙，每个人都是单独作答，这样才能知道每个人到底学到了多少。

(4) 计算个别进步分数（individual improvement scores）：这是要给学生一个努力的目标，如果他们比过去更努力表现的话就可以达到；每个人都要在这种个别的考试中尽力表现，才能够对小组整体的分数有很好的贡献。具体地说，每个学生都会根据他在过去的小考上的平均表现而给他一个"基本分数"（base score），他当次的小考分数减去他个人的基本分数，就是他的进步分数。而每个小组是要算他们所有组员的进步分数的总平均分有多少，然后才来分小组之间的高下。

(5) 小组表扬（team recognition）：如果小组的平均成绩超过一定的标准，就可以得到奖状、奖卡或其他奖励。小组的分数也可以用来当作平常分数的一部分。

基本上，本策略是撷取 STAD 教学法的前三个步骤再加以调整而成的。在实施全班授课与分组学习时，虽然不一定要像原版的 STAD 所提议的至少各一节课，但是，在时间的分配上还是要占最大的比例。

🌀 实施的现状

无论是浓缩版的"学习小组"，还是斯莱文教授的原版"学生小组成就区分法"，在很多科目的日常教学中都看得到它们的踪影，甚至艺能科目（如音乐）也都有实施的例子。不过，有些老师在尝试实施之后，发现教学进度可能会落后，学校行政人员抱怨班级噪音影响别的班级，没有同事或专家学者提供咨询与心理上的支持，或是学生的成绩在短期内没有明显提升。在多重因素的交互影响下，最后大多就不再长期实施，但仍在合适的单元中伺机实施。

🌀 在实施时需特别注意之处

1. 上课之前要先做好课桌椅的安排，以免挤占上课时间。
2. 老师需要随时巡回各组，以提供必需的协助。
3. 进行分组讨论时，通常会产生很大的噪音，需要事先提醒大家控制音量。

策略 46　卡片分类

概要

这个活动是采取分组活动的方式来教导概念、分类的特征、教材的基本资料，或是复习教材内容。因为在活动进行中要在室内移动位置，这会让一个困倦的班级再次打起精神来。

实施的步骤

1. 发给每位学生一张卡片，里头包含了某种资料或一个例子，这些资料或例子可以被编入一个或一个以上的种类。让我们看看下面的例子：

　　a. 热带雨林、温带阔叶林与针叶林的代表性植物。

　　b.《红楼梦》里出现的人物。

　　c. 胃溃疡的症状。

　　d. 哺乳类动物的特性。

　　e. 周期表中的固体、液体、气体及人造元素。

　　f. 李白、杜甫、白居易及王维的诗作。

2. 要学生在教室里到处游走，找寻跟他自己有相同归类法或属于同一类的同学。

3. 让有相同归类的人稍做讨论，再派代表向全班做报告。

4. 在每类代表做报告时，老师可以把他认为重要的教学重点整理出来，以备稍后补充或复习之用。

其他变化的方式

1. 要各组对自己的归类进行教学。

2. 活动开始的时候，先分好组别，发给每组一整套的卡片，并确定它们已经被弄混了，原来归类的次序已经模糊了。要每组将卡片分类，每组以正确分类卡片的数量来决定所得到的成绩。

适用对象

适用科目：各科均可。

适用年级：小学高年级至初中。

🌱 相关的学理根据

1966年，当代课程专家塔巴（Hilda Taba）在美国加利福尼亚州的康特拉·科斯塔（Contra Costa）学区，针对社会科课程研发一系列教学策略，来帮助学生发展归纳性的心智历程，这个教学法被称为"归纳思考教学法"（inductive model）。它有三个基本假设（Joyce et al., 2000）[130-134]：

(1) 思考是能教得来的：只要有合适的练习就有可能发展起来。
(2) 思考是人与资料之间一种主动的交流（active transaction）：在某一科目里，给学生一组一组的资料，学生将这些资料组织成概念系统，每一笔资料互相做关联，然后发现彼此之间的关系，就能提出推论与假设、预测，并解释现象。
(3) 思考的过程是按部就班地演进：学生先要有先备知能，才能够精通某些思考的技能，所以教学的策略也需要遵照这个顺序。

根据塔巴的三个基本假设，她认为学生的归纳思考能力要借着三种教学策略来发展：

(1) 观念的形成：包含了认定并列举与某一主题或问题相关的资料；将这些项目根据共通的属性，分成不同的类别；每个种类都有标签。
(2) 资料的解释：是围绕在解释、推论与类化这三个心智的运作上。
(3) 原则的应用：也就是从所建立的条件中来预测结果，来解释新的现象。

在本策略中，学生借由内在认知，对所分得的卡片逐一比较，列出卡片之间的同异来做分类归纳的依据，找寻属于自己类别的同学，接着共同讨论共有的特征，最后向全班同学报告。换言之，整个流程只是归纳思考教学法的第一策略——"观念的形成"的应用而已。

🌱 实施的现状

目前以卡片来进行教学活动最常见的科目是英语，很多人在外籍老师的影响之下，开始会用闪示卡（flash card）来辅助教学，卡片内容设计至少有两种：一种是一边写单词与音标，另一边写它的词义或造句；另一种是一边画（或印）图案，另一边写单词、音标与造句。

而在使用的方式上，则至少可分为两种：

一种是上课教学用：例如，由老师带领学生看图说单词、一张一张读完，连续几遍之后，就可以随机抽几张来考学生。

另一种是下课自用：如果学生也自制了个人的闪示卡，就可以拿来做单词背诵之用。

此外，近来也有人推广所谓的"排卡教学"，用在英语、中国艺术史、青铜器皿、玉器及书法等领域，实际的做法是把每个科目的课程内容都化成一张一张如扑克牌大小的卡片，通常每种课程至少有1000张卡片。正式上课时，学生不需要做笔记，而是由老师先用幻灯片及大排卡，把上课的资料告诉学生，然后一群又一群的学生分组与老师玩牌，就连考试也一样，由老师口述题目，然后由学生利用卡片排出答案。这种排卡教学的特点是：学生非常专心，学生上一个小时的课，就能专心一个小时，因为只要一不留神就会在游戏中失分。并且因为都是全神贯注来学习，所以学生的成绩通常也有明显的进步。这种排卡教学中，每个小组就用一套卡片，与本策略中全班才用一套卡片的做法不同。

在实施时需特别注意之处

1. 老师要根据自己在该学科领域中的素养来准备大量原始素材，好让学生能进行重组。如果学生都熟练了这种归纳训练的过程，也可以请学生分组收集原始素材，再混为一堆让大家归纳。

2. 老师要提出适当的问题来引导学生：例如，"你们注意到什么？""哪些可以归为一类？""是根据什么标准分类的？""你们怎么称呼这些类别？"

策略 47 学习竞赛

概要

这个技术是约翰·霍普金斯大学的罗伯特·斯莱文教授和他的同事所研发的"小组游戏竞赛法"（team-game-tournaments，TGT）的浓缩版。它是把学习小组与小组竞赛结合起来，可以用来促进对各种零碎的知识、概念和技能的学习。

实施的步骤

1. 将学生分成小组，每组2到8人，每组人数要尽可能相同。如果无法使每组人数相同，每个人的学习成绩就必须采用该小组成绩的平均分来计算。

2.提供各小组能一起学习的教材。

3.设计一份测验来评量学生对教材的吸收程度,要采用学生可以很容易自己评分的方式来设计题型,如选择题、填充题、是非题、名词解释。以初中的计算机课为例,老师可以给学生提供下列学习竞赛项目:

  a. Hot Key(快捷键):在某些应用软件上,将常用的功能设成"快捷键"以节省重复输入指令的时间。

  b. Modem(调制解调器):通过与电脑、电话联机的方式,转换及传递信息的机器。

  c. OS(操作系统):负责管理电脑的各项资源设备的软件,在开机的过程中,最后的控制权一般都交给它。

  d. CPU(中央处理器):电脑系统内最重要的部分,掌管主要的运算和控制工作。

  e. LAN(局域网络):在较小的特定范围内,由电脑和共享的周边设备所组成的网络。

  f. Video Conference(视频会议系统):利用通信网络让两地以上的人们能在屏幕前,像面对面一般地开会。

4.将问题的一部分发给学生作答,当作第一回合的学习竞赛,每位同学必须独立作答。

5.在学生作答完毕后提供答案,并要每个人统计自己答对的题数,然后合计每位组员的得分,并公开宣布小组分数。

6.先让各组再复习教材,再进行第二回合的竞赛,第二回合的题目要更多。合计小组的成绩,并加到各组第一回合的成绩上。

7.如果时间许可的话,可以安排多次的游戏竞赛,但必须确定在每一回合中,学生有足够的时间来研讨。

8.老师可针对小组累积的分数来评定名次,并予以各样的奖励。

其他变化的方式

1.对于测验中答错的同学,可以倒扣两分或三分,如果学生不确定答案而弃答,可以只算零分。

2.以一系列的实作技能来作为竞赛的项目。

适用对象

适用科目：几乎各科均可适用。
适用年级：小学中年级至高中。

相关的学理根据

本策略是根据美国约翰·霍普金斯大学的斯莱文教授所提倡的小组游戏竞赛法的精神来设计的，但在步骤上已经有相当多的调整。在原本的 TGT 法中，它的实施流程有五个阶段（Slavin，1995）[84]：

(1) 全班授课（class presentation）：通常是由老师直接讲授教材，有时是采用视听媒体来进行，教学时要提醒学生，现在讲授的内容与接下来的小考很有关系，而小考又与小组的整体表现有关。

(2) 分组学习（teams）：每一组是四到五人，采用异质性分组，将学业能力、性别与族群因素都列入分组的参考。小组的功能是要确保每个组员都学习、预备好可以参加小考，所以分组时大家依照学习单或讲义上的资料来学，一起讨论问题，互相核对答案，并帮助做错的人订正观念。

(3) 游戏（games）：这是指与教材内容有关的问题，是要测试学生从上面两个步骤所学到的知识。通常是三个学生围坐在桌边，每个学生代表一个小组，大部分的游戏只是一模一样的纸上印一些有编号的题目。先由一个学生选一个号码牌，然后回答纸上相对应的题目。

(4) 竞赛（tournaments）：通常是在每个单元结束或每周结束的时候来举行的。第一回合竞赛时，老师指派学生到每张竞赛桌，表现最好的三个人到第一桌，次好的到第二桌，依此类推。这样每桌每个人的竞争对手的实力都相当，都可以为自己的小组做最好的贡献。第一回合结束后，根据每个人在上一回合的表现来换桌子，亦即每一桌的优胜者提升一个层次（例如，从第六桌升格为第五桌），第二名的人维持在原来的桌子，第三名的人则被挤到下一张桌子。实施这种方式时，就算一开始时是把学生误置于错的桌子，最终他还是会升到或降到与他的表现相对应的那一个层级。

(5) 小组表扬（team recognition）：如果小组的平均成绩超过一定的标准，就可以得到奖状、奖卡或其他奖励。小组的分数也可以用来当作平常分数的一部分。

虽然 TGT 法强调异质性分组的学习，但是，在竞赛的阶段，为了公平起见，同一桌竞争的对手几乎都是能力相当整齐的，同质性相当高，这是其实施上的一大特色（Cruickshank et al., 1995）[212]。

🌀 实施的现状

在每单元教学内容上完之后，有些老师会进行小组竞赛，让每组学生在上台考试之前由同组的人面授机宜，或是自己赶快复习可能会考的教材内容。老师根据每组上台的学生在该科的表现来口述题目，然后马上在黑板上评分，并登记在小组积分的表格里，该单元考完之后就统计各组得分，并马上进行小组表扬，或是累积到一个月再一起奖励。

🌀 在实施时需特别注意之处

1. 小组的学习竞赛通常会使学生的学习动机大幅提升，所以，最好能够每单元结束时都实施一次。

2. 最好能在考完当周的进度之后，将上一单元的进度也纳入复习的范围，使学生能一再地温故知新。

3. 小组竞赛可以采取笔试的方式，如本策略所建议，也可以仿照现行的上台考试的方式，让学生的注意力与荣誉感快速提升。

策略 48　加倍的效果

🌀 概要

这个活动用来促进合作学习，让学生体会到同心协力的重要性与好处。换句话说，这是俗语"三个臭皮匠，胜过一个诸葛亮"的最佳印证。

🌀 实施的步骤

1. 给学生一个或多个需要反省和思考的问题，以下是一些例子：
   a. 我们的血液是如何循环的？
   b. 为什么"知识就是力量"？
   c. 什么是"智能型犯罪"？

d. 远程教育是如何像传统教室一样学习的呢？

e. 为什么法治优于人治？

2. 先让学生独自地回答这些问题。

3. 当学生完成他们的回答之后，将学生分成两人一组，并要他们分享彼此的答案。

4. 要每小组针对原先个人的答案来改进，以创造、发明出新的答案。

5. 当每小组都写出新的答案之后，请每组报告他们的答案，并由老师做最后讲评。

其他变化的方式

1. 请全班进行表决，把每个问题最好的答案选出来。

2. 若是为了节省时间，可安排特定的问题给特定的小组，这会比每组都要回答所有的问题来得好。

适用对象

适用科目：各科均可适用。

适用年级：小学中年级至高中。

相关的学理根据

这个策略是依据合作学习法中的"思考分组分享"的做法而设计的。TPS是由美国马里兰大学的莱曼教授发展出来的，它最先是让学生两个两个地坐在一起，上课就由授课老师讲授一段或提出问题，先由每个学生花一两分钟来思考自己的答案，然后两个人的小组再彼此分享与核对答案，直到大家都有共识，最后老师要求每组学生向其他两或三个小组的人分享，或是向全班分享他们那组有共识的答案（Slavin，1995：132；Lang et al.，1995：303）。TPS法可说是合作式学习领域中最简单的一种方式，对那些完全不知道什么是合作式学习的老师或学生而言，可算是最容易实施的方式。

在本策略中，因为两个人都事先单独思考过了，所以两个人在一起讨论的时候，每个人都已经有了答案，小组讨论的结果通常是双方思考成果的相加，所以才取名为"加倍的效果"。

🌀 实施的现状

除了在一般主要的学科上有一些老师会应用 TPS 外，连音乐科目也有人套用 TPS 法，其做法是先放一段音乐给学生欣赏，然后两人小组讨论，最后向全班分享听该段音乐的心得。

除了原始的 TPS 法之外，还有人提议可以进一步在两人讨论之后，就近找邻近的两人小组，扩大为四人小组的讨论，再向全班分享。换言之，TPS 变为 TPSS（think-pair-square-share）的形态了。

🌀 在实施时需特别注意之处

1. 有些人不习惯单独思考，或是认为自己的学术能力很差，想的答案不会有好的品质，只要找到能力强的伙伴就可以偷懒。所以，在实施时，可以一开始就要求学生，在单独思考的时候，要把自己的想法以关键词的方式写在纸上，写完的人才有资格与别人进行讨论。

2. 如果能力过于悬殊的人被分配在同一组的话，讨论的效果不见得会很好。可以在实施 TPS 法之前，先稍微调整座位。

3. 两人讨论的时候，最好鼓励他们做简单的笔记，如此才能在向全班分享的时候以条理分明的方式呈现出来。

策略 49 小组考问

🌀 概要

这个策略是以一种有趣又没有威胁的方式进行的，能让学生为他们自己的学习负起责任。

🌀 实施的步骤

1. 选择一个可以被分成三大段落的活动主题。

2. 将学生分成 A、B、C 三组。

3. 说明活动进行的方式，然后老师开始上课，讲授的时间原则上不要超过 10 分钟。

4. 让 A 组用 5 分钟来预备简答题，而 B 组与 C 组就利用这段时间复习他们的笔记。

5. 游戏开始，A 组出问题给 B 组中的一位成员，如果 B 组的成员答不出来，C 组同学可以接着答题。

6. 接着，A 组出下一个问题给 C 组中的一位成员，然后重复这个过程。

7. 当猜谜游戏结束后，继续上课文的第二段，并指定 B 组为主试者。

8. 在 B 组完成这个猜谜后，继续上课文的第三段，并指定 C 组为主试者。

其他变化的方式

1. 发给学生事先编好的试题，每组轮到自己当主试者的时候就从其中挑题目来考。

2. 先将学生分为两组，然后一口气上完讲解的部分。讲授结束时，让两组互相考问。

3. 在每次段考之前或自习课时，可以只实施小组互相考问的部分。亦即由老师在前一天预告实施的时段与复习的范围，当天一上课即进行小组间的相互考问。

4. 在等待回答的时候，可以采取倒数计时的方式来增加趣味性与紧张的气氛。

适用对象

适用科目：各科均可。
适用年级：小学中年级至高中。

相关的学理根据

在合作式学习的领域中，有一种很简单的"互相考问"（reciprocal questioning）的策略，可以运用到各个学科与年龄层。它的实施方式是在老师讲授完一个教学单元之后，学生两个两个地或是编成三人小组的形式，从课文中找一些问题来进行互相问答。而老师在这阶段的工作只需要提供问题的骨干，就如金（King）在 1990 年所提出来的六种建议（Woolfolk, 1995）[380-381]：

（1）"你是怎么用……来做……？"
（2）"你能举出一个……的新例子吗？"
（3）"请你解释为什么……？"

(4)"……与……是怎么类似的呢？"

(5)"假如……的话，你认为会发生什么呢？"

(6)"……的优点与缺点各是什么？"

然后让学生以这些题目的骨干来设计题目，接着轮流问答。而这种互相考问的方式已经被证实比传统的讨论小组还有效，因为它能让学生更深入地思考教材。

而在本策略中，"互相考问"的实施形态从两人之间的考问已经转变为小组之间的考问，而且是融入小组竞赛的风味，但是其基本的"马上讲完就马上考"的精髓则是一致的。

🌑 实施的现状

互相考问的形态在中小学的教育中是很平常的方式，通常在周考或月考之前，或者由老师主导，或者由学生自己发起这种互相考问的活动，只不过题目设计的内容通常是定位在记忆或理解类的层次。而本策略是强调以分组的方式来设计问题，以公开的方式让全班都参与这个竞争的流程，在紧张中犹有趣味性的感受，二者之间仍是有所不同。

🌑 在实施时需特别注意之处

1. 如果怕时间不够的话，可以考虑在前一次上课就预告实施的时段与复习的范围，让学生事先做好准备的工作。

2. 可以请学生从该科的参考书中找一些问题来问，而不一定是每一题都自己设计。

策略 50　小组互教

🌑 概要

在这个策略中，每个小组都有不同的学习任务。然后，每个小组自己学完之后，再去教导其他小组他们所学的部分，最终能够让各组有开阔的多元观点。

🌑 实施的步骤

1. 选择一个包含不同的想法、事件、立场、概念或途径的主题。这个主题必须是能促进意见或资料的交流，而不是拿来辩论。这里有些例子：

  a. 清末所签订之丧权辱国的不平等条约有哪些？

  b. 写实派与印象派画风比较。

  c. 皮亚杰（Jean Piaget）的认知四阶段。

  d. 减轻体重的不同方式。

  e. 比较不同的计算机操作系统：微软（MicroSoft）的窗口操作系统、UNIX 的操作系统、麦金托什（Macintosh）的操作系统。

2. 根据学习任务的总数来分组，通常是分成两个到四个小组来进行活动。给每一组充分的时间让他们去准备被分派的作业中要呈现的主题。例如，第一个小组要介绍清代李鸿章主张"海防"的观点，第二个小组要介绍清代左宗棠主张"陆防"的观点。

3. 当这个准备阶段完成后，每个小组推选一位发言人，向其他小组讲解。

4. 在简要介绍之后，鼓励学生们对发言人提问题，或提出他们自己的观点，也可以让发言人那一组的组员来回应。

5. 继续每一组的报告，直至每一小组都报告完，也可以回应学生们的问题及评论，然后比较和对照所提出的多元观点和信息。例如，历史老师可以引导学生去进行儒家和法家思想的比较，亦即可以指派一组研究儒家思想，指派另一组研究法家思想。

● 其他变化的方式

1. 要每小组在介绍教材之前，先做广泛的研究，包括在互联网上搜寻相关资料，查阅百科全书，或做田野调查等。

2. 使用专家小组或鱼缸式讨论法的方式，来进行各小组的报告。

● 适用对象

适用科目：各科只要有适合分组讨论的教学单元均可。

适用年级：小学高年级至大学。

● 相关的学理根据

这个策略是合作式学习族群中的全班式的同侪教导（classwide peer tutoring），而同侪教导则是个别教导法（tutoring）的另类运用。个别教导法一般是个别化教学的取向，是指一个人对另一个人的教导或指导，这种个别教导法有其存在并值得推广的理由（Abrami et al., 1995）[184-185]：
(1) 因为班级人数增加，不同需求与能力的学生都编在同一班，一个老师无法注意到常态班级中每个人的需求。
(2) 因为教育经费上的缩减，使得学校无法给每位老师聘专业上的助手。
(3) 在教与学的过程中，个别指导让小老师有机会来口述教材、复习并确认他对教材的理解。西方有一句谚语，"教的人自己学二次"（Those who teach learn twice），正是这种教学法的特色。
(4) 因为小老师与受教者的年纪相近，经验也相仿，比较能用受教者的认知架构与语文层次来沟通。

而全班式的同侪互教则是将全班的学生同时两两配对学习，为的是要进一步发展一些技巧，或是复习老师已经教过的内容。在实施这种同侪互教的方式时，最好要遵循下列指标：
(1) 课文结构化的程度要依学生的年纪、能力与动机而定，施教者与受教者必须知道彼此的期望是什么，年纪大一点儿的、学习兴趣高的与能力强的学生可以自己决定要教与要学什么。
(2) 互教的时间要够长，才能看到效果。太多的打岔或太冗长的教材会使双方都无法有更多的收获。
(3) 施教者要先受训，学一些人际技巧，就如合适地给回馈、倾听、有耐心与建设性地处理冲突。同时，受教者也需要受训，学习如何发问、如何表达困难之处、如何得到帮助与如何提供帮助。
(4) 对施教者的训练不是一开始施教之后就完全结束，老师要找出并解决施教者遭遇到的问题，互教的时间才不会浪费，学习才会有成效。
(5) 老师应该每天与每组互动，要根据双方学生的层次来监督他们互动的关系，并提供回馈与增强，以使双方学生一直有兴趣。
(6) 行政上的支援是必需的，要视为学校正式课程的一部分。

实施的现状

在中小学阶段，很多科目的老师都有实施"小老师"的制度，亦即由各科目中学业表现最好的少数优秀学生来担任，负责帮助其他同学解决该科目学习上的问题。这与本策略所勾勒的小组式同侪互教还是有些不同，因为本策略是先有小组来讨论主题，再向其他小组做报告，每个人不管原先的学习状况如何，都有机会能很有尊严地来施教，对提升每个人的自尊与自信与增进小组组员之间的感情都有其正面的影响力。而传统的"小老师"制度通常是施者常施、受者常受，施教者通常拥有较高的学术地位，而受教者则常是学习缓慢或不利的人，双方都未必具备基本的人际技巧，有可能在实施时使双方心理与学习成效上受到某种程度的影响。

在实施时需特别注意之处

1. 对于每一小组推派出来报告的人选，可以优先请那些素来学业表现欠佳的学生来担纲，由其他高手来担任智囊团的角色，以回答别人的质问。

2. 在实施之前，可以对全班先探讨讨论时会用到的基本的人际技巧，以减少冲突，并使学生之间的互动更有效率，且更祥和。

3. 对于要探讨的主题，最好能事先以讨论提纲或学习单的方式预备好，这样能节省更多的时间来实施本策略。

策略 51　拼图式学习法

概要

拼图式第二代学习法在教学上的运用相当广泛，它和"小组对小组互教法"相当类似，主要的不同在于：拼图法要求每位学生都担负"教"的责任；教材必须是可切割为若干个段落或部分的平行式教材，没有哪一部分是一定要比其他部分先学习的；每个人要教别人，也要虚心跟别人学习，最后把所学的统整成有连贯性的知识或技巧。

实施的步骤

1. 准备教材：选择能划分为几个段落的"平行式教材"。每个段落可以短到像是一个句子，也可以长达好几页。如果教材内容很多的话，可以要求学生在上课之前先行阅读自己的段落。这一类平行式教材的例子如下：

　　a. 一份有很多重点的讲义。

　　b. 一个科学实验的许多部分。

　　c. 一篇有不同的段落或副标题的文章。

　　d. 一张专门术语的定义表。

　　e. 一沓每篇都像杂志那么厚的文章或其他类别的短篇教材。

2. 异质小组分组：依学生的学业成就、兴趣、专长或男女比例等来进行分组。

3. 阅读（reading）：发给学生主题及其教材，并且在阅读完后做一些重点摘要的笔记。

4. 专家小组的讨论（expert-group discussion）：将分到同一主题的学生从原先的异质小组中抽离，集中到专家小组中来讨论。

每个人带着自己的主题讨论单与原先阅读的教材来讨论。每个专家小组要指派一个主持人。主持人的任务是要协调整个讨论、叫举手的人发言与观察是否每个人都参与。讨论时，小组成员分享他们的成果，此时每个小组成员要把讨论到的重点做笔记。

5. 回到原小组报告（team report）：让所有的专家都回到他们最初的异质小组去，以担任小老师的方式教导同组的其他成员。

他们应该用大约五分钟来复习，讲述从课本上与从讨论中他们所学的重点。在这个阶段中每个人都有一个责任，即要担任一个好老师与一个好的倾听者的角色。

6. 测验（test）：给每个人一份考卷，并让学生有足够的时间来写完，然后与其他的小组来交换批改，或是全部收集过来由老师自己改。如果是由学生批改的话，就请批改者在考卷上签名以示负责。下课后，老师可以抽样来检查一些考卷，看看学生是否认真批改。

7. 分数计算：决定基本分数、计算个别的进步分数（即原始分数减去基本分数，再对照进步分数区间表，以得出个人的进步分数），然后加入该小组的进步分数再平均，就是小组的分数。

8. 小组表扬（team recognition）：可以用奖状、布告栏，或其他的奖励方式，也可以单独或搭配使用。

其他变化的方式

1. 可以根据小组的每一位成员所累积的知识来分派新的工作，例如，回答一组的问题。

2. 分派不同的学生要负责学习某一技能，而不再是局限于认知类的知识，并使学生互相教导他们所学会的技能。

适用对象

适用科目：任何有平行式教材的科目均适用。
适用年级：小学中年级至大学。

相关的学理根据

拼图法又称为锯分法、拼板法。这个策略被美国教育心理学家斯莱文修改为"拼图法第二代"（Slavin，1995）[122-128]，在合作式学习的领域中算是运用颇广的一种教学法。它是针对得克萨斯州大学阿伦森（Elliot Aronson）教授等人于 1978 年所提出的第一代拼图法改进而成的。在第一代拼图法中，共有七个主要层面（Aronson et al., 1978；Abrami et al., 1995：144-145）：

(1) 教材内容的选择与分派（selection and division of curriculum materials）：需选平行式的教材，且可大致均分成相当分量的教材。
(2) 指派拼图小组（assignment of students to Jigsaw groups）：小组人数是三到七人，要考虑到异质性（heterogeneous）的特性，能力、族群、性别与人际关系等层面都需要考虑到。
(3) 建立团队（team building）：在正式工作之前先让拼图小组成员能彼此信任与沟通，并培养合作学习所需的人际技巧。
(4) 拼图小组会议（Jigsaw group meeting）：由小组长带领讨论并学习所分到的课文，后续也会有短暂的会晤，可以改善自己的人际技巧与核对其他组员是否有进展。
(5) 互补小组会议（counterpart group meeting）：各组分配到同一主题的人要重新编组，花 30% 的时间来讨论要如何教给原来的拼图小组的成员。
(6) 拼图小组报告（Jigsaw group reports）：互补小组的学生回到原来的小组，依课文的逻辑顺序教其他人，当大家都学完之后，就讨论并反省他们教学的过程，这一阶段大概要花去 60% 的时间。
(7) 学习评量（evaluation）：每个人都单独接受考试，如果大家都合作得很好，应该都可以考得不错。

实施的现状

目前大部分的研究与推广都集中在斯莱文教授所提倡的拼图法第二代

上，而不是第一代的拼图法，运用的范围各科都有，例如，它用在高中生物的教学成效就远比传统讲授法要好（蔡文荣，2001）。

在实施时需特别注意之处

1. 因为彼此教的时候会产生极大的音量，所以，如果分组的数目太多，会使班级讨论的音量影响隔壁班级上课。

2. 为了避免下课十分钟的休息使讨论的热情冷却下去，可以请有需要上洗手间的人悄悄离席即可。

3. 上课之前就需要把分组的座位搬好，否则上课时会浪费时间。

4. 老师需要随时巡回各组提供必需的协助。

策略 52 每个人都是老师

概要

这个策略的目的是既让全班积极参与，也鼓励每个人担任小老师。

实施的步骤

1. 发给每个学生一张卡片。然后，要学生写下一个与课文有关的问题，或是一个他们想在课堂上讨论的特定主题。

例如，在上语文《愚公移山》这一课时，老师可以分发卡片，请学生写下问题后交来，再分配给全班讨论，学生可能会提出的问题如下：

  a. 这一课非常不合理，天底下哪有这么笨的人？
  b. 为什么他不先游说同乡的人一起做？
  c. 他为什么没想到要挖隧道？
  d. 如果你是现代的愚公，你要如何挖？
  e. 如果你是现代的愚公，又不想自己挖，你会采取什么步骤？

2. 收集卡片，洗牌，并分给每个学生一张，要求学生默念卡片上的问题，先自己想一个答案。

3. 请自愿者大声宣读他们所拿到的卡片与自己的答案，然后由老师给予口头鼓励。

4. 请班上其他学生在他的意见上添加自己的看法。

5. 只要还有自愿者，就一直持续这个主题的讨论。

其他变化的方式

1. 收集学生的卡片，然后组成一个专家讨论会议。老师念出每一张卡片，要大家讨论，并要经常地轮换讨论小组的成员。
2. 学生在卡片上写下他们对教材的意见或观察后，由老师念出每张卡片，并询问其他学生同意或不同意。

适用对象

适用科目：任何科目的讨论课皆适用。
适用年级：小学高年级至大学。

相关的学理根据

这个策略是依据合作学习法中的思考分组分享的做法加以改进的。TPS是由美国马里兰大学的莱曼教授发展出来的，它最先是让学生两个两个地坐在一起，一上课就由授课老师讲授一段或提出问题，先由每个学生花一两分钟来思考自己的答案，然后两个人的小组再彼此分享与核对答案，直到大家都有共识，最后老师要求每组学生向其他两或三个小组的人分享，或是向全班分享他们那一组有共识的答案（Slavin，1995：132；Lang et al.，1995：303）。

实施的现状

一般在大专院校中比较常见到类似的实施例子，在中学阶段则因为教学进度与考试的压力，较少有机会实施。

在实施时需特别注意之处

1. 老师要能控制全班的讨论气氛，如有冷场，要带动讨论。
2. 因为是开放式的讨论形式，比较不易产生整体贯穿的知识体系，所以，可以考虑在下课前安排统整的时间，使学生不至于只有零散的学习。
3. 如果遇到大家都不能认同的答案，或是无法在课堂上立即有答案的话，可以将问题当作作业，留待课余时间去进一步搜集资料，下一次上课再来讨论。

策略 53 同侪教学法

概要

这个策略是先将教材分段，在分组讨论后才以上台报告的方式进行。它对于同侪教学相当有帮助，能使每位学生为自己及他人的学习负责。

实施的步骤

1. 将全班分成数个小组，分组的数目需配合所教的主题的数目。

2. 配合教学目标给每个小组一些资料、一个概念或一项技能来教其他同学。而教师所提供给学生的主题应该互有关联。这里有一些例子，譬如：
   a. 比萨斜塔为什么不会倒？
   b. 生物界的食物链与生态平衡的关系。
   c. 生活中摩擦力所造成的影响。
   d. 针孔成像的原理。

3. 要每个小组设计一个方法来呈现要报告的主题，并用这个方法教导班上其他同学。要请他们避免讲述法或者照本宣科，要尽可能让学习经验活泼化。

4. 呈现主题的方式基本上可以参考下面的建议：
   a. 提供视觉教具：实物模型、投影片、幻灯片、视频、简报软件等。
   b. 情境与时机合适时，可编一篇示范的幽默短文。
   c. 使用范例与比喻的方式来说明教学重点。
   d. 可通过讨论、小组竞赛、学习单、角色扮演、冥想或个案研究的方式来让学生积极投入。
   e. 要鼓励同学发问。

譬如，一位初中老师在生命教育的单元教学中，可以探讨三个主要议题，把全班编成三个小组，并以下列方式来进行同侪教学：
   a. 生命能力的剥夺：以手帕蒙住眼睛，走到校园的某一角落；或以嘴巴咬住色笔，在白纸上或白板上写字，表演结束后进行讨论。
   b. 临终关怀：播放类似《癌症患者的最后一日》的视频，以供讨论。
   c. 生命的老化：以角色扮演的方式模拟老花眼、重听、行动迟缓等。

5. 让各组有充分的时间做规划和准备，这可以是利用上课时间或是在课余进行。

6. 最后让每组上台报告，并对报告完的小组给予鼓励喝彩。

7. 让每个人以"我今天学到了……"或类似的未完成句子来发表学习心得，可以发表知性或感性的心得。

🍃 其他变化的方式

1. 小组报告的对象改为向个别小组报告。
2. 由老师汇整各组所提供的阅读作业，并规定于课前阅读完毕。

🍃 适用对象

适用科目：各科均可。
适用年级：小学高年级至大学。

🍃 相关的学理根据

本策略基本上是根据同侪教导法（peer tutoring）的精神来设计的，只不过是把一对一的关系，改为一组对一组的关系。同侪教导法在学术界还有别名，如杜克（Dueck）在1993年提出的伙伴学习法（partner learning）与惠特曼（Whitman）在1988年提出的同侪教学法（peer teaching），都是用来描述同侪教导法的概念。基本上，它是指学习者以一对一的方式来彼此帮助的学习形态（Dueck，1993）。

同侪教导法通常有两类实施方式，一类是邻座伙伴（near peer），这是指两人中有一个比较厉害，由学业能力比较好的人来教学习不力的人。另一类是同工伙伴（co-peer），这是指两人的技能层次比较相当，互相均分教学的负担，以对教材内容有更好的理解（Whitman，1988）。

同侪教导法能增进学习效果，原因在于它能让学生自己负责来复习、组织，并整顿现有的知识与教材，理解其基本架构，填补认知上的鸿沟，发现额外的意义，并能把知识纳入新的认知系统。不管是邻座伙伴或是同工伙伴，学生的理解度都能获得相当大的改善（Dueck，1993；Whitman，1988）。

🍃 实施的现状

这个策略在大专院校中较为常见，小组报告的方式无论是在大学部或是研究所的专题讨论课上都十分普遍，主要是因为他们有足够的课余时间，已经具备独立搜集资料、分析与统整资料与系统化呈现的能力。而在中小学的教育系统中，因为教学进度的压力影响所及，则比较少见，但是在暑假的辅导课中还是有适用的时机。此外，像生活与伦理之类的科目与单元也或多或少有类似的套用。

🌀 在实施时需特别注意之处

1. 可以挑选一些有趣的主题，让学生分组在例行性的班会中报告，这种类似的小老师制度能建立学生的自学能力与资料呈现的技巧。

2. 刚开始实施时，老师最好能提前一周预告他们要预备的主题，以使学生能有足够的时间来预备。

3. 如果学生缺乏这类经验，老师还要额外指导收集课外资料的技巧，例如，提供互联网上相关的网址。

4. 老师事先规划给学生的主题的难易度要适中，在第一次实施时，事前的指导与提示尤其重要。

策略 54　学生自编案例的学习

🌀 概要

一个典型的案例研讨是着重于对具体情境或实例的讨论，应采取的行动，能够学习到的功课和将来处理或避免这些状况的方法。以下步骤主要是让学生设计自己的案例来学习，而不是由老师来主导案例的设计。

🌀 实施的步骤

1. 将全班分成两人一组或三人一组，请他们去设计一个能让全班进一步去分析和讨论的案例。

2. 要说明案例学习的目标，是借着某一情境或例子来学习有关的主题。以下是一些例子：

　　a. 一首七言绝句：分析它的平仄、押韵与对仗。

　　b. 一份真的推荐函：分析它所列出的推荐者与受推荐者的关系、人品、办事能力、联络方式等段落。

　　c. 讨论将水中的氢气与氧气分离的步骤。

　　d. 检验一段管理者与雇员的对话，可以用来学习如何提供正增强。

3. 让每个两人小组（或三人小组）有足够的时间，来设计一个情境、一个能深入探讨的例子或一个与该科有关的悬疑问题。例如，在辅导活动的班上，老师可以选择男女交往上的几个基本条件，让每组来讨论其优先级及理由。通常会考虑的交往条件如下：

  a. 姣好的容貌。

  b. 健康的身体。

  c. 渊博的学识。

  d. 稳定又多金的职业。

  e. 幽默风趣的谈吐。

  f. 忠贞不渝的爱情观。

  g. 高尚的人格。

4. 当这个案例拟好之后，让每个小组上台报告其结论。

5. 让该组的一个组员来引导这个案例的讨论。

其他变化的方式

1. 征求一些自愿者事先为大家预备案例以供讨论。对这些自愿者而言，准备工作本身就是一种很好的学习。

2. 让每两个小组交换彼此的案例来学习。

适用对象

适用科目：适用于各科有讨论性质的单元。

适用年级：小学至大学。

相关的学理根据

本策略是根据典型的案例学习法（case-based learning）而设计的。它是以建构主义为其基本的理念，在坊间有一些常见的别名，例如，问题本位学习法（problem-based learning）、问题中心教学法（problem-centered instruction）、项目学习（project-based learning）等。它最初是20世纪70年代初期在医学院的养成教育中所提倡的教学法，后来应用到企业界与工业界。在这个教学法中，整个的教学活动围绕着对已经发生的事件的描述，而这些事件则与学生的专业活动有关，就像要找出法律诉讼案例来给法学院的学生探讨一样，一开始就是以一个问题情境来开场，要求学生一定要做决定或采取行动。在这类教学法中，有五种不同的策略来看待所谓的问题（Duffy &

Cunningham,1996)[189-190]：

(1) 把问题当作一个指引（a guide）：这里的问题是被当作一个具体的参考点，以引导学生的注意力，通常是先请学生读一堆资料，而所要探讨的案例才是所阅读的资料的真正意义所在。这就有点儿像是在每章之前所提出的问题，可以指引学生阅读。

(2) 把问题当作统整的凭借或测试（an integrator or test）：在阅读完资料之后，有时候甚至是讨论完之后，才提出问题来。它的目标是运用阅读资料所获得的知识来看问题，以便得知理解的程度如何以及帮助学生能从学习到应用有一个顺利的转换，这就像是在每章最后的复习题目一样。

(3) 把问题当作一个例子（an example）：这里的问题是已经被统整到阅读教材中的一小部分而已。它是用来说明某些特别的点，是可以通过讲解或学生的讨论活动来完成的，所着重的地方是问题的原则、观念或程序。

(4) 把问题当作一个过程的工具（a vehicle for process）：这里所着重的是批判性思考，所提出来的问题不过是当作训练思考的工具，对问题分析的启发方式要郑重教导，以发展出思考的技巧，而不只是解决问题。

(5) 把问题当作实际活动的一个刺激（a stimulus for authentic activity）：这里的重点是要发展出解决该问题与类似问题的技能，不是老师教那个技能，而是学生借着花工夫在那个问题上而发展出来的。这里的技能是指看得到的技能、能收集并应用该领域的知识来承担那个问题与对解决该问题的后设认知的技能。

实施的现状

案例学习法算是相当普遍的一种教学法，通常是由老师指定一个案例或问题给学生，用至少一周的时间来研讨，这与本策略所标榜的学生自己设计案例还是有所不同，但是就能提振学生的学习动机与创造出一个完整的生活经验而言，不管老师设计或是学生设计的案例都有相同的功能。

在实施时需特别注意之处

1.刚开始实施时，案例或问题必须是真实的，最好是最近的时事、周遭的人或事物，与学生的生活密切相关的为佳，这会使学生的学习动机达到最高点。

2. 在动手解决问题或讨论案例之前，老师要强调先把阅读资料详细读完，以免学生闭门造车，一味蛮干。

3. 做完案例报告之后，最好请学生踊跃发言，想出未来可以多方运用的情境与时机。

策略 55 融合时事新闻

概要

这是个让全部学生都能全神投入这一科的有趣的方法，就算他们还未上这门课，这个策略也能让他们对这一科的主题产生兴趣。这种同侪互相教的方式会产生丰富的教学内容，而这些教材内容是可以和全班同学一起分享的。

实施的步骤

1. 要学生带一些文章、新闻简报、社论和报纸的插画，只要是和上课讨论的主题有关的都可以。例如，老师预备讨论"垃圾处理问题"，那么学生就可以打印一份网络上有关环保购物袋、焚化炉和垃圾掩埋的报道与图片。

2. 将全班加以分组，请他们互相分享自己所找的资料，并从中选择两至三则最吸引人的文章。

3. 重新集合全班同学，并由每组推派代表，来向大家报告。

4. 当每组报告时，老师可在一旁记下各小组的报告重点，并在最后向全班做讲解，也可以使用这些重点进一步来推动班上的讨论。

其他变化的方式

1. 下课后，收集各组的资料形成一份完整报告，然后影印发给各组，供作事后的参考。

2. 老师也可以在班上讨论之前，预先收齐各组的资料，影印发给学生作为预习的作业。

3. 使用这些新闻要点来做专题讨论，或当作角色扮演的脚本。

适用对象

适用科目:各科目均可。

适用年级:小学中年级至大学。

相关的学理根据

本策略的设计颇具合作式学习领域中的小组探究法(group investigation)的精神,在以色列学者什洛莫·夏朗(Shlomo Sharan)、雅艾尔·夏朗(Yael Sharan)与雷切尔·赫兹－雷拉洛维兹(Rachel Hertz-Lazarowitz)三人的提倡下,小组探究法目前在西方国家相当盛行。它的实施步骤分为六大阶段,每一阶段的注意事项如下(Slavin,1995)[113-114]:

第一阶段 确认探究的主题并将学生分组

(1)学生快速浏览各项资源,提出想探究的主题,并将所有的建议归类。

(2)学生加入小组来探究他们自己所选的主题。

(3)小组的组成是根据自己的兴趣,原则上是异质性的团体。

(4)老师要帮学生收集资料并编小组。

第二阶段 规划学习的任务

(5)学生一起规划要研读什么、要如何研读、谁做哪一部分,并决定此次探究的目标何在。

第三阶段 进行实际的探究

(6)学生收集资料、分析资料,并达成结论。

(7)每个组员都要对小组有贡献。

(8)学生交换、讨论、澄清并综合观念。

第四阶段 预备总结报告

(9)小组组员决定他们报告的基本内容。

(10)小组组员计划他们要报告什么以及上台报告的方式。

(11)小组代表成立执行委员会协调上台报告的计划。

第五阶段　上台做报告

（12）让各小组以多元化的方式上台报告。

（13）报告时有些内容需要下面的观众也主动参与。

（14）下面的观众根据全班事先定好的评分标准来评量各组报告的品质。

第六阶段　教学评量

（15）学生针对他们对该主题、该小组的努力情形与他们情绪上的经验来提供回馈。

（16）老师和学生一起来评量学生的学习。

（17）学习上的评量重点应该放在高层次的思考上，而不是停留在记忆类的层次。

实施的现状

原版的小组探究法有六大阶段与十七项讲究，在目前几乎很难看见它的踪影。事实上，本策略可以说是小组探究法的精华版，可见在实务上的调整是有其必要性的。类似这种分派学生以小组方式去进行主题探究的实施经验，近年来在中小学阶段的教育中倒是时有所闻，学生以主题探究所获得的知能，才是可以带得走的能力。

在实施时需特别注意之处

1. 可以带学生到学校的计算机教室来做初步的关键词查询，这将能使收集资料的过程变得更有效率。

2. 可以请学生在报告之后写心得报告，并与所报告的主题陈列在布告栏里。

策略 56　海报教学

概要

这个策略是以另类的方式来呈现教材，由学生自由想象，将他们对主题的认知与感受，以海报的方式来呈现，并借相互观摩海报，交流多元观点。

🌀 实施的步骤

1. 要每个学生去选择一个和该科有关的主题或要讨论的单元。

2. 先决定海报或布告栏的尺寸与大小，再要求学生把他们的概念呈现在海报上或布告栏上。海报展示的内容应该是非常浅显的。也就是说，观众可以很容易地了解海报上的理念，而不必进一步在文字或口头上做解释。此外，学生们也可以准备一张讲义附在海报上，以提供更详细的内容及进一步的参考资料。

3. 在你预定的上课时间内，要学生张贴他们的海报，在教室内自由走动浏览，并讨论彼此的海报。例如，在健康教育这一科的血液循环系统单元中，可以探讨的主题如下：

  a. 心脏的构造：可以配上从网上打印下来的彩色图片来标示。
  b. 血液循环的路线：用红笔与黑笔来标示血液输送与回流的路线。
  c. 心脏病的原因与症状：可以画抽烟、喝酒或吃过咸食物的插图来说明。
  d. 心脏保健的方式：以喝水、运动的插图来说明防治之道。

4. 在下课前15分钟，重新集合全班来讨论，针对这个活动的价值性提出回馈。

🌀 其他变化的方式

1. 可选择以分组的方式来设计海报，尤其是当主题的范围本身就很有限，不够全班每个人都来做的时候，更是如此。

2. 在海报教学之后，接着进行讨论，可以征求一些海报的主编来当讨论会的座上宾。

🌀 适用对象

适用科目：任何科目皆可，尤其适合与美术或劳作做合科教学时使用。
适用年级：小学高年级至高中。

🌀 相关的学理根据

本策略是根据美国学者戴尔的"经验的金字塔"（如图4-1）的理论而发挥的。在戴尔的理论中，海报属于视觉符号层次的图像传播媒体，对喜欢以视听媒体的方式来学习的人而言，有其学习上的方便性。事实上，每个人的知觉偏好与长处（perceptual preferences and strengths）各有不同，视觉、听觉、触觉与运动知觉都是人们接收信息与学习的管道，例如，视觉型的学习者喜欢以看的方式来学，动觉型的学习者喜欢需要动手操作东西的教材。通常大部分的学生都是同时使用所有的管道来学的，不过，擅长于某一认知管道的学习者未必就喜欢以那种方式来学习，需要考虑到皮亚杰（Jean Piaget）所提出的认知发展的层次，毕竟学生在学习上挫败与逃避的行为有很大的可能是长期错置学生的学习环境所致（蔡文荣，1995；Hohn，1995：98）。

此外，杰弗里·派克（Jeffrey Peck）认为老师讲授时使用视觉媒体可以改善教学过程，不同的媒体有其不同的最佳使用方式（Cruickshank et al., 1995）[168]：

(1) 印刷品：这是指可当作前导组织架构的讲义、大纲、待思考的问题。可事先发给学生，好让学生能专心听讲并做笔记。
(2) 投影片：内容可以是大纲、图表、地图、卡通、引述的名言、关键的字或观念。可以使用这些媒体来强调某一点、复习与组织教材、引发兴趣、增加一点儿幽默感与做最后的汇整。
(3) 照片、海报、幻灯片：照片与海报的内容可以是重要的人物、地点、物体与艺术杰作，它的功用则是能帮助学生理解并引发兴趣。
(4) 视频的片段：借着播放新闻的一小段或是一些特殊的事件，可以把事件与人物带到生活中来。
(5) 地图、挂图和地球仪：如果能够复制一份发给学生，效果会更好。
(6) 可操弄的实物：如果可能的话，要让学生亲眼看见或亲手操弄，例如，讲到树木的单元时，就可以展示不同的树叶与树皮。

此外，有研究显示，就算是高中生也未必达到皮亚杰所说的形式运思期的理想境界，由教学媒体呈现具体的学习经验依然是中小学教学所倚重的。近年来还有人提议用数码相机来提供更丰富的经验，让数字化影像的资料帮助学生了解抽象的概念，而这正与1996年的《美国科学教育的标准》（National Science Education Standards）和《科学素养的准则》（Benchmarks for Science Literacy）所推荐的不谋而合（Leonard，2003）[210]。

综上所述，对学习过程而言，如果能提供多重的视听媒体，将能使大部分的学生更易于学习，则是毋庸赘述的。

实施的现状

在中小学阶段，每个月进行学术性的教室布置是非常普遍的现象，但是一般老师通常不会利用正式上课的时间让学生尽情浏览与比较，也正因为没有利用上课时间来正视其内容与价值，所以，在很多学生的心目中，墙报不过是聊备一格，谈不上有什么教学的重要性。

在实施时需特别注意之处

1. 不需要强调美观的形式，而是要强调墙报的内容要有可看性，能引起共鸣或讨论的兴趣。

2. 当学生到处浏览墙报的时候，要特别注意噪音的控制，也要注意有少数人可能聊天或做其他杂事。

3. 如果真的没有时间可以在上课时用一整节课来实施本策略的话，至少可以请学生在日记或周记上写观赏心得。

策略 57 闭目冥想

概要

经由闭目冥想的过程，学生可以发展出他们自己独特的想法，这个策略对创造力的培养实在非常有效。就算是一个最初看起来很难的作业，学生通过冥想活动也常常能想出意外的解决方案。

实施的步骤

1. 直接介绍主题，并说明这一科需要运用创造力，而闭目冥想的方式将有助于他们发展出最后的成果。

2. 叫全班都闭上眼睛，介绍一种放松的练习以消除他们现在心中的杂念。可以使用轻柔的背景音乐，将灯光转暗，配合深呼吸来帮助学生放松。

3. 要学生在闭上眼睛的状态下，试着去想象一些影像或声音，像是在湛蓝天空中的白云、柔和的春风拂面或一只小鸟毫无拘束地飞翔。借着这些放松的练习来开启心灵之窗。

4. 当全班都放松并暖身后，提供一个想象的情境给学生在他自己的心中去建构。这个情境可以是一个未来的经验、一个生疏的情境、一个待解决的问题或一个摆在前面的专题作业。例如,辅导活动课在上正常的男女交往单元时,可以问学生下面的问题:

  a. 你现在穿得得体吗?

  b. 现在是什么时候?

  c. 你和对方的距离如何?

  d. 你要如何打招呼?

  e. 你的面部表情如何?

  f. 你如何自我介绍?

  g. 你觉得怎么样?

  5. 当你提供能建立想象情境的叙述之后,让学生有一段安静的时间建构他们自己的图像。你可以问一些问题使学生用更多线索来建构图像,像是:

  a. 它看起来像什么?

  b. 你看到什么?他们正在做什么?

  c. 你觉得如何?

  6. 结束学生的冥想,请学生记住所建构的图像,缓慢地结束这个练习。

  7. 请学生分成小组,分享彼此的冥想经验。要求他们尽可能地去描述给其他人听,或者可以让他们写下来。

其他变化的方式

  1. 因为学生已经在他们的心中练习过在某一特别的情境下他们要怎么做,所以现在可以请学生根据他们的想法,好好地计划他们真的会怎么做。

  2. 引导学生冥想一个失败的未来,然后冥想一个成功的未来。

  3. 可以请学生公开地以"我今天学到了……""我今天深深感觉到……"等开头语来发表他们冥想的结果。

适用对象

适用科目:任何科目均可。

适用年级:小学高年级至高中。

相关的学理根据

  1. 根据神经语言程序学(neuro-linguistic programming,NLP)的观点,

人是通过活动体验和实地演练，来更新潜意识层面的学习。在体验和练习为主的过程中，开发学习者的多种感官学习管道，学习者将能碰触并开启自己的潜意识领域，并应用全脑整合多种感官学习的方式，来快速并有效的强化各领域的学习（Knight，1999）。

2. 很多人一想到冥想、幻想、幻游这一类的名词时，都会直接联想到一些诸如逃避现实与做白日梦等负面的刻板印象。在心理咨询的领域中，一般而言，冥想的技术大致上可以分为放松、幻游冥想与经验分享三大阶段。本策略虽然扩充到七个阶段，但是本质上就是从这三大阶段而来的。而在生涯咨询的应用价值上，幻游或冥想至少有四方面的讲究（金树人，1998）[186-191]：

(1) 反应丰富的内在经验：可以使人从无意邂逅的梦境，转成有意的接触，冥想的内容有如梦幻，常是现实世界中无法实现的愿望，能提供不同境界的体验。

(2) 提供价值评量的新方法。

(3) 消除过当的防卫，以迅速进入咨询的情境：借着冥想的过程让心像在经验中流动，产生贴身且亲切的感觉，并且，冥想后的讨论通常能真诚相待，深入问题的核心。

(4) 刺激感性与直觉的经验：让大脑正常理性思考的左半叶暂时休息，刺激大脑右半叶的运作。

实施的现状

目前中小学大概只有在辅导活动课或类似的单元中有用到闭目冥想的设计，其目的主要是练习放松。也有少数语文科的老师在进行作文教学时，有给学生提供冥想的练习。此外，也曾经有少数升学性班级的老师在学生精神状况不佳时，暂停正常教学十分钟，让学生自由冥想以放松心情。冥想的内容可以是成功的经验或是未来的蓝图，好让学生有正面的愉快心情继续学习。

而在一些辅导领域或潜能开发的工作坊或单元式应用课程中，闭目冥想的策略则广泛地被使用，借此让参与者能在放松的情境中，激发出无限的创意。

在实施时需特别注意之处

1. 在实施时，有些学生可能会借机打瞌睡，所以老师必须密切注意学生的面部表情。

2. 在学生发表冥想的成果时，不可抱持传统的价值批判，而是应该积极鼓励每个人都分享。

策略 58　用当下的心情来写

概要

这个策略是让学生以反省过去经验的方式来当作写作的主题，学生是以现在式的口气来报道他们过去的经验，这种戏剧性的反省通常能让学生有新的体验与冲击。

实施的步骤

1. 选择某种你希望学生撰写的经验。它可以是过去的事或未来的事，它可能是：

　　a. 最近发生的问题。

　　b. 家庭的事件。

　　c. 新工作的第一天。

　　d. 一场演讲。

　　e. 一种与朋友的相处经验。

　　f. 一种学习的情境。

2. 告知学生要将过去的经验以反省的方式写出，并以"此时此地"的方式去重新体验。这种方式会产生既明确又戏剧化的冲击，会比用"遥想当年的他方"或"在那不可知的未来里"的写作更好。

3. 提供一个干净又平稳的桌面让学生来撰写，并确保写作的隐秘性及安静的环境。

4. 要学生以现在式的语气将所选择的经验写下，并强调他们和其他人的所做、所感与所盼望的。例如，"今天是开学的第一天，面对来自四面八方的英雄好汉，想到大家的程度与实力高深莫测，我觉得心中真是惶恐，但是在我的内心深处，却又觉得非常高兴，因为在这里的每一天都将是充实的……"

5. 让学生有足够的时间去写作，老师只要在行间巡视即可，必要时回答他们个人的问题。

6. 当他们写完时，立即邀请他们读出他们的省思。

7. 讨论他们未来可能会采取的新行动。

其他变化的方式

1. 老师先主持一段闭目冥想的练习，或就主题的范围组织团体讨论，借此来帮助学生进入自我反省式写作的情绪。
2. 要学生分享他们所写的内容，可以参考的方式如下：
   a. 邀请几个自愿者读出他们所完成的作品。
   b. 与邻座伙伴分享他们的作品。

适用对象

适用科目：语文、辅导活动、班会时间。
适用年级：小学中年级至高中。

相关的学理根据

这个策略基本上是根据认知上的反省（reflection）而设计的。这里所谓的反省是指让学生回顾他们为了完成一项任务而做的努力，并进而分析自己的表现。反省就像是发音说话，只不过是针对过去的经验与工作而言，而这种分析过去的表现与努力，则能影响今后策略性的目标设定与有意的学习。而在教学应用上，如果以棒球术语来举例说明的话，反省的种类或层次可以分为四大类（Wilson & Cole, 1996）[606]：

（1）模仿（imitation）：当打击教练示范一个标准的挥击动作之后，你自己拿来与自己的挥击做对照。

（2）重播（replay）：教练将你挥击的动作录下来，然后重播，批评并拿来与专家的挥击动作做比较。

（3）抽象式重播（abstracted replay）：追踪一个专家动作的关键性部位，然后与自己的动作做比较。

（4）空间修正（spatial reification）：追踪身体部位的移动，然后在空间中画出移动的轨迹。

通过这种以当下的心情来反省的过程，学生可以学习反省过去的经验，并试着与人分享，这将有助于了解自我，产生正面、积极的人生观，而这正是埃里克森（Eric Erikson）所说的"自我统整"理念的落实。

实施的现状

有些语文老师或导师可能会请学生在作文课或周记上写一些"我的成

长"或"我最难忘的事情"之类的题目,并在班上朗诵他们的作文,却不是以反省的心态、以此时此地的心情来写,朗读作品之后,也没有讨论他们未来可能会采取的新行动,与本策略还是有所不同的。

在实施时需特别注意之处

1. 本策略所着重的不是学生的文笔是否优美或是字迹是否整洁,而是学生的反省内容,当事者是否有所体悟,从过去的经验重播过程中学到一些人生的功课。

2. 当学生站起来朗读作品时,可能有些听众会以轻蔑的心态来看待,所以,在朗读之前需要先把游戏规则说清楚,才不至于有些人会羞于启齿。

3. 当大家讨论未来可以采取的行动时,要记录下来,并登记到学生的档案中,建立学生成长的记录袋,借此也可以让学生知道要认真面对自己的一切。

策略 59　勾勒心智图像

概要

在自己脑海中设计图像是一个很有创意的方式,能让学生自己产生出许多点子、记录自己的学习或规划一项新的计划。借着这种设计方式,学生能对所学过的教材或未来的计划有一种既清楚又富有创意的确认。

实施的步骤

1. 选一个让学生能设计心智图像的主题。一些可能的主题如下:
   a. 一个你想要学生设计出行动方针的问题或议题。
   b. 一个你刚刚教过的观念或技巧。
   c. 一个要由学生提出的计划。
2. 先让全班在心中用色彩、图像或符号来建构一份简单的心智图像。例如,一个人可以想象到百货公司采购的路线图,并在心中将他要采购的项目依据方位来加以想象。例如,先到一楼买香水,再到二楼买鞋子,接着到三楼买套装等。建构的步骤如下:
   a. 向学生说明,这些色彩、图像与符号是如何在你的心智图像中促进你整个大脑的思考,而不再只是右脑思考或左脑思考。

  b. 请学生从他们每天的生活中引用一些简单的例子来编造自己的心智图像。
  c. 建议他们开始先编一个图案为中心，用来描绘主题或主要观念。
  d. 鼓励他们将整个图案分为一些小一点儿的元件，并用色彩和图案来装饰这些元件以成为心智图像的外围。
  e. 检验他们是否用图来代表他们的每一个观念，旁白是否够精简。

3. 提供纸张、色笔和其他资源来帮助学生设计出生动、活泼的心智图像。

4. 让学生有充裕的时间去完成他们的心智图像，也鼓励他们去观摩别人的作品，以激发出自己的创意点子。

5. 全班都设计完他们的心智图像后，彼此分享他们的作品，并针对这一种创意勾勒观念的方式来讨论其价值性。

◎ 其他变化的方式

1. 以小组的方式设计团体的心智图像。

2. 利用计算机绘图软件或动画软件来设计心智图像。

3. 以角色扮演的方式，将心智图像表演出来。

4. 请学生将他的心智图像转成一篇叙述的文字，将每个人的图文展示在教室内的布告栏或墙壁上，以利众人观摩。

5. 如果时间足够的话，可以考虑让每个人都上台分享，并于分享完之后，让每个人以"看完之后，我学到了……"的方式来进行后设认知的过程。

◎ 适用对象

适用科目：任何科目均适用。
适用年级：小学高年级至高中。

◎ 相关的学理根据

1. 心智图像的理论也有人称为思维导图、心智绘图、脑图等，它是由英国心理学家拖尼·布赞（Tony Buzen）所创，是一套简单而适合小学程度以上的人使用的工具。它能帮助人们把信息组织在一幅树状的结构图上，每一分支上都写着不同概念的关键词或短句，把每一概念分类，并且有层次地分布在心智图像上。这个图上充满色彩、数字、影像、逻辑符号、关键词或短句，它同时使用了人们左、右脑的功能去思考、记忆、分析与触发灵感，使学习或工作变成一种艺术。此外，一切思考与分析的过程通常是只集中在一张纸上，是一套强而有力的思考工具。

2. 法国数学家海德曼（Hadamand）以其个人反思与其他数学家讨论的经验，认为数学家在解题时常常会用到心智图像的视觉推理（visual reasoning），来建构总体相貌的直观基础，再进一步依序转化成符号的形式。而卡普特（Kaput，1995）则认为几何图形之所以在几何学习与解题活动之中扮演着关键的角色，主要是借着外在具体的表征（external physical representations），通过可视化的过程，与学习者原有的内在心智的表征（internal mental representations）产生互动，进而产生新的概念结构，或链接（link）旧有的结构以整合成一个较大的知识结构。在这个心智运作的过程之中，将会产生显示系统（display system）与活动系统（action system），亦即显示系统将外在具体表征投射到大脑之中，以产生一个心智图像，而活动系统则具有运作该心智图像的能力（左台益，黄哲男，2001）。

3. 此策略有助于长期记忆力（long-term memory，LTM）的提取与增加记忆，具有"组织化"与"脉络"的功能，亦即：

（1）组织化（organization）：

① 将大量复杂信息依逻辑顺序排列，以增进储存及提取的效能。

② 组织良好材料比零碎材料更易于学习与记忆，故图表有助于学习及记忆。

（2）脉络（context）：

① 有物理脉络和心理脉络，例如，地方、房间、那天的感觉、跟谁在一起等，记忆可通过此类脉络进行搜寻。

② 有时候不可能回到相同地点去回忆，若在心里回想当时的线索，可帮助检索相关信息（朱敬先，1996）[239]。

🌀 实施的现状

1. 在数学课上的应用常见于几何的主题，或是一些需要做图形想象的情境。

2. 在美劳课上偶尔可以看到有些老师会先让学生自由想象，建构自己的创作。

3. 在语文课上，有些老师会请小学生将课文或课外阅读的故事以心智图像的方式来建构，以帮助学生形成完整的图像。

4. 也有人以心智图像法探讨对特殊教育班学生创造力的影响，以供特教班教师作为改进教学时的参考（钱秀梅，2001）。

5. 目前大部分是用于工商训练的场合，用以提升受训者的想象空间，增进记忆力，强化学习效果。

在实施时需特别注意之处

1. 要鼓励学生自由发挥，不要有预设的价值判断。
2. 可以配合周记或日记的方式来进行。
3. 要强调"没有完美的构图"的前提，因为只要能让他们自己看得懂，并用得好，就可以算是一个成功的心智图像。

策略 60 行动式的学习

概要

这个策略能让学生将课堂上的主题运用在现实生活中，并探索与分享所发现的事物。

实施的步骤

1. 老师先概略地讲述或进行课堂讨论，提供一些背景知识，好让学生能够掌握主题所在。
2. 向学生说明，你将让学生有一个机会通过"实地考察"（field trip）的方式，来体验该主题在真实生活中的情况。
3. 将学生分成四人一组或五人一组，并且要他们拟定这趟实地考察所要寻找的具体事物或问题的清单。
4. 请各小组公布他们讨论出来的问题和项目，并与班上其他小组分享。
5. 全班讨论各个项目，完成一份学习单发给每位学生使用。
6. 规定一个期限，要学生参观一处或多处地点，并根据学习单或检核表进行访问或观察；可以由学生自己选地点，也可以由老师安排不同的作业以避免抄袭。例如，"认识台湾"这一门课的老师可以请学生在较长的假期去访问不同少数民族的耆老。
7. 出发前必须确认问题，让学生能比较自己与其他同学的发现。

例如，以访视少数民族居住区为例，至少应该观察下列项目：

  a. 部落的图腾是什么？
  b. 部落的由来有什么神话传说？
  c. 与其他少数民族部落的面部特征不同之处何在？
  d. 部落的饮食与烹调的方式是什么？
  e. 部落在服饰上的特色是什么？
  f. 酋长产生的方式。
  g. 简单的少数民族问候语。

8. 要学生以既活泼又有创意的方式分享他们的发现（例如，一出滑稽的短剧、模拟访问、专家小组讨论或游戏）。

其他变化的方式

1. 你可以将学生分成两人一组或三人一组，以便让每个人有更多参与的机会。

2. 请每位学生提出详列问题的作业单或观察指引，而不是由全班拟定通用性的作业单。

适用对象

适用科目：任何科目均适用。

适用年级：小学中年级至高中。

相关的学理根据

这个策略是根据布鲁纳（Jcrome Bruner）所提倡的"发现式学习"（discovery learning）的理论而设计的。所谓的发现式教学是要求学生从经验中去萃取出自己领会的含义的学习。它和传统单向接受式的学习以及老师讲授的方式有很强烈的对照。

使用"发现式学习"是为了达到三重目的：给学生提供独立思考的机会，好替他们自己来求知，也就是脱开倚赖别人的学习心态；帮助学生发现一些事情是如何被了解的，也就是帮助学生来看知识是如何通过资料的收集、整理与操控而形成的；要培养分析、综合与评鉴等高层次的思考技巧。

如果从教学的特色来看的话，"发现式学习"在师生角色与认知技能上也有三个关键讲究：老师是扮演催化者（catalyst）或策变者（change agent）的角色，老师只是安排学习的环境，让学生能独立思考与探索；学生是被期许能自己建构知识，老师不直接告诉答案，而是帮助学生为他们自己去找出答案，建构自己的意义；老师设计高层次的思考问题让学生去探索，而不是局限在记忆类的问题（Cruickshank et al., 1995）[220-222]。

根据布鲁纳的说法，"发现式学习"就是有意义的学习（meaningful learning），它至少有四个重要的优点（Hohn, 1995）[187-188]：

(1) 它能增进智能上的潜力：让学生有能力去建构与组织所遭遇到的一切，学会如何处理学习过程中的每一件事。
(2) 它帮助学生从外在的酬赏转到内在的酬赏：发现式学习的本身就是一种酬赏，让学生自己觉得很有能力，对学习常怀热切的心。
(3) 它能利于某种启发，或是类化的策略：能把所学会的策略应用到其他的情境。
(4) 它有助于记忆的长期保留：通过发现式学习的方式所学的东西能记得比较久。

实施的现状

小学与初中阶段的校外参观教学是非常普遍的方式，就是将课程内容与当地的社教机构、工厂、商展或名胜古迹结合起来，所以，美术馆、文化活动中心与博物馆等展览场地常常可以看到一大群的学生来参观。这种事先规划与预备的参观再加上事后的讨论与心得报告，通常能带给学生新颖与统整的学习经验。事实上，除了参观的方式之外，人物的专访也是很普遍的实施方式，都是让学生从被动听讲的状态转为主动学习。

在实施时需特别注意之处

1. 如果是由老师带班进行校外参观的话，最好先预备一份学习单或检核表，最起码能让学生在当场观察时不至于毫无头绪，但是这一类的学习单还需要事后再予以整理成学生自己的观点，而不是客观的一些事实资料而已。最好在学习单上提出几个开放性的问题，以供学生进一步小组讨论之用。

2. 如果是人物专访的话，最好能请学生以小组方式事先拟好结构式的问题，以免届时无法问出有深度的问题。

3. 在校外参访时，安全问题需事先规划妥善，必要时需办好保险事宜。

策略 61　学习日记

概要

这个策略是用写作的方式让学生反省自己的学习经验，借着反省的过程，能重新统整自己的学习成果。

实施的步骤

1. 向学生说明，经验未必是最好的老师，重要的是我们是否能由经验中有所反省，意识到这些经验教给我们什么样的功课。

2. 请学生养成写日记的习惯，以记载本身的学习与反省。如有必要，也可硬性规定学生写日记。

3. 建议学生每周至少两次写下他们从上课中学到的想法与感受，告诉他们要把这些心得记录下来当成日记。请他们不用担心日记中有错别字、标点符号不当或文字是否优美等问题。

4. 要学生注意以下事项：

  a. 有什么是你不清楚或是不同意的?

  b. 这些学习经验和你的个人生活有什么关联?

  c. 这些学习经验如何反映在你所读、所看或所做中?

  d. 从这些学习经验中，你有否从自己或别人身上发现了什么?

  e. 从这些学习经验中，你得出什么结论?

  f. 受这些学习经验的影响，你想要做什么?

5. 定期收集这些日记上的想法，仔细研读，并加以批阅，好让学生知道要将这些日记好好保存，你也可以不时从他们的学习中得到回馈。

其他变化的方式

1. 除了使用空白笔记本之外，你也可以提供有严谨表格结构的笔记本（如在中学阶段行之多年的周记本），让学生能较有系统地整理他们的日记。

2. 改变写日记的时间，让学生在课堂上写日记，而不是让他们在课后自行填写，这样就能免除缺交与缴交前临时乱写等弊病。

3. 如果学校实施"联络簿"的话，可以请学生在相关表格或空白处每天写下一小段他的学习心得。

4. 在事先征得当事人同意的前提下，可以将写得有血有肉的学习日记公开朗读或展示，以激发其他人认真撰写的动力。

适用对象

适用科目：任何科目均适用，尤其适合实施在担任导师的班级。
适用年级：小学中年级至高中。

相关的学理根据

这是一种后设认知的学习策略。后设认知是指个人对自己的认知历程的知识与觉查，借由这种事后反省的活动，可以使学生了解自己到底学到了什么，以及到底自己是用什么方法学的。换句话说，后设认知包含了认知的知识与认知的技巧这两个层面（张春兴，1996）[239-240]。

学者布朗（Brown，1987）也有类似的看法。他认为后设认知可分为认知的知识与认知的调整。认知的知识是指对环境的觉察，对认知运作的反思；认知的调整是指调整及监督的活动，包括计划、监控、评估。

实施的现状

目前绝大多数的中小学都会要求学生写联络簿，有些老师已经能跳脱传统的联络簿的刻板用法，请学生在联络簿的空白处写下一些学习的心得，例如，当天学习的心情、当天最得意的学习成果等。此外，有很多老师偶尔也会要求学生在周记本上叙述当周的学习心得，但是，能要求学生检讨到认知技巧层面的情形还是比较少见的。

在实施时需特别注意之处

1. 中小学在寒暑假通常都会要求学生写日记，在平常的上课期间也都会要求写周记，但是，这些措施却常常流于形式，只是写给老师与家长看，然后批阅签名了事，而忘记了这种学习日记的最原始意义是要给自己回馈。因此，在培养学生有这些能力与习惯之前，更重要的是要教导他们这个活动的意义与了解对自己的帮助。

2. 将联络簿权充日记也未尝不可，但要预防有些学生会基于害怕父母的心态而草草交差了事。

策略 62　设计学习契约

💡 概要

自发性的学习通常会比教师主导的学习更深入和更持久，而本策略的"学习契约"就是要让学生制订学习的计划。

💡 实施的步骤

1. 要每个学生去选择一个他想要独立研究的主题。

2. 鼓励每个学生要仔细思考他的研究计划。在拟订计划之前，要让学生有充裕的时间来收集资料，并做各项询问。

3. 要学生设计一份包含下列项目的书面契约：

   a. 学生想要达到的学习目标。

   b. 所欲精通的专门知识或技术。

   c. 达成目标所需的学习活动。

   d. 学习成果的认证方式。

   e. 完成的期限。

下面是一位想要学习写简历的学生所设计的学习契约。

项　目	简历写作要采取的活动
学习目标	在简历上呈现自己的优势。
专门知识	1. 选择一种适当的格式。 2. 将四页资料浓缩成两页之类的选用标准。 3. 撰写一个清楚的个人生涯目标。
学习活动	1. 浏览其他的简历范例。 2. 选择一些喜欢的范例并加以评论。 3. 选择一份老师修改过的简历。 4. 必要时再继续修改。 5. 将简历寄给三个人并请他们评论。 6. 准备最后定稿的简历。
认证方式	交给老师评分。
完成日期	在两星期之内，即　　年　　月　　日之前完成。

4.与学生讨论他所设计的"学习契约",指点学生各种可用的学习资源,并建议学生进一步修订契约的方向。

其他变化的方式

1.可以设计小组的学习契约,而不是个人的学习契约。这是利用同侪团体的压力来彼此督促,效果会更好。在合作学习的理论中,小组的同侪可以互相扶助,以达到自己最佳的发展区(张春兴,1996)[267-269]。

2.不要让学生自由选择,而是由你为学生选择主题和目标,或是只给予学生有限的选择。至于如何收集资料与设计研究主题则要给他们更大的选择空间。

适用对象

适用科目:任何科目均可。
适用年级:小学高年级至高中。

相关的学理根据

根据人本心理学的理念,学习不能由外铄,只能靠内发,学习的产生取决于个体本身对环境知觉而后主观的自愿性选择。它提倡学生为教育的中心,重视个体的自我成长。有效的学习只能来自学生的自动自发,只有让学生自由地选择与决定他们的方向,他们才会全心全力去探索与发现其结果,教师只是从旁协助,以减少他们的阻力与挫折(张春兴,1996)[267-269]。

"学习契约"是人本主义者常使用的策略,他们相信每一个人都是单独、唯一、特殊的个体,而且每一个人都有向上发展的能力与潜力,所以学生可以主导自己的学习。针对于此,教师则要采取个别化的教学活动,以配合每个学生的个别差异,所以教学活动并没有统一的进度,让每个学生都可以按照自己的能力决定进度(张春兴,1996)[275-277]。

事实上,在美国教育史上很有名的道尔顿计划(The Dalton Plan)中已经出现过类似的设计。道尔顿是美国马萨诸塞州的小镇,当时是由海伦·帕克赫斯特(Helen Parkhurst)提出的实验计划,1920年在道尔顿中学实施。在这个计划中,为了让学生的学习与社会生活密切配合,学校的课程分为学术科目与职业科目。学术科目可以由学生以个别速度来自由学习,职业科目则是以小组的方式来学习。学术科目又以其是否适合个别学习的程度分为主科与副科，每科都有其实验室或工作室，室中有该科的参考书与设备，也都有该科的老师来协助学生学习。学生可以根据自己的需要，自由地到实验室去学。老师要在学年开始时把一整年的教材内容告诉学生，然后与每个学生签订个别契约，通常是一个月签订一次。在每个月的契约之中，详细规范了学生该月中需要完成的作业，而在每个月的契约中，又分为四个段落，每一个段落大约是一个星期的作业。契约完成之后，学生必须通过考试才有资格签订下个月的契约，学生的学习进度都会绘成图表。契约的内容包括的项目有：生动的引言、题目、重要的问题、笔记或实验报告、该记忆的内容、会议或讲授、参考书及其阅读地点、工作计算单位、其他的研究与附属的作业等（吴鼎，1974：360-364；林宝山，1988：20-21）。

实施的现状

在大环境都笼罩在升学压力的乌云下，这类特别注重个别化学习的策略在体制内的学校系统比较难以看到具体的实施范例，只能说是有少数的老师特别关心学生的学习，私下帮助某些学生学习的方向与进度，就如指导中小学的学生自己做科学展览的作品。倒是在体制外的一些另类学校敢于实施类似的策略，如苗栗县卓兰镇的全人教育学校的学分制与自由上课的校风，倒是与本策略出于同一理念。

在实施时需特别注意之处

1. 基本上，如果升学主义的风气不改的话，本策略恐怕无法落实于体制内的学校系统，因为全校统一的教学进度将使个别学习的弹性无法发挥。

2. 学习契约的制定与实施可以采取自愿的方式，对于参与的学生宜以积极的鼓励、额外加分或类似的表扬措施来维持其坚持下去的勇气，这对没有参加的学生而言，将产生催化的作用。

策略 63 设身处地来看

概要

主题式学习能增进学生对陌生的人物或情境的理解和敏锐度，通过情境模拟或角色扮演的方式，就能达到这个目标。

🌀 实施的步骤

1. 选择某一类型的人或情境。下面是一些例子：
   a. 如果是由一个少数民族的人来看，这会像是什么？
   b. 如果是从历史的不同时期来看，这会像是什么？
   c. 如果是从一个不同文化中来看，这会像是什么？
   d. 如果是由一个有特殊问题或困难的人来看，这会像是什么？

2. 实施角色扮演或情境模拟，例如：
   a. 让学生穿上那个人或那个情境中的服装；或者，让他们处理这个设备、道具、附件或其他属于那个人或那个情境的东西；或者去做那个人的一个典型活动。比如，在生命教育的体验老化的单元中，为了让学生能对老化的过程变得敏感，你可以让学生把凡士林涂抹在眼镜上，把几颗大小不一的石子放到鞋子里面，把一小团棉花塞到耳朵里，戴上厚重的手套。然后要他们拿出铅笔和纸，把他们自己的名字、地址和电话号码写下来；或者要他们到教室外面散步，自己开门，并且要求他们走到校园的某一角落。
   b. 把学生安置在该角色所处的虚拟情境中，让学生不得不对情境有所回应。
   c. 建立模拟的情境：设计一种学生熟悉的剧本，让学生在情境模拟时不至于太陌生。例如，问所有左撇子的学生，他们对右撇子的人有什么看法。
   d. 你去模仿一个人，然后要学生来访问你，以深入了解你的经验、观点和感受。例如，一个教中国现代史的老师，可以穿着中山装或长袍马褂，模仿民国初年的人物，然后请学生来访问你，访问的内容可以包括：当时的社会情况如何、政治理念或想法、如何行动或实践理想。

3. 事后的讨论与分享：
   a. 分享观众对这种情境模拟或角色扮演的感受。
   b. 分享当事人扮演他人的经验感受。
   c. 分享那些人物和情境带来的冲击。

🌀 其他变化的方式

1. 如果可能的话，可以假戏真做，安排学生真的遇见陌生的人或情境。

2. 实施闭目冥想的练习，让学生去想象他遇见陌生的人或陌生的情境。

适用对象

适用科目：任何科目均可。

适用年级：小学高年级至高中。

相关的学理根据

这个策略属于角色扮演（role playing）与体验式的模拟（experiential simulations）的综合运用，模拟的过程需要参与者灵活运用所学的知识，他们本身就是复杂情境中的关键元素之一，因为整个情境的进展有一部分是根据参与者的决定与行动而定的。在体验式的模拟中，它的活动会因三种方式而不同：参与者角色的性质；活动中决策与互动的种类；各种变量之间的关系。换句话说，实施的形态可以是个人活动的方式，也可以是小组活动的方式；重点可以是练习专业上的知识或技能，也可以是体验不同的文化实体；而各种变量之间的关系可以是数量上的，也可以是质性上的。

基本上，体验式的模拟可以分为四大类别，依次是：

(1) 资料管理式模拟（data management simulation）：小组成员互动来做决策，其基本的焦点是根据数学模型来求各项量化的变量之间的关系与平衡。

(2) 诊断式模拟（diagnostic simulation）：由学生扮演医护人员或咨询人员的角色，选取资料并适当地解释，选择矫治性的行动来处理病人的问题。它的关键元素有三个：概括描述多面向的问题、预先设定好的角色、每一决策点有一些可行的选择。

(3) 危机管理式模拟（crisis management simulation）：它是以一个不预期的事件威胁到个人或团体利益的方式来开始。这个危机需要快速处理所带来的时间压力与预防某种大灾难是这个模拟的关键元素，而政治危机与实弹战斗的危机则是其常见的应用形态。

(4) 社交历程式模拟（social-process simulation）：在上面三种模拟中的人际互动不是要求的重点，而社交历程式模拟的着重点则是参与者之间的互动，每个人的信念、价值观、目标与行动都会在互动的过程中或被支持或被质疑或被拦阻。这个模式有三重目标：发展出对某一具体的社会组织或文化的了解；帮助参与者发展出在陌生的情境中思考与沟通的能力；借着经历令人嫌恶的情境，并接着检讨当事者的信念与价值观的过程，来帮助参与者发展出对别人的同理心（empathy）（Gredler，1996）[525-526]。

🌑 实施的现状

在历史、语文、辅导活动等科目中有一些老师会采用这个策略。这种学习方式尤其可以用于增进对弱势族群的了解，如同性恋者，让学生以角色扮演或社交历程式模拟的方式来设身处地为他们着想，而不是按原来的思想来看待事物，这也是九年一贯课程中心的要旨之一。

🌑 在实施时需特别注意之处

1. 虽是模拟的方式，但是学生如果是抱持着玩笑心态的话，将会使实施效果大打折扣，所以，在实施之前应该可以先预告接续的反省与讨论活动，使学生有一种郑重的学习心态。

2. 反省与讨论的阶段是这个策略不可或缺的关键设计，所以，如果时间的控制不佳的话，将使得实施成效不彰。

策略 64　公告排序

🌑 概要

很多价值观和意见是没有所谓的对或错的，当你教到这样的主题时，这个活动将有助于刺激学生做反省和讨论。

🌑 实施的步骤

1. 把全班的学生分成 4 到 6 人为一组。
2. 发给每组一份讨论提纲，可以讨论的问题如下：
   a. 他们所抱持的价值观：例如，题目是"维持婚姻的要素"，学生可能的回应有忠诚、互相尊重、爱情、稳定的经济基础等。
   b. 他们所信奉的意见：例如，题目是"当前我们国家最需要关切的事"，学生可能的回应有提升经济、预防犯罪等。
   c. 对一个问题的另类解决：例如，题目是"上理想大学的途径"，学生可能的回应有培养特殊才艺、参加各种竞赛并获得名次、认真读书、彻底研究猜题技巧等。

  d. 他们所面临的选择问题：例如，题目是"你选择志愿的重要参考依据"，学生可能的回应有自己的兴趣、历年录取成绩顺序、未来就业的难易等。

  e. 他们期望的属性：例如，题目是"选择配偶的条件"，学生可能的回应有年轻貌美、个性随和、学识渊博、身材姣好等。

  f. 他们态度上的偏好：例如，题目是"你最喜欢的作家"，学生可能的回应有琼瑶、李敖、白先勇、三毛、金庸、黄春明、倪匡等。

3. 给每小组一沓便利贴，要他们针对讨论的问题，把自己的答案写在一张一张的便利贴上。

4. 再来要每小组把这些便利贴分类，把他们的价值观、意见或行动，依据喜欢的程度，由上而下依序排列。

5. 设置一个告示区，让每组都可以展示他们的价值观顺序。也就是说，便利贴可以贴在黑板上、一大张纸上或教室后面的布告栏上。

6. 对照并比较每一组的排序结果：由各小组报告他们排序的理由，并可让其他小组自由发问与质疑。

◎ 其他变化的方式

1. 试着去达成全班的共识，这在新班级中建立班级的公约时最适用。

2. 若是别组的排序与自己的小组不同，则可以访问别组的组员，借此发展多元观点，培养尊重多元价值的胸襟。

3. 可以在网络的家族讨论区中，以即时投票的方式来处理，但前提是每个学生必须已经登录为该家族的成员。

◎ 适用对象

适用科目：适用于任何牵涉到价值观和偏好的单元的科目。

适用年级：小学中年级至大学。

◎ 相关的学理根据

  这个策略主要是根据价值澄清法的理论而设计的，"任何人都没有正确的价值可以传达给其他的人"是其基本前提，获得价值的过程（valuing process）可归纳为三个阶段与七个步骤（欧用生，1996）[206-207]：

(1) 选择（choosing）：

① 自由选择。

② 从各种可能选择的途径中选择。

③ 对各种可能选择途径的后果三思后选择。

(2) 珍赏（prizing）：

④ 重视和珍惜所做的选择。

⑤ 愿意公开表示自己的选择。

(3) 采取行动（acting）：

⑥ 根据自己的选择采取行动。

⑦ 重复地实行。

而实际上实施的活动方式大约可以归纳为书写活动、澄清式问答与讨论活动三大类。其中书写活动是最常见的形态，其呈现方式至少有四种（欧用生，1996）[211-212]：

(1) 价值单（value sheet）：通常分两部分，第一部分是使用引发性叙述来让学生反应，第二部分是根据前句而引发的一些问句。例如，"如果你有一百万可以花时，你要做哪样的决定？你如何依照你的价值观来做决定呢？"

(2) 思考单（thinking sheet）：学生用几个字来记录与价值有关的观念，老师用简短语句来回馈学生，或是数周后整理分析完之后还给学生，并举行班级讨论。例如，学生写："我这次考试考砸了。"老师回应："你心中有什么特别的感受呢？"

(3) 每周反省单（weekly reflection sheet）：是指设计一些问题来帮助学生反省上周的活动，可以让学生在教室写或带回家写，然后批阅时可再问一些有关的问题以帮助学生思考。例如，"你上周做过哪些你觉得骄傲的事情？"

(4) 未完成语句（imcomplete sentence）：目的是要找出并了解学生自己的态度、信仰、乐趣、抱负、目标等价值观。"如果只有三天的时间可活，你会……""我如果有一部汽车，……"等。

● 实施的现状

社会多元化的发展趋势一泻千里，人人都有表达自己看法与价值观的自由空间。因此，在中小学阶段这个价值观初步建立的时机，很多老师会利用班会、辅导活动课以及与价值观有关的教学单元来实施价值澄清法。

🌀 在实施时需特别注意之处

1. 老师扮演的角色是引发者，而不是灌输者。所以在价值讨论的过程中，老师必须保持中立，不能在语言上或肢体动作上流露出自己的价值判断。

2. 要提醒学生任何价值判断必须有令人信服的论证和说明，不能蛮横独断，这样才不至于走向社会边缘人的方向。

策略 65 三重的反省

🌀 概要

这个策略属于经验式的学习活动，它是通过先有体验，再经过反省与反刍的过程，使主观的体验转化为更丰富而深入的学习。

🌀 实施的步骤

1. 选一个该科的主题来带全班体验，体验的方式有很多种，例如，一个游戏或模拟训练、一趟实地考察的旅行、一部影片、一场辩论、一次的角色扮演或一次闭目冥想的练习。

2. 询问学生在刚才的体验中"发生了什么事"，这是第一层的反省。询问的技巧可参考前述"随时都能引发学生参与的十个策略"。

  a. 他们做了什么？
  b. 他们观察到了什么？他们想到了什么？
  c. 他们在这些经验中的感受是什么？

3. 接着，要学生自问刚才的体验"对我有什么意义"，这是第二层的反省。

  a. 他们从这个经验中获得了什么好处？
  b. 他们学习了什么？再次学习了什么？
  c. 这个活动对他们的意义是什么？
  d. 如果是一种模拟或角色扮演，这个经验跟真实世界是怎么相关的？

4. 最后，要求学生仔细思考"今后要做什么"，这是第三层的反省。

  a. 将来你如何用不同的方法来进行呢？

b. 你如何进一步加深、拓展已有的学习经验？

c. 你要采取什么样的步骤去应用你所学的？

其他变化的方式

1. 如果教学时间不足的话，可以只实施前三个步骤。

2. 如果教学时间不足的话，可以请学生在日记和周记上写下他们的学习心得。

3. 如果时间充裕的话，可以请学生以自愿的方式分享心得，以给其他学生提供更多的学习机会。

适用对象

适用科目：任何科目均可。

适用年级：小学高年级至大学。

相关的学理根据

本策略基本上是根据后设认知的理念而设计的。所谓的后设认知是指一个人能反省自己的思考，并进而监控与管理的能力。它是由发展心理学家于20世纪70年代晚期所提出来的理念（Brown，1978；Flavell & Wellman，1977）。他们发现较聪明的孩子比发展较慢的孩子更能有自省、自我监督的能力。事实上，有许多研究证实后设认知是可以教得来的，例如，在道格拉斯（Douglas）、帕里（Parry）、马丁（Martin）和加森（Garson）于1976年所发展出的后设认知的训练课程中，使用了自言自语（self-verbalization）、建立模块（modeling）、自我监控（self-monitoring）与自我增强（self-reinforcement）的技巧来教导七岁和八岁的过动儿童控制他们的专注力。又如坎普（Camp）在1980年的研究中，使用了"停、看、听"的策略来教导冲动型的小学生控制他们的专注能力，问他们面临了什么问题、他们要如何解决面临的问题、他们是否有遵照他们的计划来解决问题，他们解决的成效又如何（Mayer & Wittrock，1996）[58-59]。

在本策略中，学习的过程由"发生了什么事"、"对我有什么意义"到"今后要做什么"，每一个步骤都是在给予学生自我反省与监督的机会，让学生能自己建构出具有个人特色的学习成果。

🌀 实施的现状

有一些大专院校的老师会采用"成长日记"、"省思日记"或"省思杂记"的方式,规定学生每周或每次上课后要写下学习心得;而中小学阶段的老师通常会要求学生在周记上不定期写下学习心得。然而,在本策略中所提到的三重的反省则是较少被套用的。不过,作者在大学讲授教学原理一科时,曾加以运用,由学生针对课堂中所学的与课后讨论或访谈的心得来写省思杂记,并至少与两个人分享,然后请看完的同伴写下评语并签名,借此让每个人都能有机会体验多元观点。修过课的学生普遍反馈颇佳,比传统的学习过程更能有助于学习的内化(蔡文荣,2003)。

🌀 在实施时需特别注意之处

1. 因为学生通常不会有这类的学习经验,所以最好先发给学生含本策略实施步骤的学习单,以使学生在反省的过程中能有所依循。

2. 如果是长期实施的话,应该每周都请小老师或小组长帮忙检查是否每一个人都撰写了,以免有少数学生拖延到期末收回作业的时候才临时赶工,而失去实时建构与反省的教育意义。

策略 66 活泼的自评

🌀 概要

这个策略是借着以学生自评的方式来彼此分享他们对于某一科目或单元的态度。它能让教师评估学生的感受和信念,还可以当作全班讨论的一个跳板。

🌀 实施的步骤

1. 设计并宣读一份列有各项叙述的作业单,借此评估他们对于某一科目的学习感想和态度。一份典型的综合领域的作业单可能有以下叙述句:

    a. 我想要一份能和别人一起共事的工作。

    b. 我想要一份能用到我的专长,又能赚最多钱的工作。

    c. 我想要一份有安全感的工作,不必担心一直要被人考评。

d. 我想要一份不需要晚上回家加班的工作。

e. 我想要一份不必转好几趟车或常常出差的工作。

f. 我想要一份对小区有贡献的工作。

g. 我想要一份能够持续挑战自我能力的工作。

又如自然领域的老师在设计一份"环保议题"的作业单之时，可以纳入的题目有：

h. 我想要一个山明水秀的环境。

i. 为了经济发展，适度破坏生态环境应该是可以接受的。

2. 要学生站在教室的后方，将桌椅摆放于一侧。

3. 在黑板上以大字写出①到⑤的号码，或将①到⑤的号码写在白纸上并贴在墙上。

4. 逐一宣读作业单上的叙述句。在听到每个叙述之后，学生必须站到最符合他们的看法或理解的号码前面。依据这些题目的性质来说，①号可能是代表"非常同意"或者"完全了解"，一直到以⑤号来表示"非常不同意"或"完全不了解"。

5. 当每一项叙述句被念出来的时候，学生们都需要移动至教室中最符合他们的理解程度或意见的位置。当学生在不同的号码位置排好队之后，请几个学生和大家分享他们会选择那个位置的原因。

6. 在聆听了别人的意见之后，可以请任何想改变他们原先选择的学生立即移位。

7. 重复上两个步骤，直到所有的叙述句宣读完毕。

8. 接着，将学生分成几个小组，发给他们刚刚宣读的作业单，并要他们讨论对每个叙述句的看法。

9. 最后要学生重新考虑他们在每个项目上的立场，让他们针对每项叙述句选定一个最能代表自己意见的号码。

其他变化的方式

1. 在一个更大的班级中，要学生首先对这些叙述选择一种回应，然后移动到号码所标示的位置上。

2. 先以小组讨论的方式开始，然后以个别私下评估的方式进行。

3. 可以在下课之前，请每位学生利用下列句子来统整他们的学习经验："今天我学到了……""今天我重新发现……""我开始知道……""今天我很意外感觉到……""我从来不知道……"

4.可以在网络的家族讨论区中，以即时投票的方式来处理，但前提是每个学生必须已经登录为该家族的成员。

🌀 适用对象

适用科目：任何需要评估学生的态度与感想的科目均能适用，在班会时间尤其适用。

适用年级：小学高年级至高中。

🌀 相关的学理根据

除了认知类的学习之外，情意类或态度类的教学目标也是教育所需勠力以赴的。以往价值观的传统教法取向大约是采取设立楷模与模仿（models and modeling）、说服（persuasion）、提供有限的选择（limiting choice）、多方激发（inspiration）、制定法则与规定（rules and regulations）、传统与宗教的教条（tradition and religious dogma）、诉求良心（appeal to conscience）或洗脑（indoctrination）等手段。然而在当今的多元化社会中，态度或价值观的塑造与培养不再是传统的手段所能致之，需要教导审慎思考的技巧，在学习过程中对自己的信念、情绪与行为做自我分析，然后建立自己的价值观。这个策略主要是参照价值澄清法（value clarification）的理念来设计的。实施价值澄清法的步骤可以分为三个阶段、七个步骤（欧用生，1996）：

第一阶段　选择（choosing）

（1）自由选择。

（2）从各种可能选择的途径中选择。

（3）对各种可能选择途径的后果三思后选择。

第二阶段　珍赏（prizing）

（4）重视和珍惜所做的选择。

（5）愿意公开表示自己的选择。

第三阶段　采取行动（acting）

（6）根据自己的选择采取行动。

（7）重复地实行。

🌀 实施的现状

大部分老师是直接以举手的方式来调查学生对某一科目或某一单元的态度、感受和信念的，其最大的好处是省时易做，但是只能当作初步的资料。本策略请学生和大家分享他们态度强度的措施与其立即影响同侪态度的做法则较少听过。

🌀 在实施时需特别注意之处

1. 本策略研发的背景是在欧美小班制的班级，每间教室的空间与大约20个人的班级人数之间的比例可说是相当宽敞，但是，在35到40人的班级要实施时，则不一定是以其原来的步骤，倒是可以考虑加以调整的。

2. 若是要维持原策略的实施方式，可请学生在上课之前就将桌椅排好，并且当学生移动到代表不同意见的位置时，要特别注意噪音与秩序的问题，以免学生趁机聊天或分心嬉耍。

3. 教师要站在催化者的角度，对学生意见不立即批评，促使学生更自由开放地讨论。教师在团体讨论前应有周详的计划，避免讨论被少数人垄断，才能使讨论更生动，使学生产生更深入与广泛的思考。

4. 每次实施不需要太多的叙述句，而是应该着重深入而透彻的讨论与公开护卫的立场，以使学生的态度能借着深思的过程而稳固。

策略 67　认同角色典范

🌀 概要

这个活动通过让学生去提名众所公认的角色典范，并加以讨论其人格特质的方式，来澄清学生的价值观与态度。

🌀 实施的步骤

1. 把学生分为五或六组，并分给每个小组一张白纸和色笔。

2.要各小组由讨论中选出三位与所探讨的主题有关的代表人物。例如，在生命教育的典范上，可能包括海伦·凯勒、作家杏林子（刘侠）、《汪洋中的一条船》的作者郑丰喜等人；又如，在早期天文物理学上的典范人物有哥白尼、伽利略、开普勒等，他们对科学的执着与贡献是该领域的典范。

3.在学生确认了三位知名人士后，要每小组先在白纸上列出他们三位之所以能成为该主题代表人物的共有特质，然后贴在黑板上。

4.重新集合全班，比较各小组在白纸上书写的内容，并要各小组解释为何要做出这样的选择。

5.全班公开讨论同学间不同的观点。

其他变化的方式

1.为了避免引用真实人物而造成不必要的争执，可以请学生选择虚拟的角色或同音异字的人名来讨论，就如时下电视模仿秀节目中所呈现的同音异字的政治人物。

2.由老师发给各小组一份所要探讨主题的代表人物名单，以节省一些摸索的时间，让学生能直接进入主题的讨论。

3.请学生在上课前先上互联网做深入的资料搜寻，以便在课堂上有更深入的讨论。

4.可以在课后请学生在周记或日记上进一步做对照与省思的工作，列出他们当周、当月可以实行出来的事情，以加深学生的学习效果。

适用对象

适用科目：任何科目均可。

适用年级：小学高年级至高中。

相关的学理根据

在一个人成长的过程中，角色典范或角色楷模是一个相当关键的因素，积极、正面的角色典范能帮助儿童建立自信，并在社会上努力奋斗，甚至自己也能成为别人可以模仿的角色典范。通常角色典范就是真实世界中的人物，体坛上的运动明星、演艺界的明星、社会事件中的英雄、自己的父母等，都可以是角色典范。他们带给儿童正面的影响，并成为远离抽烟、喝酒、结党、吸毒等坏影响的力量。而负面的角色典范对一个人的深远影响也比比皆是，例如，在严厉处罚与家庭暴力中长大的孩子则倾向于以攻击的方式解决他们的问题（Woolfolk，1995）[86]。

虽然角色典范可以具有多年的影响，但是单单提供角色典范作目的本身是不够的，角色典范的专业能力是第一个该考虑的标准。老师需要帮助学生观察角色典范在专业上的实况，详细分析细节，并进而由学生本身实行出来。换言之，老师应该乐意并能够与学生讨论角色典范所知道的、所信仰的，并所实行的（Dinham & Stritter，1986）[958]，这就是需要通过公开讨论的过程的基本原因。

在班杜拉（Albert Bandura）的社会学习理论中，学习是借由观察与模仿而来的，因此，有无良好而正确的角色楷模便很重要。我们借着这个活动可以让学生检讨一下他们心中对一些知名之士的看法是否为"一家之言"，全班参与讨论可以让他们容忍不同的声音，也更开阔自己的视野（张春兴，1996）[190-197]。

而在比较各小组认同的内容，要各小组解释选择的原因，并通过全班公开讨论不同的观点的活动设计上，则是参照了价值澄清法的精神而形成的。

● 实施的现状

在传统的生活与伦理或辅导活动的相关单元中，不乏这类的实施经验，但是以往一般的老师比较可能实施的方式是，由一个老师与全班对谈，因为缺少分组公开讨论的设计，学生多元观点的比较与展现的效果则恐怕不如本策略所示。

● 在实施时需特别注意之处

1. 当学生分组找出当代社会中的人物做角色典范时，未必每个人的道德层次都堪为众人的表率，政治人物与明星更是如此，因此需要标明所认同的是他们的哪一个特殊领域，以免误导学生全盘接受。所以，在最后的"全班公开讨论同学间不同的观点"的阶段时，应该特别着重。

2. 如遇到轻浮成性的班级，为了避免自由讨论的结果沦为他们的笑柄，可以考虑由老师提供一份圈选的名单，让他们从中圈选并讨论。

策略 68　射击的火线

概要

这是一个快节奏的活泼策略，适用于多种目的，如考试、角色扮演等。它的特色是持续地让学生以两人一组的方式轮流发言，借此让学生有机会回应别人当场发出的问题或面对各种的挑战。

实施的步骤

1. 老师可以依目的来决定"射击线"的实施方式。例如，在技能的发展上实施的方式有：

   a. 学生可互相考试或练习。

   b. 学生可依指定的情况做角色扮演。

   c. 学生可以互相教导。

   这个策略也可用在其他情况下，例如：

   a. 学生可以访问他人，询问观点和意见。

   b. 学生可以讨论一段短文或名言佳句。

2. 如果班级人数在 20 人以下，可以将椅子面对面地排成两大排，座位要够全班同学坐。如果班级人数在 20 人以上，则可分成四大排，或轮流实施。

3. 再把两边的椅子排成三到五张为一小组，排列方式如下：

   xxxxx　xxxxx　xxxxx　xxxxx

   yyyyy　yyyyy　yyyyy　yyyyy

4. 实施的方式有二：

   (1) 发给每一位坐在 x 排的学生同一张题目卡，内容是一项任务或功课，并由他们请坐在 y 排的学生来回答。题目卡可以使用下面任何一种方式来实施：

   a. 一个访问的主题：例如，问对方："你觉得《红楼梦》中贾宝玉的性格如何？"

   b. 一道测验题：例如，问对方："121 的平方根是多少？"

   c. 一篇短文或引用的名言：例如，问对方："对'天下没有白吃的午餐'这句话的感受如何？"

   d. 要角色扮演的某一角色：例如，要对方扮演一个劝朋友不要沉迷于网络咖啡馆的人。

e. 某种教学任务：例如，要求对方教你何时使用定冠词 the 和不定冠词 a 与 an。

（2）发给 x 排的每位成员一张不同的题目卡，卡片上的题目可以千变万化。例如，老师在教中国传统节日时，可以在题目卡上列出以下哪个中国传统节日属于二十四节气之一的问题：

　　a. 春节。

　　b. 清明。

　　c. 端午。

5. 开始第一个任务。一小段时间后，宣布时间到，y 排的小组成员在小组内向左（或右）轮换座位。x 排则不动。

6. 接着再由 x 排的人指派功课或任务给 y 排完成。依你的题数来决定轮替的次数。

🕊 其他变化的方式

1. x 排与 y 排学生互换角色，亦即由 y 排的人来问问题，x 排的人来回答。

2. 在某些情况下，也可以给每个 y 排小组成员相同的任务。在这个情形下，也许 y 排学生要应 y 排同组成员的要求来完成同样的任务。例如，某生可能要扮演某角色好几次，每次都是用不同的声调或剧情来演出。

🕊 适用对象

适用科目：任何认知类学科均适用。

适用年级：小学四年级至高中。

🕊 相关的学理根据

本策略基本上是根据合作学习法中的互相考问法的精神来设计的。它通过学习过程的促进者（facilitator）先提供基本的指引，接着由学生自发性地有口头上的互动。这里的促进者一般是班级授课老师、小老师，也可以是其他学生。在这种学生口头回答的过程中，不管是由学生独自完成或有别人帮忙，都有助于学生对教材内容的复习、重组与澄清，让学生在口头上复习并再次思考新教的教材，对于学习效果的内在化（internalization）极有帮助（Muskingum Colllege, 1998）。

互相考问法适用于很多的学科与教育阶段，甚至到大学阶段都可以适用

(King，1990）。它并不需要特别的教材或评量的方法，通常是在老师授课完毕之后，学生以两人或三人一组的方式来针对教材内容做相互问答。老师通常可以提供像下面范例的题干（question stems）给学生：

(1)"你会怎样使用……去做……？"
(2)"请举另一个……新的例子！"
(3)"请说明为何……？"
(4)"……与……为什么会相似？"
(5)"如果……的话，你觉得会发生吗？"
(6)"请说明……的优点与缺点。"

然后由学生套用题干来自己出题，接着轮流来问答。通常这种互相考问法的成效会比传统的小组讨论更有效。因为对教材有更深入的思考与复习，对自己的学习过程也能进行有效的监控（Woolfolk，1995）[380-381]。

实施的现状

自小学到高中阶段，常常可以看到在考试前有一些老师会腾出一段时间让学生彼此互问，或是在自习课的时候由邻座的学生自发性地互问。但是像这个策略要先搬动桌椅，双方人马面对面互问的情形则是很少见的。

在实施时需特别注意之处

1. 学生可能会太兴奋，以至于音量失去控制而影响隔壁班级上课，所以可以搭配实施每一组音量与秩序的小组竞赛，以求压低音量。
2. 课桌椅的安排可以在上课之前就安排好，以免浪费上课时间。
3. 老师应该勤于在行间巡视，以免学生借机闲谈。

策略 69 全神贯注地观察与回馈

概要

在角色扮演或技巧演练的场合中，一般的步骤是要一直等到表演结束之后，才要求观察者提供回馈。而这个策略是给表演者即时的回馈，并让观察者在表演过程中一直全神贯注。

🌀 实施的步骤

1. 设计一个角色扮演的活动，让某些学生练习一个技巧，其他学生来观察他们。

2. 提供一张有具体的正向行为与负向行为的检核表给观察者。

3. 告诉他们当表演者出现预期中的正向行为时就给他一种信号；当不想要有的行为出现时，就给他另一种信号。可以使用的信号如举手、吹口哨、弹手指、比出 V 形双指或拍手。

例如，英语会话课的学生可以利用这个教学活动来练习语法。

(1) 老师准备几种不同的情境，让参与角色扮演者从帽子中抽签挑选其中一种情境。

(2) 在角色扮演开始前，大家约定对错误的语法给予一种特定的信号（如弹手指），而对于正向的语法则给予另一种信号（如比出 V 形双指）。

(3) 两人英语会话的角色扮演开始后，如果出现一个语法错误，观众可以弹手指；正确则比出 V 形双指来给予正向的回馈。

(4) 为了避免过于频繁的干扰，有一种变化的方式是每分钟汇报一次，提供一般的评量（弹手指或比出 V 形双指的次数）或立即给予指正。

4. 向全班说明，这些信号的目的是给予表演者即时的回馈。

5. 实际角色扮演或演练技巧。

6. 和参与者讨论他们的表演经验，以了解即时的回馈对他们是有帮助或是有妨碍。

🌀 其他变化的方式

1. 可以让观察者使用一些信号（如吹口哨），去暂停角色扮演的动作，以便问问题或给演员更详细的回馈。

2. 将角色扮演的过程录下来，在拍摄过程中，不允许任何立即的回馈；等到重播让学生观看时，才使用已约定好的信号来回馈。

🌀 适用对象

适用科目：任何需要角色扮演或技巧演练的单元科目均适用。

适用年级：小学高年级至高中。

相关的学理根据

美国的教育心理学家班杜拉是以其社会学习理论（social learning theory）而为众人周知。这个理论强调通过观察别人的行为来学习。本策略则是根据班杜拉所提倡的观察式学习（observational learning）的理念来设计的。在他于1986年提出的这套理论中，他认为学习的过程要具备四个重要因素或阶段（Woolfolk，1995）[220-223]：

(1) 注意（paying attention）：通常我们对有吸引力的、很时髦的、能力超强的或景仰已久的人物会特别注意，就像年幼的学生会注意父母、兄姐或老师，年长一点儿的学生会注意意气风发的平辈或明星等。如果是在教学上，老师必须清楚交代，并强调教学重点，才能确保学生注意到该单元的关键内容。如果是在操作车床或缝纫机的技能观摩上，老师就需要请学生在他肩膀的背后来看，同样的操作角度会让他们的学习变得容易一些。

(2) 保留信息或印象（retaining information or impressions）：只有记牢扮演者的行为才有可能去模仿，所以需要口头复诵步骤（如制作甜脆梅的口诀：青梅→揉盐→拍裂→浸盐水→漂水→阴干→第一次糖水腌渍→倒掉糖渍液→第二次糖水腌渍→第三次糖水腌渍→贮存熟成→成品），或是有可以参考的图案，或者是口头复诵步骤再加上图案参考，都能有助于记忆。此外还可以通过在脑海中的模拟练习或是实际练习来帮助记忆，使每个行为的关键步骤及其顺序都能记起来。

(3) 产生行为（producing behaviors）：就算是已经了解并记得一个行为的要件或步骤，也未必能顺畅地表现出来，有时候还要做很多的练习、回馈与指导，才能掌握住微妙之处。在这个阶段中，如果学生具有自信心，就会更有动机将习得的行为表现出来。

(4) 想去重复所习得的行为（being motivated to repeat the behaviors）：正增强的设计对观察式学习有重大的影响，如果预知会有奖赏或正增强的话，学生会更专心去记忆并表现出来，并且，还能继续维持所习得的成果。

班杜拉的理论用在教学实务上，常常是以做榜样或示范的方式来教新的行为，诸如跳舞、运动、工艺、家政、化学实验等科目中的技能教学，也可以用观摩榜样的方式来教思考的技巧，扩大思考的视野。例如，可邀请另类成功的事业家来校演讲，让学生进一步观摩其行为与思考方式。而值得注意的是，研究指出，做榜样的人如果是学生的平辈或同学的话，不仅可以让学生在学业成就上表现更好，还可以同时培养对自己学习能力的信心，兴起"舜何人也，禹何人也，有为者亦若是"的胸怀。例如，对缺乏自信的学生而言，若是有一个低成就的同学一直努力不懈，最终把教材学会，这样的人就是一个很值得模仿的典范（Woolfolk，1995）[223]。

本策略主要是通过观察表引导学生的注意力、记忆步骤，并在练习与回馈中帮助学生掌握微妙之处。而在最后的步骤中，和参与者讨论他们的演出经验，更是根据后设认知的理念而发挥的，是少见却值得推广的设计。

实施的现状

角色扮演的实施在中小学阶段并不陌生，在很多教学单元中常常可以看到应用的例子，但是，通常是在学生演出告一段落后，再由老师来讲评。而在英语教学的场合中，偶尔会由老师请一些学生上台根据背诵的课文来演练，然后由台下的学生拿课本对照台上人的对白是否完全符合课本内容，如果有记不起来或者是讲错的地方，通常会有台下的学生热心提供暗示，或暗示该表演的动作。

除此之外，本策略强调由观众提供即时的信号，让表演者在演出的过程中获得即时的回馈，在其他科目中可算是很少见到的例子。这个设计不只能帮助学生更投入观察的过程，以落实班杜拉"观察式学习"的理论，更能帮助扮演者从即时回馈中立即调整自己的心态与表现。

在实施时需特别注意之处

1. 为了避免当观众的学生借着提供即时信号的机会而故意玩闹，可以在事先提醒将观众的表现也纳入平时评量的依据。

2. 列出正向行为与负向行为的检核表要精简扼要，不必列出太多项目，以免学生走马看花，反而不能即时提供回馈。

3. 可以在"和参与者讨论他们的演出经验"时，郑重表扬表演者的贡献，指正态度轻忽的地方，以使每个人都能有所学习，并在下一次实施时能勤力以赴。

策略 70　自在的角色扮演

概要

这个策略是由老师扮演主角,全班负责提供对角色的意见,以及设计剧情发展的方向。这样的方式可以降低角色扮演的威胁性。

实施的步骤

1. 先设计一出戏,在戏中你可以示范你所想要求的行为。例如,你要如何帮助一个悲伤的人。

2. 告知全班你在这出戏里会担任主角,而学生的工作是帮助你来处理一些状况。

3. 指定一名自愿者来扮演在这个情境中的对手(例如,一个悲伤的人)。让那名学生先读剧本,以帮助他融入角色。

4. 开始演这出戏,但要常常停下来,要其他学生给你一些回馈及指示,以作为情节进展的依据。你要鼓励学生提供一些具体的台词给你。例如,在一个特定的时间点,你可以问:"接下来我该说什么?"听听观众的建议,并从中选一个来试验。

5. 继续角色扮演,那么学生会逐渐增加对剧情的指导,虽然是由你来担纲演出,但是学生还是可以有感同身受的技巧练习。

6. 扮演结束后,公开表扬自愿上台的表演者,并举行全班性的讨论。

其他变化的方式

1. 使用相同的步骤,但是,这一次是要观众指导自愿的同学来演,而不再是由老师来演。因为学生已经先看过一遍,所以这时候由学生自己来扮演双方,应该能驾轻就熟。

2. 用摄影机录下整出戏,放映,并和学生讨论在剧中一些特定的地方是否还有其他的反应方式。这种设计能帮助学生发展出多元的观点。

适用对象

适用科目:生活与伦理、辅导活动、中小学课程综合领域中任何可采用角色扮演的单元。

适用年级:小学至大学。

相关的学理根据

本策略是根据角色扮演的理念来设计的,一般人所提到的"角色"本来只是指戏剧舞台上所扮演的剧中人物,而角色扮演是要指导学生运用戏剧的"动作、声音、角色、表情、心像"五大元素,来表达戏剧角色或心中自我的情感与图像。

1935年,美国社会学家米德(George Mead)最先将"角色"一词引介到社会学的领域中,后来逐渐发展形成角色理论。从角色理论的观点来看,社会中的人是他所扮演的各种角色的总和,一个人就是通过扮演各种角色来了解社会上各种行为习惯和行为规范的。角色扮演一般包括"角色认知"与"角色实践"两方面:角色认知是扮演者对角色规范和角色要求的认识和理解;角色实践则是在一定情景下,扮演者进行角色扮演的实际过程或活动。

虽然角色扮演法在大学这一层次的日常教学上较少运用(Newble & Cannon,1995),但是在工商训练与中小学的学校教学上的运用非常普遍。它在教学策略的领域上所占的地位是非常重要的,美国的学者切斯勒和福克斯(Chesler & Fox,1966)认为角色扮演在教育与训练上至少有13种优点:

(1) 它能让学生表达出内在的感受。
(2) 它能让学生讨论私人的议题与问题。
(3) 它能让学生对别人有同理心,并了解别人的动机。
(4) 它能对不同的行为类型做练习。
(5) 它能描绘一般性的社会问题,也能展现出正式与非正式的人际互动。
(6) 它能让平铺直叙型的教材(如历史、英语、地理)有生命力与切身感。
(7) 它能让沉默型的学生有机会,并强调非语文的反应与情绪的反应。
(8) 它能借活动的方式引起学生动机并产生效果。
(9) 它能给演练者与老师快速的回馈。
(10) 它是以学生为中心,能切入受训者的需求与关切,也能让学生控制所扮演的内容与速度。
(11) 它能改善训练与真实生活的落差。
(12) 它能帮助学生改变态度。
(13) 它允许对感受与情绪控制的训练。

此外,戴夫·奥尔登(Dave Alden,1999)根据其实施经验,还认为角色扮演对于扮演内容的理解在长期记忆上有其独到之处。总之,在针对当今教育改革基本能力的诉求时，实施角色扮演的教学策略在培养学生的表达、沟通与分享的基本能力上，确实有其不可或缺的功用。

实施的现状

九年一贯课程强调统整与协同的精神，在教学实施上更主张配合儿童的身心发展需要，发挥教师专业自主，采用活泼多元的教学方法，提高儿童学习兴趣和成效。将角色扮演教学法运用于综合领域的教学时，更可扩展儿童的生活知觉，丰富儿童的学习。目前在中小学适用的时机大多是实施在"非升学的科目"中，或是没有教学进度压力的时段（如段考结束后），而实施的方式通常是由学生直接来扮演，像本策略是由老师担纲来扮演的方式，则未曾听说过。而本策略这种实施的方式，在拉近与学生的距离上、在疏解学生扮演的压力上与在亲身示范的层面上，都有其独到的效果，值得有兴趣的老师加以参考。

在实施时需特别注意之处

1. 很多人对角色扮演有一个不正确的刻板印象，认为它不过是好玩、吵吵闹闹、容易消磨时间的手段、学生不能学到东西等。其实，如果在角色扮演结束后，能公开举行全班性的讨论，从后设认知的角度来回顾整个扮演的过程，对学生的帮助将是难以估计的。

2. 在初次实施角色扮演时，秩序问题是亟须克服的障碍，需要在实施之前先预备学生的心态，将游戏规则定好。

3. 为了帮助学生脱开好玩与纯粹看戏的心态，可以请学生至少要列出优缺点各一个，以便最后讨论时能言之有物。

策略 71　三重的角色扮演

概要

这个技巧是延伸传统的角色扮演法，让三个不同的学生在相同的情境中先后扮演，比照并对照个人风格的变化，以培育出学生的多元观点。

🌀 实施的步骤

1. 请一个自愿者来帮忙示范在某个情境中的表演技巧，例如，一个学生跟老师争分数的情境或是两个学生之间借贷纠纷的情境。

2. 设计一套剧本，并向全班说明。原则上，在剧本中不需要逐字逐句的对白，只需要提供故事大纲或情境的主要脉络即可。

3. 准备要在台下当观众的学生，请他们事先预备好一张白纸，以便对扮演的过程做记录。

4. 在全班中选四位同学去扮演剧中的角色，指派一个人（如老师）扮演主角，并告诉剩下的三个人（如学生），他们全部将轮流扮演配角。

5. 要这三个轮流扮演的自愿者离开教室，并决定他们要参与的顺序。当准备好了时，请第一个自愿者进入这间教室，并且开始跟这个主角进行表演。

6. 三分钟后喊停，要第二个自愿者进入这个房间，重复同样的过程。这时候，第一个自愿者仍可以停留在这间教室当旁观者。第二个自愿者过了三分钟之后，第三个自愿者继续重复这个剧情。

7. 在扮演结束时，马上进行全班讨论，要班上的同学借由比较并对照这三个自愿者的风格，找出哪些技巧是有效的以及注意哪些是可以改进的地方。

🌀 其他变化的方式

1. 若不采取全班讨论的形式的话，可以把全班学生分成三组。每组都分到一个刚才的演员，每组的人要给他支持性的回馈。这种做法能降低公开比较三个演员所可能产生的困窘。

2. 面对一个比较大的班级时，可以把这个班分成三组。依照本策略的轮替原则，三个自愿者在这三组中轮替演出。然后全班集合起来，比较并对照这三种风格。

🌀 适用对象

适用科目：任何需要角色扮演的单元科目均适用。
适用年级：小学中年级至大学。

🌀 相关的学理根据

教学策略主要可以粗略分为两大取向，也就是以老师为主的取向与以学生为主的取向。前者是根据行为主义的精神而发展出来的；而后者则是植根于建构主义的理念。在以学生为主的教学取向中，有很多教学方式，诸如讨论法、合作学习法、角色扮演法、发现式学习法、问题导向的学习法等。

本策略主要是根据角色扮演的理论来设计的，老师的角色是引导者或学习的促进者，而学生通过实际的行动来解决问题，进行的方式通常先是确认问题，实际扮演，然后是事后的讨论。实施角色扮演法的目的可以分为四方面（Joyce et al., 2000）[60]，主要目的是让学生有合适的机会来：

（1）探索他们的感受。
（2）对他们的态度、价值观与认知有深入的洞察。
（3）发展他们解决问题的技巧与态度。
（4）以多元的方式来探索或呈现学科的教学。

而在本策略中，借着三重角色扮演的设计，每个人的独特扮演风格与思考方式在扮演的过程中显露无遗，这是让学生在最自然的方式下体验多元社会与多元观点的机会，尤其是在角色扮演完之后的讨论阶段，借着全班集体式讨论、围成圆桌的小组讨论或两个一组的讨论，上述四方面的目的就自然能在教学情境中达成。

此外，美国哈佛大学心理学家霍华德·加德纳（Howard Gardner）于1983年出版了《智能的结构》（*Frames of Mind*）一书。在书中他提出多元智能理论（multiple intelligence），亦即语文、逻辑—数学、空间、肢体—动觉、音乐、人际与内省这七种多元智慧。从多元智慧的角度来看，通过角色扮演的方式，可以模拟并探讨冲突管理、鼓励同伴间的经验分享、尊重个别差异与培养多元观点，人际智慧的培养就不再是空谈或遥不可及的理想了。

实施的现状

在大专院校的专业咨询课程中，常常可以看到这种多元化的角色扮演方式。而在中小学阶段，综合领域中相关的教学主题，如自我探索与人际关系等，则偶尔可以见到实施角色扮演的例子。但如本策略所提到的三重角色扮演的设计，则是罕有人实施。

在实施时需特别注意之处

乔伊斯、威尔和卡尔霍恩（Joyce, Weil, & Calhoun, 2000）认为实施

角色扮演要注意的地方至少包含：

(1) 在征求自愿者时，老师对情境要有所控制，选择的标准包括：
　① 涉入问题的当事人。
　② 表达其需要被探索的态度者。
　③ 需学习去确认正反双方角色的人。
　④ 不会对该角色直接就有"成年人取向的解释"的人或不是直接采取"社会上可接受的解释"的人。

(2) 对扮演者只给场景进行大纲，不必预备特别的对话。

(3) 不应期望有圆满的戏剧效果，也不应期望每人总会知道如何反应，要牢记演出是为了后面的分析与讨论。

此外，戴夫·奥尔登（Dave Alden，1999）[127] 还提出其他该注意的地方：

(1) 要给观察的学生具体的观察任务与思考任务。

(2) 在学习过程中，最重要的是一定要有讨论的段落来回顾。

策略 72　角色轮换

概要

这个活动是让每个学生都有机会以角色扮演的方式来练习生活中的一些技巧，并借着扮演过程中的观察与扮演后的讨论而有多方面的学习。

实施的步骤

1. 将班上学生分为三人小组，小组和小组之间尽可能有最大的空间。

2. 发给学生已探讨过的主题清单。

3. 要每个三人小组针对主题清单来设计三份真实生活的剧本。

4. 要各组将他们的剧本分别写在三张不同的纸上，接着每组派出一个组员加入下一组去发表剧本。在他读剧本时，若有需要则可加以解释，或提供额外的信息。

5. 在角色轮换的基础上，三人小组的每个成员都要有机会练习扮演主要角色（如父母亲）、次要角色（如小孩）及观察员。

6. 每一回合要包括至少 10 分钟的角色扮演，5 到 10 分钟观察员的回馈。你可以根据你上课的时间限制、主题及学生程度来决定每一回合的长短。

7. 在每一回合中，观察员应注意分辨主角有哪些地方真的表现得很好，有什么要做改进的地方。

8. 在每个人都扮演过主角后，重新集合全班以讨论活动中主要的学习重点，以及从活动中得到的收获。

其他变化的方式

1. 由老师自编剧本，而不必让学生来设计，这样能控制基本的剧本品质。
2. 准备一份观察员检核表，列出观察员必须注意观察的重点。

适用对象

适用科目：任何需要角色扮演的单元科目均适合。
适用年级：小学高年级至高中。

相关的学理根据

戴夫·奥尔登（Dave Alden，1999）认为，角色扮演至少有两种实施的方式，在最常用的开放式（free form）中，扮演者是根据当时的情境来演出，演出角色的特性是事先由老师设定的，这种方式的角色扮演有可能会让学生迷失或不知所措，或是让老师觉得扮演的过程失控，与老师预期的方向与主题不同，以至于师生双方对这类角色扮演觉得不自在。另一种的角色扮演则是根据剧本来演的方式（scripted role play）。这里的剧本不是指要像舞台剧那样需要复制每一句事先套好的对话，而是指有一系列的指示，告诉演出的人要如何互动，只是额外附录一些关键性的对话请演出的人在重要的时机说出。

根据剧本大纲的角色扮演比开放式的角色扮演还好的地方有两个：

第一，在整个角色扮演的过程中，有清楚的指示与指导语，这对不习惯角色扮演的学生而言是很重要的。

第二，老师会觉得对角色扮演的品质更有安全感，不至于偏离预设的主轴，这对首次考虑要实施角色扮演的老师而言，更重要。

实施的现状

中小学实施角色扮演时通常是只有一组演出人员在讲台上，或在教室中间实施。在本策略中，以三人小组为一单位的方式来实施，除了英语会话的相关练习与综合领域的辅导活动有可能实施之外，其他领域则较少听说过。

而在班级管理的领域中，有中小学实施过每两周（或一段固定的时间）更换一次班级干部的做法，让更多学生有机会来扮演班干部的角色，一方面能培育同理心，另一方面也能在扮演期间有更多创意的演出。虽然与本策略所立论的在当周教学进度内完成角色轮换，在时间的长短上有显著的不同，但是设计的精神则是遥相呼应的。

再者，在一些有实验课的科目或教学单元中，有些老师也会将学生分组，每一组三至四人，每个人在每周扮演的角色都不一样，如小组长、化学家、分析家等，学生不可以私下授受角色，在合作学习的精神中来进行学习，让每个人都有机会练习扮演主要角色、次要角色及观察员的设计，使每个人都能真正参与。

在实施时需特别注意之处

虽然角色扮演是以有趣的方式让学生有机会表现他们的才干与优点，但是，老师在实施之前还是需要注意下列地方（Rose，1999）：

第一，不可过度使用角色扮演的教学法，只有当单元教学目标能通过角色扮演法有最佳效果时才用，而就算是这样，如果太常用的话，学生还是会觉得厌倦。

第二，老师要事先规划好角色，使之成为有价值的学习经验，而不是一场闹剧。实施角色扮演时要鼓励学生有创意的演出，但是要给他们一些架构而不至于离题，所以在实施之前还是要提醒他们角色扮演的目的何在，给他们提供一些引导性的问题不失为可行的方式。

第三，老师要确认实施角色扮演所需要的东西（如服装与道具），都能方便取得。此外，学生也要有时间去搜集这些东西。

因为本策略是以三人小组为一单位的方式来实施，很容易造成彼此干扰，或是产生整间教室音量过大的现象，而影响隔壁教室上课，因此，班级秩序的维持是不可忽视的要务。

策略 73　示范演出

概要

这个方法让学生有机会经由示范的方式，去练习在课堂上所教过的一些特殊技巧。示范方式通常是角色扮演的另类呈现，学生将会有足够的时间去设计他们自己的剧本，并可自己决定他们要如何在班上展现这些技巧，所以比较不会造成学生心理上的压力。

实施的步骤

1. 在某个主题的学习活动之后，找出学生能实际运用所学技巧的情境。
2. 根据演出一出戏的演员人数来分组。一般而言，是二人一组或三人一组。
3. 给每个小组 10 到 15 分钟去设计一个特定的剧本，来诠释或铺陈现实情境。
4. 每个小组也要决定他们将如何当众示范演出这些技巧，要让他们有 5 到 7 分钟来练习。
5. 每组轮流表演直到下课，并且在每组表演完后要给予立即的回馈，以便使接下去表演的小组能避开一些可能犯错的地方。

其他变化的方式

1. 除了实际扮演的人以外，可让每组加入更多成员，并让他们担任编剧、导演、技术指导等。
2. 老师可设计特定的剧本，并指派给特定的小组来示范演出。
3. 可以在表演结束后，请大家票选哪一组的表现最好，哪个人或哪一组让大家学到最多，以营造欢乐的学习气氛，并且还可以让学生今后对这类示范演出更认真投入。

适用对象

适用科目：任何科目均可。
适用年级：小学高年级至高中。

相关的学理根据

布鲁姆（Bloom）与其同事在 1956 年对认知类的教学目标予以分类，其层次由浅到深可以分为：知识（knowledge）、理解（apprehension）、应用（application）、分析（analysis）、综合（synthesis）及评鉴（evaluation）六个层次。精熟前一层次的认知目标是达到后一层次的前提，连续性和阶层性是其最显著的特色。本策略要学生能实际运用所学技巧到新的情境中，这就会让学生从单纯的听课境界，提升到深入去理解、应用、分析、综合并评鉴的境界，而其目的则是要培养学生带得走的能力，让学习迁移的理想境界能自然发生。

此外，本策略强调当众示范演出所学到的技巧，让示范者和观察者都有相对的学习。这种观察式学习（observational learning）又称为社会学习理论（social learning theory），基本上是一种认知的取向，是借着观察别人的表现，而得知在特定的环境中该如何做。一般而言，观察式学习本身有几个引导性的原则（Bandura，1986）：

(1) 如果示范者具有一些别人想要的、能吸引人的特质，如才干、聪明、权力、美貌、人缘等，那么观察者就会模仿示范者的行为。

(2) 观察者会以示范者被对待的方式来决定是否模仿示范者的行为。换言之，当示范者的行为被酬赏时，观察者很可能会复制他的行为；而当示范者的行为被惩罚时，观察者就不太可能会复制同样的行为。

(3) 观察者学得一种行为与展现出那种行为之间是有差距的，通过观察的方式只能说学会了，要到日后的情境有一些诱因出现时，观察者才可能展现所学会的行为。

(4) 观察式学习的过程有四大阶段，亦即注意（attention）、记忆（retention）、复制（production）与动机（motivation）：

① 注意阶段：观察者要注意到周遭所发生的才有可能学到，这个过程是受示范者与观察者的本身的特质所影响，就如示范者的吸引力、观察者的期望水平和情绪上觉醒的程度。

② 记忆阶段：也称为保留阶段，观察者不仅要明白所观察的行为，也要在稍后的时间中记得住。这个过程与观察者本身是否能把看到的信息用易记的方式来处理的能力有关，有时也与观察者是否能在脑海里或行动上练习示范者的行动的能力有关。

③ 复制阶段：观察者必须在脑海里与在行动上能复制这个行动，在很多情形中，观察者会有哪些必需的反应，但是有时候复制示范者的行动是需要观察者还不会的一些技能，就如注意观看

马戏团魔术师的表演是一回事，回家后要复制那些活动则是另一回事。

④ 动机阶段：一般而言，观察者有动机或其他诱因时才会做出那个行动，所以，对示范者与观察者而言，增强或处罚的出现在整个过程中都是最重要的。

(5) 注意与记忆导致对所示范的行为的学习或获得，而复制与动机因素则控制其表现。

(6) 一个人的发展是他这个人与其行为和周遭环境之间复杂互动的一个反映。这三个元素之间的关系是互相影响并决定（reciprocal determinism）的。首先，一个人的认知能力、生理特质、人格、信念、态度等，都会影响其行为与环境；其次，一个人的行为会影响他对自己与对别人的感觉、态度与信念；最后，我们所知道的很多东西都是来自环境中的电视、父母与书本，而在环境中所看到的也能有力地影响行为。

而观察式学习对学校教育的冲击至少可以从三方面来看：

(1) 课程安排上：学生必须有机会观察、表现能导致正增强的行为。

(2) 教学活动上：老师必须鼓励合作式学习，因为大部分的学习是在其中的社交脉络与环境脉络中学到的。

(3) 教学评量上：某一行为学到之后，如果没有合适的环境就不会表现出来，所以要提供诱因与支持的环境使其发生，否则评量结果就不准确。

实施的现状

比较常见的是在社会领域里的相关单元中，有些老师会安排学生以分组的方式来表演，尤其在小学阶段，因为没有严重的教学进度压力与升学压力，比较多的老师会尝试本策略所描述的示范演出。但是，因为小学阶段的班级人数比较多，所以在分组时，每一组的人数会比较多。

在实施时需特别注意之处

1. 如果上课时间很有限，而学生表演的组数很多，可以在前一次上课结束后，请学生在课余时间先分组设计剧本并排练，以方便时间的掌控。

2. 如果分组的组数太多，或是每组表演的时间不易控制，最好找连续两节上课的时间来实施，以便连中间的下课时间也可以灵活运用。

3. 为了避免学生因情绪亢奋而秩序失控，可以设计适当的学习单，请学生填写各组的最优与最差之处。此外还可以采用秩序方面的小组竞赛，由老师直接在黑板上管控每组的上课秩序。

策略 74 无声的示范

概要

这个策略适用于要教有明确步骤性的单元，借着尽量在无声的情形下示范整个过程，可以刺激学生保持头脑灵活度。

实施的步骤

1. 挑一个具有步骤性的主题。这些主题可能是类似于下列项目中的一个：
   a. 使用一个计算机的应用软件：例如，在微软公司的 Word 文档编辑软件中插入图片，并调整其大小及明暗度。
   b. 使用实验的设备：例如，将口腔细胞放置于载玻片上，加上盖玻片并置于显微镜下，利用粗的与细的调节轮来调节，直到能清晰看见口腔细胞。
   c. 操作机械：例如，利用车床机，做出不同形状的螺丝。
   d. 进行急救：例如，用充气娃娃来进行对溺水者的急救步骤。
   e. 解决一个数学问题：例如，以"交叉相乘"的方式解出联立方程式。
   f. 寻找参考资料：例如，在网络上利用搜索引擎，以"关键词"搜寻的方式查到资料。
   g. 绘画及其他艺术呈现的方式：例如，以水墨晕染的技巧，绘出啄米的小鸡一图。
   h. 修复器材：例如，更换烧坏的保险丝。

2. 要学生注意看老师示范的全部过程。只要做就好，不要解释或讲评你所做的及这样做的理由，因为这个步骤只是要先建立学习的准备度。

3. 将学生分成两人一组。

4. 示范过程的第一步骤，同样也不要解释或评论，要每组彼此讨论在你示范过程中所观察到的（假如向他们解说你的示范步骤的话，他们就没有机会去思考，这不是要故意卖关子，而是刻意安排的情境）。

5. 找一个自愿者来解释你所做的。学生若无法解释，老师就再示范一次。若他们观察正确，就予以肯定。

6. 让每组彼此练习过程中的第一步骤，因为学生在之前的观察中一直是全神贯注地思考其意义，这时候有机会练习，就会感到每一步骤都非同小可，学习的态度就会格外专注与慎重。

7. 当学生熟练之后，仍用无声示范的方式来进行下一个步骤，接着还是让学生两两练习。

8. 最后让学生在没有任何帮助之下，以小组的方式完成整个过程。

9. 老师在各小组练习时必须要在行间巡视，并于各小组完成之后任意抽签请学生从头示范一次。

其他变化的方式

1. 可以由老师以最快的速度做一次无声的示范，然后问学生是否看清楚并知道每一步骤的意义，如果学生都清楚的话，就可以由学生来练习；如果学生看不清楚或不了解的话，可以放慢速度再示范一次，依此类推。

2. 如果该项单元并无危险性的话，也可以让学生在老师示范前先试做。鼓励他们去猜测，犯错也无妨。如此一来，学生就能马上全神投入，然后让学生观看你的示范。这里所提到的让学生猜测是很重要的设计理念，因为这不但可以帮助学生集中注意力，更是一种推理训练。

3. 如果有的学生比其他人更快上手，就可以让他们加入"无声的示范者"的行列中。让他们跻身于小老师的行列是对他们的积极肯定，也可以让全班的学习情绪提升。

4. 可以将学生分为两大组，第一组采用放声思考（think aloud）的方式，一边由老师示范某种作业（如使用显微镜来观察一片叶子），一边说出自己内在的思考状态，并由学生记录步骤的重点。第二组则由学生以尝试错误的方式，让学生一边自行操作，一边说出自己的思考状态，并由该组学生记录步骤的重点。然后集合全班，比较两组所做的笔记有何差异，并讨论差异的原因。这属于 20 世纪 70 年代以后的认知心理学与人工智能领域常用的工作分析法及知识工程法（knowledge engineering approach）的另一种应用。

🌀 适用对象

适用科目：只要是有明确步骤性的单元的话，任何科目均可。
适用年级：初中至高中。

🌀 相关的学理根据

1. 心理学家桑代克（Robert Thorndike）认为学习历程中有三大法则会影响刺激与反应能否建立，亦即练习律（law of exercise）、准备律（law of readiness）、效果律（law of effect）。准备律是指刺激与反应之间的联结，随着个体身心准备状况而异，如果个体在准备反应（如需求）状况下任其反应时，将因反应而获满足，若个体有过满足的经验，以后在同样的情况下将会出现相同的反应（张春兴，1996）[182]。

2. 放声思考是一种后设认知教学策略，教师可借由此法将自己的解题技巧与认知历程传授给学生，是一个能将专家的知识与经验有效地教导给生手的好方法；而且，比较专家与生手的差异，亦是一种教学策略，借此老师可让学生了解他们与老师有何不同（张春兴，1996）[240]。

3. 这套教学策略基本上是融入发现式学习（discovery learning）的精神，既能引导学生主动自发地学习，又能维持学习的动机。

4. 这套教学策略所提到的步骤性教学，在大部分的情况下就是指技能学习，而技能类的学习通常是需要经过认知期、定位期与自动期这三个阶段。通常在认知期中是由老师来讲解并示范，或是由学生自己看说明书或使用手册，以进行分析和了解，经认知而练习，因练习而进步（张春兴，林清山，1998）[97-100]。然而采用无声示范的设计，则可以在一开始就强烈地激发学生产生学习动机。

🌀 实施的现状

这个策略基本上很少被教育界使用，因为在升学与赶教学进度的压力之下，一般老师都是采取一边示范、一边口头讲解的方式进行。也曾有数学老师在数学解题上套用"老师无声示范、学生两两讨论、领悟者上台示范演算并说明"的流程，但通常是用在有班会与周会时段的导师班。

🌀 在实施时需特别注意之处

1. 对学业上的低成就者而言，他们能闷声观察的时间不见得很长，所以，刚开始实施时，可以依照他们的程度来设计难易适中的单元，以免他们因为缺乏先备知能而无从猜起，进而感到无趣，甚至就私下分心做别的事了。

2. 如果学生经过观察之后仍然无法猜出每一步骤的内涵，仍可以由老师再无声示范一次，但是动作可以更夸张一些，或是加上其他肢体语言的辅助，以提供一些额外的情节上的线索来刺激学生的思考。

策略 75 演练小组

概要

这是一个与学习伙伴共同演练各种技巧或步骤的简单策略，目标是要确定两个学习伙伴都能熟练使用该技巧或执行该步骤。

实施的步骤

1. 选一套你要学生精通的技巧或步骤，例如，以笔算的方式来解平方根。
2. 将学生配对分组，每组分配两个角色，并说明他们的角色任务：
   a. 解说者（或示范者）：说明（或示范）如何表演所指定的技巧，或执行该步骤。
   b. 检核者：验证所做的说明（或示范）是否正确。
3. 开始进行步骤或技巧的演练。若有需要时，则予以鼓励并提供指导。
4. 组员角色互换，给新解说者（或示范者）其他需要表演的技巧或执行的步骤。
5. 持续整个过程，直到所有的技巧都演练过为止。

其他变化的方式

1. 采用复杂的技巧或步骤。先由解说者（或示范者）执行一个步骤，再让另一组员执行下一个步骤，直到整个步骤程序完成。
2. 当小组完成他们的演练后，安排他们在其他小组面前示范。

适用对象

适用科目：任何科目均可。
适用年级：小学高年级至高中。

相关的学理根据

澳大利亚学者鲍德、科恩和桑普森（Boud, Cohen, & Sampson, 2001）[4]认为同侪学习（peer learning）"不管是正式还是非正式的方式，学生彼此从别人那里学习（学自己所不会的东西）并与别人学习（我们彼此都不会，所以借着一起讨论或写作业来学习）"。他们强调学习的情境脉络、情绪支持的重要性与学习任务本身。这种教学策略通常需要经过"尝试错误"的过程，其教学效果不见得能马上看得到。在同侪学习的领域中，通常有两种常用的方式，亦即：

（1）设计一些需要合作与分享的活动，以强调同侪学习的价值。
（2）设计一个安全而无歧视的文化环境，有安全的界线与游戏规则，能使彼此之间的沟通不被打断。

此外，同侪互教（peer tutoring）则是与同侪学习的理念相呼应的教学策略，在实施上最常见的是全班性的同侪互教（classwide peer tutoring, CWPT）。厄特利等学者（Utley et al., 2001）认为CWPT是高度结构化的教学策略，把要练习的教材都包括进去了，让学生有很多练习的机会，因为学生必须主动投入学习，而不是被动听课；而教学的安排则是为了在教室内引发学生最大限度的参与。他们认为CWPT有四大要素：

（1）老师决定要互教的教材内容，包括口头的与书面的技能练习，例如，要大声宣读、拼字、写作、背诵数学公式等。
（2）在同一间教室的学生必须以两人小组的方式进行学习。
（3）受教的学生犯错的时候，施教的学生要提供即时且正确的回馈。
（4）要有个别与小组的增强：当受教者答对时要给予鼓励，而当该两人小组赢得最高荣誉时，老师在口头上也要予以认可，并接受其他小组的欢呼。

CWPT的教学策略让所有的学生都能在两人小组中一起工作，在每周的开始时，全班的学生开始分成两人小组，每个学生在每组中都同时扮演着施教者（tutor）与受教者（tutee）的角色，而且可以进一步把两人小组分成两大队伍，如蓝队与白队来对抗。在担任施教者时，所做的工作包括讲授教材内容，并根据受教者的答案来订正或加一分或两分。而在担任受教者时，当他答对施教者所出的题目时，就能为他所归属的队伍加分。每个两人小组要一起工作一个星期。在这一个星期中，老师要督导各组施教的过程，并对完全遵守游戏规则的人进行额外加分，每天对优胜的小组加以表扬，对表现较差的小组则肯定他们的努力并鼓励他们明天好好表现（Greenwood et al., 1989；Slavin, 1995）。

研究显示，CWPT 在增进学业成就与改善班级中各科目低成就学生的行为上有明显的功效（Kamps et al., 1994；Otis-Wilborn, 1984；Sideridis, 1995；Utley et al., 1997；引自 Utley et al., 2001）。例如，很多调查发现，学生在拼字测验上的表现改善了，而且在 CWPT 中所学会的词汇还能运用到新的学习任务中。而在长期记忆与类化上发现，有中度学习困难的小学生先用 CWPT 学 10 个星期，然后在做 100 道减法题目时，其答对率有 27% 的改善（引自 Utley et al., 2001）。这些研究报告的结果是很能振奋人心的，而究其原因，可能与 CWPT 中的两人小组的密切互动有直接的关联，相对于传统教学中的学习过程，每组的组员在每一时刻都是专注、全心地参与在学习过程中，才有以致之。

实施的现状

以两人小组对练的学习经验是很多人成长过程中都有过的，通常在技能类的单元中、在考前复习时，常常可以看到两人小组的学习方式。因为以两人为一组是小组动力最大的形式，彼此都要全神贯注，所以，学生学习的过程与效果往往比传统式教学或安静自习还好，可以说是很多老师喜欢采用的策略之一。

在实施时需特别注意之处

1. 老师需要先预备好学习单，让学生一开始先有基本的步骤或内容可资依循。

2. 因为是至少十几个小组同时进行学习，噪音的控制是需要考虑的重点。

3. 刚开始试行的时候，分组的方式可以采用强配弱的方式，先让高成就者当"施教者"或"小老师"，以收补救教学之效。

4. 如果因为全班的高成就者太少，遇到同一组都属于低成就者的情况时，可以请邻近有高成就者的小组就近辅导一下，或是由老师频繁地提供协助来解决小组互动不良的现象。

策略 76　披挂上阵

概要

在这个策略中，学生将扮演他们现在正在学的某个角色。老师分派给学生的是那个角色真正的工作。事前尽量少给学生指示，要让学生从工作中来学习。

实施的步骤

1. 选择要学生扮演的角色。例如，市长、游客、编辑、历史学家、科学家、应聘者、公司的老板、研究员、新闻记者……

2. 准备一些书面的指示，写上一项或数项该角色可能做的工作。例如，市长可能要提送预算案至市议会，游客可能要列一份旅游时需随身携带的物品清单，刊物的编辑可能要精通文字处理与排版的软件并具备催稿的缠劲，等等。

3. 将学生分成两人一组，并分配每组的工作。

4. 给他们一些时间去完成作业。例如，扮演市长的那组要草拟一份市政报告书。学生在做作业时，老师可以提供参考资料来帮助他们。

5. 集合全班同学并讨论所有作业。

其他变化的方式

1. 必要时可以允许学生离开教室，从其他能提供资源的学校同事那里获得指导。

2. 让学生在没有同伴协助的情况下，自己一人完成作业。

3. 事先发给学生学习单，上面列举一些主要参考的网址，让他们在课余时间上网查询并整理，对于能在课余查询完整资料的小组则予以加分。

适用对象

适用科目：社会领域与语文领域的相关单元。
适用年级：小学高年级至高中阶段。

相关的学理根据

本策略基本上是根据情境化学习（situated learning）的精神来设计的。

情境化学习也称为情境化认知（situated cognition），是近年来教育领域中的显学。它主要的诉求是针对传统刻板化的教学而提出的，与当今教育改革所倡导的"带得走的能力"互相呼应。根据柯林斯（Collins，1988）的看法，所谓的情境化学习是指我们所学的知识或技能是能真的运用在真实生活情境中的；而其他的学者也认为情境化学习基本上是从每日情境中得到的知识，并且也是能应用到每日情境中的知识（Hummel，1993）。情境化学习与其他的经验式学习看起来很像，但还是有几个前提是不同的（Stein，1998）：

（1）学习植根于每天的活动，不能与日后要适用的复杂环境分开。
（2）知识是通过实际的经验获得的，也只能转换、适用到类似的情境。
（3）学习是社交过程的结果，需要与别人协商讨论与共同解决问题。

平心而论，课本上客观的知识与实际的生活脱节的现象绝不是教育界的新闻，在以升学为导向的学校教育中，以浓缩的观念与原理当教材，伴以抽象化的、象牙塔式的（decontextualized form）教学方式，在许多学校每日的教学中处处可见。所以学生储存了许多知识，却没有拿来当作解决所面临问题的工具，知识无法与原先的情境结合，所学的东西像是停留在冬眠状态（Brown，1997）。很多学者针对这个弊病而提倡情境化学习或情境化认知的理念，就是要让真实情境与学生的认知结合起来，这不是说要放弃正式的教学活动，然后一切都采用现遇现学、现学现卖的方式，而是在于提倡能产生有意义的学习的教学技巧（Brown et al.，1989；Herrington & Oliver，2000）。

情境化学习模式有一个重要的层面，是做学徒观察别人怎么做，一开始是站在边缘冷静观察，但是若在该文化情境的投入与学习越多，就会从观察者的角色变为执行者的角色（Herrington & Oliver，2000）。此外，如果是从学习是如何发生这个角度来看，情境化学习其实是可以被看作一种社会文化的现象（sociocultural phenomenon），而不是学生独立去获得没有脉络可循的知识活动，以前是强调个人学习的脉络，现在则转移到注重学习社群的功能（Barab & Duffy，2000）。

实施的现状

在很多的学校中都可以看到主题周的实施活动，借着收集相关的资料与角色扮演的方式，让学生能深入统整并体会该主题或生活情境的脉络，并培养相关的能力与态度。

在实施时需特别注意之处

1. 因为时间上的精确掌控不易，所以可以设计符合学生程度的学习单，让学生事先收集资料。

2. 可以事先借用班会与周会的时间来合并使用，才比较可能让学生的讨论能畅所欲言。

策略 77　投"变化球"

概要

这是一种用戏剧化的方式来练习与课程相关技巧的策略，学生们被安置在不同的虚拟困境中，他们必须设法脱困，或解决所有面临的难题。

实施的步骤

1. 选择一种学生已学过的工作情境，内容可以涵盖：
   a. 主持会议。
   b. 交代员工一项任务。
   c. 从经理手中接下一项工作。
   d. 做一份简报。
   e. 交给经理一份报告。
   f. 和一位客户晤谈。

2. 征求一位自愿者来担任在某一特殊情境中的角色。老师务必仔细解说情境中的每个细节。

3. 把指令发给其他同学，叫他们按照指令对这位自愿的同学丢一些"变化球"（制造状况），再由他来设法解决。请记得千万不能让他看到任何指令。例如，在应聘工作的面谈中，应聘者会被问到不足为外人道的问题，这时应聘者必须决定如何回答。

4. 让这位同学想办法去应付状况，全班同学要对他的努力给予热烈的掌声。

5. 由老师引导全班共同讨论，是否还有其他解决的方法来应对这些没有料想到的事。

6. 征求新的自愿者，再进行其他不同的挑战。

🌀 其他变化的方式

1. 让学生自由地向自愿者投出"变化球"。
2. 也可以由老师自己来示范，由同学们来挑战老师怎么处理"变化球"。

🌀 适用对象

适用科目：社会科领域与综合领域的辅导活动。
适用年级：小学高年级至高中阶段。

🌀 相关的学理根据

莎士比亚曾说过，整个世界就是舞台，所有的男女都是演员。在舞台上的表演如何说明了演员真正的功力如何，能否融会贯通并随机应变全在于演员本身。在教学的领域中，模拟式的学习或演练事实上就是对学生"演技"的大考验，以前所学习到的知识、态度与技巧都会在模拟的情境中有合适的展现。而这种模拟式或游戏式的教学，事实上是针对传统教学的七大限制而提出的（Ruben，1999）：

（1）我们是随时随地都在学习：不分教室内外，从书本学，也从与路人对话中来学；从看教学影片中学，也可以从海边的潮起潮落中学。

（2）所学到的知能最终的检验通常不是要看学生是否知道，而是要看学生能否应用到行动上。

（3）传统的学校教学强调单向式的知识灌输，而在教室外的世界中，教与学却通常是要互动、合作并与同侪一起的。

（4）老师要我们学的内容不见得是我们最想学的，多元化的学习结果、应用与创意的激发，应该是要包含进来的基本东西。

（5）传统班级的结构、教室的布置与传统的测验方式，比较难激发主动学习、终身学习，或帮助学生培养从大量难分辨的资料中加以评选的重要知能。

（6）传统的知识灌输的模式通常没有涉及认知、行为与态度三者之间的不可分性。

（7）传统教学的环境通常都可以预知结果，是静态的，不具挑战性的，无趣的，特别是要与电视和真实世界中的环境竞争，要来吸引学生的注意力与向学之心时，更是如此。

由此可知要让学生的学习成果能顺利内化（internalization）并活用确实是每位老师所面临的大挑战，而这个大挑战通常是可以通过经验式学习的方式来解决的。这里所讲的经验式学习包括：田野计划（field projects）、案例学习（case studies）、模拟学习（simulations）、结构式经验（structured experiences）这四大类。其中认知和经验的过程可以有两种方式的搭配（Marshak，1983）：

(1) 分开式：是把认知与经验式的学习分开，这会逼学生建立这两者之间的关联。

① 先提供认知上的教材，接着进行一个体验活动。

② 参与者先参与一项模拟活动，然后通过讨论与阅读来回想其中可以运用的概念。

(2) 同时进行式：是把抽象与具体之间的藩篱撤去，让认知与经验互相影响，使参与者不只思考其关联，也能直接体验。要设计同时兼具认知与经验式学习的单元时，其步骤有三：

① 确认要学习的理论本质。

② 确认能强调该理论的情境。

③ 合并前两个步骤。

另外，也有一些学者（Good & Brophy，1995）认为，模拟式的学习模式其实是受布鲁纳（Bruner）1966年的著作《迈向一个教学理论》（*Toward a Theory of Instruction*）所影响出来的产物。布鲁纳鼓励教育人员设计并使用模拟式的教学活动，借此激发学生发现式学习（discovery learning）。根据他们的看法，模拟式的教学活动常见的有两大类：

(1) 有时候是根据真实事件而采取角色扮演的方式来进行的：例如，自然科的学生以分组的方式，探讨如何用放射线杀死癌细胞，而却不会伤到健康的细胞等。

(2) 有时候是采取小组游戏的方式来进行的，看哪组能最快或最顺利打败竞争对手。

学生在模拟式活动的学习过程中都会很兴奋，却不见得都能将活动中学到的原则类化到其他的环境，而最好的模拟学习应该是那种能让学生发展出解决许多问题策略的活动（Good & Brophy，1995）[188-189]。

💭 实施的现状

虽然在各种篝火晚会或班会的余兴节目时段，常常可以看到这种类似促狭的即兴表演，但是，一般是趣味性较浓，教育性较少，与教学目标直接相关的比较少。而在本策略中，由老师引导全班共同讨论其他解决方法的设计，则是相当可取却很少见于教育界的。

💭 在实施时需特别注意之处

1. "变化球"的设计有可能被瞎起哄成危险动作、人身攻击，或其他不合宜的"变化球"，所以，在实施之前需要先把游戏规则讲清楚。

2. 可以在前一次上课时就先预告下一次上课会进行"变化球"活动，并请学生事先预备一些可能的"变化球"。

3. 要顾到自愿上台表演者的面子，不管表演的情况好坏，至少都要让自愿者觉得很有尊严。换言之，至少可以肯定其勇气可嘉。

策略 78　咨询小组

💭 概要

一般而言，老师往往在课程结束后才征询学生上课的意见，这在时间上可能太迟了，以致无法做任何的调整，而这个策略则是在单元教学的过程中就可以获得即时的回馈，以供后续调整。

💭 实施的步骤

1. 老师可以利用课后时间从学生那里得到回馈。

2. 要求一小群自愿的同学来找老师，并告诉他们要做的工作，就是来找老师之前，先收集其他同学的反馈。

3. 可以套用下列问题：

　　a. 哪些内容是有帮助的？哪些没有？
　　b. 哪些内容没有交代清楚？
　　c. 要做什么才能够帮你们学得更好？
　　d. 你们准备好要学习新内容了吗？

e. 上课的内容和日常生活十分相关吗？

f. 你们对下一堂课有何期待？

g. 你们比较不喜欢的是哪个部分？

h. 你们想要继续上什么？

4. 在下次上课时，对学生的真实回馈先表达感谢之意，并说明今后会适当调整的部分与无法调整的部分及其原因。

🌣 其他变化的方式

1. 在进行全班教学时，采用"咨询小组"的方式，即时询问学生并记下他们的反应。

2. 利用其他方式来获得即时的回馈。例如，上课时口头询问学生的反应，请学生在周记上的相关表格中提出回馈的意见。

🌣 适用对象

适用科目：任何科目均可。

适用年级：小学中年级至高中。

🌣 相关的学理根据

《韩非子·喻老》说："臣患智之如目也，能见百步之外而不能自见其睫。"宋代王安石《再用前韵寄蔡天启》诗云："远求而近遗，如目不见睫。"这是成语"目不见睫"的由来，意为眼睛看不见自己的睫毛。比喻见远而不见近，也比喻没有自知之明。同样地，在传统的尊师重道的教育系统中，一个老师不管是否很有经验，一不小心就会自以为是，而不知道自己在学生学习的过程中到底有多少真正的助益。

美国数学教师协会（National Council of Teachers of Mathematics）在2000年公布了《学校数学的原则与标准》，其中的教学原则特别强调，"有效的数学教学需要了解到底学生知道什么，也需要先去学习，再是挑战与帮助学生把数学学好……并且，有效的教学需要知道数学本身、学生与教学策略"（NCTM，2000）[16-17]。其实，不只是数学科如此，每位教师在其工作岗位上也需要不断获得学生的回馈，并进一步做某种程度与层面的调整。美国的教育学者舒尔曼（Shulman）认为一个胜任的老师需要具备学科的教学知识（pedagogical content knowledge，PCK），PCK包括组织与预备教学单元、认清学生的个别差异、了解文化的影响与管控教室内的学习环境（Shulman，1986）。本策略所强调的咨询小组的机制就是要提供从学生而来的回馈。

此外，根据评量的目的来分，可分为形成性评量（formative evaluation）与总结性评量（summative evaluation）两种。教学历程要和评量历程相互结合，才有可能改进教学，提高学习效果。换言之，除了考试的手段之外，老师需要采取各种方式来了解学生的进步，因为个别差异是常态分班之下的必然生态，每个人所需要的学习时间与方式都不相同，所以，授课老师需要在学习过程中不断调查学生的反应，并做出合适的修正，以增进学生的学习效果。而这正是系统化教学设计模式中回馈的机制，学生的回馈方向可以是针对教学目标、教材编辑、媒体使用、试题难易等。通过这种持续不断的回馈机制，就能使"老师的教"与"学生的学"达到比较理想的程度（Dick & Carey，1996）。

实施的现状

对授课老师的书面教学评鉴通常是在大学或研究所阶段才比较普遍使用的，实施的时候通常也都是在学期结束之前的最后一周，对学生回馈的处理方式通常是不公开的，除非是遇到极端的情形与案例，否则一般的处理方式通常只是由助教整理后交给授课老师参考。

但是在中小学阶段，倒是可以看见授课老师在上课时口头询问学生的反应，或是请学生在周记上的相关表格中提出回馈的意见。虽然授课老师在升学主义与考试进度的压力之下，不见得会完全采纳学生的回馈，但是，适当的调整还是很普遍的。

在实施时需特别注意之处

1. 可以定期替换不同的学生来组成咨询小组，以免只是少数的乖学生独得宠幸，而导致学生之间人际关系紧张。

2. 最好以公开的方式肯定学生的回馈，不宜当作耳边风。

3. 如果学生怕说真话得罪老师的话，可以采用一般网站的留言板方式让学生畅所欲言。

第五章
让学习难以忘怀的策略

除了储存所学的东西以外，仔细品味也很重要。就像任何经验一样，我们当有机会来反省时，就是在鉴赏我们所学的。与前两章的"开胃菜"和"主菜"比起来，这一章所谈的策略可以说是主动学习的"甜点"。你可以采用很多活动来让你的班级有一个非常有意义，甚至是难以忘怀的结尾。

有些老师会教到学期的最后一堂课的最后一刻,因为他们认为在最后一分钟还可以塞一些东西给学生,多讲一些主题。然而有必要直到最后一刻还要多塞额外的知识吗?当学生是主动学习的时候,他们总是有机会来理解所学的,并且当学生有时间来巩固他们所学到的东西时,他们早就有机会可以存在脑海中。

现在假设你正在电脑前努力工作,你上网搜寻资料,解决问题,并建构自己的想法,但是你却忘了存储你所做的成果,结果是一场空。学习也是一样,如果你没有让学生有机会来存储他们所学习的东西的话,学习成果也会大打折扣。

除了存储所学的东西以外,仔细品味也很重要。就像任何经验一样,我们当有机会来反省,并有感性的结尾时,就是在鉴赏我们所学的。与前两章的"开胃菜"和"主菜"比起来,这一章所谈的策略可说是主动学习的"甜点"。你可以采用很多活动来让你的班级有一个非常有意义,甚至是难以忘怀的结尾。

在这一章中,我们要探讨四大类活动。

1. **复习的策略**(reviewing strategies)

这类策略是从策略79到策略87,主要是在探讨能帮学生复习,并评量他们现在的知能的策略。这些复习的策略能让学生全心投入,并帮助他们存储他们所学到的。我们都知道,不花时间复习则学习成果无法稳固,有复习的学生比没复习的学生所保留的学习成果竟有五倍之多,这是因为借着复习的过程能让学生温习教材并想办法记在脑海里。这些复习的策略不仅能让学生变得主动,也能让复习教材变得很有趣。

2. **自我评量的策略**(self-assessment)

这类策略是从策略88到策略92,主要是帮助学生评量他们所知道的、他们能做什么以及他们有什么态度。这些策略是要帮学生评量他们到底有什么进展。一般说来,课程结束的时候常是反省的最佳时机。我到底学到了什么?我现在有什么信念?我有什么技能?我有什么需要改进的?要让学生有时间自己评估这一科对他们有什么意义,为他们做了什么。这些自评的策略都有严谨的步骤,能够给学生提供一个富有意义的结尾。

3. 计划未来的策略（future planning）

这类策略是从策略 93 到策略 97，主要是探讨要如何帮助学生在未来运用所学的。这些策略会让学生领悟到他们的学习并不会停止在教室内的事实。在标榜主动学习的课程结束的时候，学生很自然会问："接下来要做什么？"主动学习的成功与否，就看这些问题是怎么被回答的。换句话说，他们在班上所学到的是怎么影响他们未来要做的呢？这类策略能帮助学生规划自己的未来，有些是时间很有限的时候可以马上实施的策略，而其他的策略则需要更多的时间来达到更好的效果。

4. 感性结尾的策略（final sentiments）

这类策略是从策略 98 到策略 101，主要是探讨要如何帮助学生一起牢记他们的学习经验，并表达感激之情。这些策略能带给全班温馨的结尾，并让他们在感性中道别。在很多班级中，学生会培养出跟其他同学的亲密感情，而对那些参与主动学习活动的学生更是如此。所以，他们需要彼此说再见，并表达在这学期里他们对别人的支持与鼓励的感激。有很多种策略能帮助学生有一个感性的结尾，这里所列出的是其中的上选。

策略 79　卡片速配

🌀 概要

这是一种既活泼又有趣的复习法，是以两个学生为一组，借由轮流出题的方式来测验全班同学，以达到复习教材的效果。

🌀 实施的步骤

1. 预备两沓卡片。
2. 在第一沓的每张卡片上，针对已教过的内容写下一个问题。问题的总数必须等于班级人数的一半。如果全班的人数是奇数的话，可以请一位学生担任小老师，协助洗牌、发牌、收牌、维持秩序等事情。
3. 把每个问题的答案分别写在第二沓的另一张卡片上。
4. 然后将问题卡和答案卡以洗牌的方式重复混合数次。

247

5. 发给每位学生一张卡片，并说明这是一个配合卡片的活动。有一些同学会拿到问题卡，其他的同学则会拿到答案卡。

6. 让学生去寻找和手中卡片最"速配"的另一张卡片，搭配好的两个人自成一组，并且坐在一起（老师要告诉学生，不要让别组同学知道自己的卡片写了些什么）。

7. 当所有的两人小组都坐好后，每组轮流大声宣读卡片上的问题，以测验全班是否能够说出正确的解答。

其他变化的方式

1. 设计一些填充题式的问题卡，再把答案写到另一张答案卡上。

2. 设计一些有多种答案的题目，把它写在题目卡上。例如，"解决纷争的方法有哪些？"将每个问题的所有答案分别写在许多张答案卡上，让同学搭配；当每组同学提出问题后，就让全班同学找出多种答案。

3. 如果全部的小组刚好可以分成两大群组，可以进一步采取两军对抗的方式来进行，以竞争的气氛促使全部学生更专心投入。

适用对象

适用科目：任何科目均可。

适用年级：小学中年级至高中。

相关的学理根据

本策略所设计的卡片速配的目的是复习教材，教材的复习是学习过程所必需的，从不知道到学会，从学会到精熟，需要相当多的练习。而过度学习（overlearning）则是一个人记忆能牢靠的重要秘诀之一。所谓的过度学习，是指在记住和学会的基础上，继续把某种知识和技能学习到接近学习者最高潜能的程度。所以，过度学习往往比一般学习的效果要好，因为已经达到精熟（mastery）的程度，任何技能的操作或资料的检索提取都不再迟疑。

一般而言，如果要达到过度学习的效果的话，就要在教材已学会了的基础上继续重复学习几次，重复学习的次数是因人而异的，我们把这个时间长度或学习次数称为过度学习的量。例如，要一个小学生背一首五言绝句的唐诗，背三遍就能记住了，但为了能达到最佳记忆的效果（例如，可以一整年都不会忘记），我们可以请他再背诵几遍，直到达到非常熟练的地步。根据学习心理学的研究，150%的过度学习的效果是最好的，掌握适度的过度学习量可以有效地组织学生进行复习。因为，如果没有达到这个量，就达不到过度学习的效果；如果超过了这个量，学习效果也不能再提高了，因为过度学习所达到的效果已经接近学习者的最高潜能了，反而徒劳无功。

而过度学习的方式可以是多元化的，通过练习与做许多活动，学生发展出各种技能并能流畅地执行任务，展现其危机的评估与管理能力、快速考虑变通方式的能力与采取决定性行动的能力。

学习心理学的专家对过度学习进行了大量的实验研究，研究结果显示：在一定范围内，过度学习是必需的，但过度学习的量并不是越大越好，如果超过一定的限度，将可能出现注意力分散、厌倦、疲劳等消极影响。要注意的是，过度学习的效果不仅取决于过度学习的量，还受学习材料的种类、练习的方法等因素的影响。因此，要使学生获得稳固的知识，必须组织有效的复习，过度学习只是有效复习的一种，所以不能单纯依靠过度学习，还必须采取合适的复习方法。例如，可使用组织策略（结构策略），将信息内容按时间、空间或事件等的逻辑顺序结构化，或是按原理、形式或因果、结构、功能或优缺点等其他方式来给予分类。也可以利用空间学习策略，将文章、段落整理成较为简单易记的图表或概念构图形式。另外，还可以利用一些特殊记忆术，例如，关键词法，即利用语文（音似字）或心像（以看起来像谁）来加强记忆（王国华，1995）。

实施的现状

这种卡片速配式的复习方式在中小学教育阶段是很少见到的，在童军活动、辅导活动或非升学性的科目中偶尔会有适用的时机，而在升学性的主要科目中，则常常采取由老师帮助学生画线的方式将重点标出，并辅以各式的笔试作为复习的手段。相较之下，学生一听到复习与考试就会心情沉重，而不像卡片速配的环境中学生能常常保持高昂的兴趣来参与复习的活动。

在实施时需特别注意之处

1.因为学生在找配得起来的另一张卡片的时候需要足够的回旋空间，所以桌椅的空间需要事先在上课之前安排好。或者，可以请拿答案卡的学生固定坐在自己原有的位置上，让拿问题卡的学生逐一去找自己的答案，这样就可以减去一半的人在教室内晃荡，对教室的秩序应该能有所改善。

2. 上课的秩序有可能因为学生的学习情绪高涨而失控，所以需要事先约法三章，一有音量过大的情形出现就暂停实施本项复习活动。

3. 为了使复习效果达到最理想的境界，可以考虑在卡片速配活动结束之后，实施传统的笔试。此时，因为大部分的教材都已经被密集复习过了，就可以让学生在笔试中获得更进一步的成就感。

策略 80 标题式的复习

概要

这个策略是以温和的方式来挑战学生，回想他们从课程的每个单元或标题中学到了什么，可以说是一种帮助学生复习的很好方式。

实施的步骤

1. 在上完一个教学单元之后，将单元的内容以标题的方式一一列出；可以用投影片的方式，也可以用写板书的方式来列出。向学生说明你想要了解他们还记得多少，或是已经忘记了哪部分。要保持没有拘束感的上课气氛，这样他们就不会觉得这个活动有压迫感。

2. 要学生去回想每个标题的内容大意，且尽其所能地记住越多东西越好。可以问他们以下问题：

　　a. 这个标题是指什么？

　　b. 为何它很重要？

　　c. 谁能够给我一个我们在这个标题中所学到的例子？

　　d. 这个标题对你而言有何价值？

　　e. 我们在每个标题所进行过的学习活动有哪些？

如果能回想起来的人数很少，要把握幽默的原则来处理他们遗忘的这件事，或者是自我消遣并没有使这些标题成为"令人难以忘怀的"。例如，"哎呀！可能是我昨天穿的衣服太漂亮了，你们都只顾看我的衣服，而忘了听我的课了，是不是呢？"

3. 继续按照先后顺序做标题式的复习，在逐步复习时，你可以做额外的补充，直到复习完所有的教材（如果你有时间而学生又有兴趣的话，甚至可以连前几个单元都复习）。

4. 当你逐步复习这些标题的内容时，你可以做最后的评论。

其他变化的方式

1. 让学生与邻伴讨论或分小组互相讨论每个标题，以代替全班式的进行。但是若以分组的方式来进行，需注意班级讨论的音量，以免影响邻近班级的教学。

2. 如果学生人数只有十位或更少，请他们将单元中的标题一一列在黑板或墙报上，让他们自己对这些教材进行复习。为了使他们感觉这个复习并非一项测验，老师在这个过程中可以考虑暂时走到教室外，远远地观察教室内的情形，并且充分授权给他们，可以自由运用时间来复习教材。等到所有的学生复习完毕之后，再由老师来做结论。

3. 在复习的过程中，可以配合画重点的动作，让学生知道每段标题内容的重点所在。

4. 可以配合小组竞赛的方式，由各小组依次派一名学生到讲台，然后由老师发问，请学生把答案写在黑板上，并马上检查对错，累积各小组得分，在下课前以物质或口头方式鼓励表现出色的小组。

适用对象

适用科目：任何科目均可。

适用年级：小学低年级至高中。

相关的学理根据

本策略是采取标题式的复习，将单元的内容以标题的方式一一列出后，才问学生标题的内容，而标题之间其实是互相关联的，教学单元的名称或大标题是最上层的概念，而后各大段落的标题其实就是下层概念，或彼此是平行概念，统摄于最上层的概念，每段落的标题如果以组织结构的方式来呈现的话，可以称为概念图（concept map）。这种概念构图（concept mapping）的理念是由美国康奈尔大学的教授诺瓦克（Joseph Novak）及其同事在20世纪70年代发展出来的，是利用概念图来表示关于知识主题结构的一种过程。概念图由概念节点（concept nodes）和概念间的连接语（relation links）所组成，两个概念节点和节点间的连接语则构成命题（proposition）。概念在概念图中以阶层（hierarchy）的关系存在，属于一般性、概括性的概念在上层，而一些较特定、较具体的观念则在下层，处在最下层的则是最具体的范例。与其说概念图勾勒了知识系统的线性关系或逻辑关系，还不如说它反映出知识体系的心理结构，而学习的过程不只是获得并理解一些概念，更是把这些概念有意义地建构起来（Wandersee，1990）。而这种概念图呈现的方式，在很多方面与奥苏贝尔（David Ausubel）所提倡的前导组织架构（advance organizer）的构图其实是很类似的。然而，除了上面提到的这种阶层式概念图（hierachical concept map）之外，还有一种非阶层式组织结构（non-hierarchical network），就没有所谓的上层概念与下层概念之分，概念之间的安排是看彼此之间的相关性，整个图看起来就像一个蜘蛛网，而不是线性的呈现（Walker & King，2003）。

此外，传统的笔试通常考是非题与选择题的题型，所要测量的就是叙述性的知识（declarative knowledge）与程序性的知识（procedural knowledge），没有涵盖解决问题与设定条件之下的学习成果的评量。换句话说，就是测 what 与 how 的层面，而不能测 why 与 when 的层面。而像流程图（flow chart）一样的概念图在了解并评量学生的学习成果，发展能帮助学生统整多元能力的工具等事上是非常有用的方法。概念图不只能用来当作学习策略，也能用来当作教学策略、课程规划的策略与学习评量的策略。具体而言，学生在常态分班的环境中，先备知能参差不齐，教师很难知道到底学生已经知道什么与不知道什么，这时候概念图就能让教师观察到学生所知道的知识的统整性与延伸性如何，也能把自己的概念图与学生分享。再者，概念图可以让教师知道学生的迷思概念（misconceptions），诊断出传统的考试无法发现的学习障碍（Walker & King，2003）。

实施的现状

有很多老师实施这种复习策略并加以改变。例如，曾经有地理老师将初中三年级学生分成小组来讨论各省的地理，讨论 20 分钟后派代表上台复习各省份的教学内容，由每组的代表询问各省的铁路、矿产、湖泊、河流、省会等低层次认知目标的内容，至于高层次的综合与评鉴层次的认知目标则比较少涉及。

此外，有些老师则会采取大纲式的复习方式，甚至会将大纲以前导组织结构的方式呈现，以帮助学生注意到大纲或标题之间的各种从属与平行的关系。

💡 在实施时需特别注意之处

1. 如果在上课时间内无法省下足够的时间来进行这个策略，可以请学生利用课余时间来复习。

2. 可以先请学生快速浏览课文后再来套用本策略，让学生在短时间的压力下先自行专心复习，可以让后续的复习效果更好。

策略 81　问与答

💡 概要

这是一个建立小组凝聚力的策略，是学生在复习前一堂课的教材或是在课程结束时实施的。

💡 实施的步骤

1. 发给每位学生两张索引卡。
2. 要每位学生填写下列两个句子：

> 第一张卡片：我对于＿＿＿＿＿＿＿＿＿＿＿＿＿仍然有疑问。
> 第二张卡片：我能够回答关于＿＿＿＿＿＿＿＿＿＿的问题。

3. 分成几个小组，让每个小组从组员所写的卡片中，挑出最恰当的问题来提问，并选出"最想回答的问题"来作答。

4. 要每个小组报告所选的"最想要问的问题"，看看全班是否有人能回答这个问题，如果没有，老师就应该马上回答。

5. 要每个小组报告其所选的"最想回答的问题"，让组员们和班上其他人一起分享这个答案。

💡 其他变化的方式

1. 事先准备几张题目卡，并且发给各组。要各组选择一个或更多他们能够回答的问题。

2. 事先准备几张答案卡，并且发给各组。要各组选出一个或多个他们在复习教材时觉得有用的答案。

🌀 适用对象

适用科目：任何科目均可。
适用年级：初中至高中。

🌀 相关的学理根据

本策略基本上是根据同侪互相考问（reciprocal questioning）的精神来设计的。事实上，学习者能自己提出问题就是很好的认知策略，因为产生问题的过程会促使学习者去探索他们想知道的答案，这对于中学阶段的各科教材的学习都是极具意义的启示（Ciardiello，1998）[210]。

当代认知心理学的研究显示，只有在学习者投入某种方式的认知重建（cognitive restructuring）或逐步深入推敲，才会有真正的学习产生（Wittrock，1986）。而逐步深入推敲的有效途径之一，就是要学习者对别人讲解。换言之，只有当一个人真正理解之后，才有能力对别人讲解，而在讲解的过程中，频繁的互动对讲授者与听讲者而言，都是认知重建的契机。

合作学习界的泰斗斯莱文教授（Robert Slavin）认为这种人际互动至少有四方面的讲究：第一，通过互相的回馈与辩论的方式，同侪之间能彼此激发，以扬弃迷思概念（misconceptions），并探索更好的解决方案；第二，同侪之间的互动经验能帮助学童熟练社交的过程（就如参与和辩论）与认知的过程（就如证明和批判）；第三，同侪之间的合作能提供一个发现式学习的基础，也能鼓励更多的创意思考；第四，同侪之间的互动能引导学生进入产生新观念的过程（Slavin，1996）[49-50]。

所以，实施这类小组学习时，不只会改变班级组织的方式，连学习的方式都会改变。基本上，从认知的观点来看，沟通技巧不好的学生通常比较不能从合作式学习中获益，因为他们无法把他们的推理过程跟别人沟通，不会去问别人问题，不会去想如何把解题过程向别人解释，也不会提出建设性的批评（Kramarski & Mevarech，2003）。

不过，事实上也不尽如此悲观，比较乐观的学者认为，如果能训练学生的互动与沟通的技巧，然后采取互相考问的方式，并且能维持互相考问的品质的话，同侪之间还是可以对彼此的思考技巧的学习有很大的帮助（Rutgers & King，1999）。

💡 实施的现状

在复习前一堂课的教材或是在课程结束做复习的时候，很多老师只是问一句："你们对上次上课的内容有没有问题？"而学生通常是不敢提出问题，以至于不懂的地方仍是不懂；然后老师指导学生在课本上画重点，或是以小考的方式来帮学生复习。一般而言，这个策略几乎很少见到或听到有实施的案例，很可能是因为它在实施上比一般传统的问答还复杂，或缺乏文献上的介绍所致。

💡 在实施时需特别注意之处

1. 有些人以前的学习情形落后太多，所以会觉得每个主题都想问，这时候就应该另辟补救教学的时段与方式。

2. 有些人是精通每个主题，可以请他们报告比较有深度的题目，而一般性问题可以请其他小组或组员来回答，以免少数人独占整个局面。

3. 需要事先强调帮助人与尊重人的重要性，千万不可以讥笑别人的问题是否幼稚或简单，只需要强调能帮助人的同学勇敢站出来伸出援手。

策略 82　填字游戏

💡 概要

这个策略是要设计一个填字游戏，是能让个人单独完成或由小组共同完成的游戏。它既可以当作复习的测验，也可以吸引学生积极投入。

💡 实施的步骤

1. 首先，用头脑风暴想出一些和课程有关的重要术语或名字。

2. 设计一个简单的填字游戏，尽可能纳入上述的词语，并将不需要的空格涂黑（注意：如果所学的重要词汇很难被设计成填字游戏，可纳入和课程无关但很有趣的字当字谜）。

3. 设计谜题的线索，一般设计的方式如下：
   a. 简要定义：例如，"由于板块间的挤压与碰撞，产生地震或火山爆发的现象，而造成地壳隆起成山脉"。

b. 归类：例如，"一种固体""海洋中生活的哺乳类动物"。
　　c. 举例：例如，"'海啸'就是这类例子"。
　　d. 反义词：例如，"'专制'的反义词"。
4. 分发填字游戏给个人或小组。
5. 设定游戏时间并开始进行。
6. 表扬或奖赏答对最多字谜的个人或小组。

其他变化的方式

1. 全班共同完成一个复杂的填字游戏。
2. 简化字谜。选定一个和整个课程相关的关键词，并将此关键词写在横格上，然后，依据此关键词，将其他相关的字填在纵格上。这在英语科的教学上尤其适用，例如，写出动词的过去式与过去分词，就可以设计出一个简单的字谜。

适用对象

适用科目：任何科目均可，尤其适用于英语教学，或是以英文的专有名词与概念方式来呈现的单元。

适用年级：初中至大学阶段。

相关的学理根据

填字游戏是阿瑟·怀恩（Arthur Wynne）在1913年发明的，现在则可说是文字游戏中最流行的一种（Augarde，1984）。基本上，填字猜谜属于许多游戏中的一种方式，能用来改变传统讲授式的学习，帮助学生产生学习的动机。填字猜谜的游戏可以用来复习定义，考一些基本的教材内容及教材的一些运用（Sternberger，1995）。换句话说，填字游戏通常是用来复习已经学会的知识，要填写的字就是教材中的重要概念。在设计填字游戏的时候，特别要注意到学习心理学上的原理，亦即制约学习只能在增强物满足了学习者的需求时才会发生，所以，只有将学生的兴趣与需求列入考虑范畴时，填字游戏才能带给学生明显的学习效果（Borcher et al.，1994）。

填字猜谜游戏通常被认为是一种修正观念、复习专有名词、带来学习乐趣的工具，大部分的学生都对这种学习方式持肯定的态度，所以是很值得发展的学习资源（Franklin et al.，2003）。

然而，填字猜谜游戏的方式不只可以用在复习教材方面，若是用在小考方面，效果也会很显著。在1994年的一项研究中，研究者针对传统的填充题（fill-in-the-blank）与填字猜谜游戏（crossword puzzles）的考试成绩做了比较。在第一项实验中，107个修动物科学概论的大学生，每个学生都参加了这两种形式的考试。在第二项实验中，有41个大学生修进阶的动物科学方面的科目，在每周的实验课中，大约一半的学生考填字游戏的小考，另一半的学生考传统的填充题小考，比较的结果是：考填字猜谜的小考那一半的学生明显地比考传统填充题的学生答对更多题目，考填充题这一组没有回答的题目比较少，也比较会答错；当每周都是采用填字游戏的题型时，学生的成绩都很稳定地维持在领先的状况（Borcher et al., 1994）。而在1996年的一项研究中，得克萨斯州女子大学（Texas Women's University）的谢丽尔·奇尔德斯（Cheryl Childers）也是在社会学概论的科目中使用填字游戏，来帮助学生找出需要更多探讨的领域，并设计期末考前复习的工具。结果是：150个修课的学生中有99个回答问卷，96%的学生认为填字游戏很有帮助，将近一半的学生认为填字游戏对期末考前的复习有帮助（Childers, 1996）。

概括而言，填字游戏的用途包括复习旧教材、自习新教材、当作教学评量的工具，可以在轻松又有趣的方式下让个人或小组来使用，以激发学生主动学习（Poston, 1998）[35]。不过，早期要编制这样的填字游戏是很花时间的，并不见得很好编制，幸好近年来拜计算机科技快速演进所赐，至少1994年已经有一套软件叫作"专业填字游戏的创造者"（Professional Crossword Creator）（Poston, 1998）[68]，能让英文世界的人设计填字游戏，使用者只需要输入只有一个英文字的答案与该答案的线索，该软件就能自动设计出多种版本，打印成纸张或是上传到自己的教学网站以供学生使用。而现在互联网非常发达，类似的填字游戏在网络上逐渐增多，只要以crossword为关键词查询，就可以找到许多可用的资源，例如，http：//www.englishlearner.com/tests/past1.html 就是一个常见的例子。

实施的现状

因为填字游戏本身是英文世界里的产物，中文世界要设计填字猜谜游戏实在有一些技术上的困难，所以，比较常见的例子是英文老师或者是自己设计给自己的班上学生做练习，或者是请学生找英文报纸副刊上现成的填字游戏来练习。

🌀 在实施时需特别注意之处

1. 以个人方式实施时，还是可以允许学生彼此讨论的，但是不能直接照抄别人的答案，否则就失去了复习的意义了。

2. 刚开始实施时，不需要设计得太复杂，以便建立学生的信心。

图 5-1 填字游戏的范例

在设计填字游戏时，直行与横列的答案提示则是——列在大方块的旁边。

策略 83 惊险抢答式的复习

🌀 概要

这个策略是以套用美国的电视节目《惊险抢答》的形式来设计的，亦即先给挑战队伍答案，然后要他们想出正确的问题，首先能正确说出问题的人就得分。这种形式能够很容易套用在教材的复习上。

🌀 实施的步骤

1. 拟出 3 到 6 种要复习的问题。老师可以出题的类型包括观念、想法、事实、技能、姓名等。老师也可以依主题来设计题型。例如，英文课可能包括诸如月份、颜色和数字的主题。

2. 对每种类型至少设计出三个答案，并设计出和这些答案相对应的问题。例如，"180度角"这个答案，它可以搭配"三角形的内角和是多少"这个问题。你不需要对每种类型都编列一样多的问题和答案，但你必须让问题和答案的难度逐渐增加。

3. 在墙报纸上，贴上"惊险抢答游戏"的公告。做游戏之前要宣布这些问题的类型、题号与分值。下表是一个英语课游戏公告的样本，分数旁边贴上一些问题：

题号／题型	月份类	颜色类	数字类
1	10 分	10 分	10 分
2	20 分	20 分	20 分
3	30 分	30 分	30 分

而另一种方式则如下面地理课抢答游戏的公告板所示，每个问号的背面是一个问题：

分数／题型	行星类	地球类	太阳类	卫星类	综合类
10 分	?	?	?	?	?
20 分	?	?	?	?	?
30 分	?	?	?	?	?

4. 由 3 到 6 位学生组成一个小组，并且为每组提供一张"答案板"与水性白板笔。如果可能的话，编组时要注意到组员的技能层次与知识层次的搭配。

5. 要求小组选出一位组长和记分员。

    a. 组长代表小组。只有他可以举起答案板并说出答案，组长必须在说出答案之前，与小组共同商议，取得全组的共识之后才能答题。

    b. 记分员要负责为他们的小组加分和扣分。

注意：你身为游戏裁判，应该负责记下哪些问题已经问过了。当一个问题问完，便在游戏板上将其删掉。在学生很难回答的问题旁边可以打个钩，在游戏结束后，你可以再回到这些问题上。

6. 宣布下列游戏规则：

　　a. 最先举起答案板的组长可获得回答的机会。

　　b. 所有的答案必须是以问题的形式提出。

　　c. 如果回答正确，可获得那个题目的分数。如果回答错误，就扣掉小组的分数，并由其他小组取得回答的机会。

　　d. 最后一题提出正确答案的小组，有权调整公告上的分值，以对自己小组最有利的方式来分配分值。

7. 开始"惊险抢答游戏"。

8. 统计各小组得分，并公开表扬得分最高的小组。

其他变化的方式

1. 除了组长以外，让每组的成员轮流玩惊险抢答的游戏。他在回答之前不能与组员商议。

2. 让学生自由设计一些惊险抢答的问题。

3. 可以视复习的时间与班级人数的多寡，而采取两大组对抗或多组对抗的方式来进行。

4. 可以并用电脑与投影机，将问题投影到讲台前的屏幕上，以方便大家立即看到，并节省活动的时间。

5. 可以在活动进行完毕后，发给每位学生在活动中所探讨到的问题，当作小考之前的复习材料。

适用对象

适用科目：任何认知类科目均可。

适用年级：小学高年级至高中。

相关的学理根据

除了传统的讲授法之外，教学的多样性近年来蓬勃展现在中小学的教学过程中，一般而言，学生都喜欢即席抢答式的游戏，因为这种方式一方面能够避免讲授法的沉闷，另一方面也能给学生提供自我测试的方法，让学生能在高昂的学习情绪中复习教材，使整个学习过程变得活泼起来（Sternberger, 1995）。

而"组长必须在说出答案之前，与小组共同商议，取得全组的共识之后才能答题"的设计，事实上是根据合作式学习的精神而来的，目的是帮助每位组员再做一次复习，并厘清所有的迷思概念，尤其是游戏裁判马上会直接告知正确或错误的回馈，对于刺激与反应之间的联结效果非常大。

此外，先提供问题的答案当作线索，让学生倒回去想："到底会是什么样的问题会有这样的答案？"这种设计是让学生有机会检视各种的可能性，对于思考能力的培育有极大的贡献，可以算是后设认知的具体运用。

实施的现状

通常在中小学的教室中，在考试之前老师会提供的复习方式大部分是以笔试或发讲义为主，偶尔会有一些老师以口头问答的方式与全班学生互动，另外还有一些老师采用合作式学习的方式进行复习，例如，分组讨论学习单上面的问题或纲要。

而在本策略中，虽然仍是以合作式学习的方式来进行复习，但是，是先给学生提供一个答案，然后让他们去想这一个答案可能是什么问题所导致的。这对学生的学习而言，可以激发他们分析问题因果关系的能力，并且可以提供多元思考的机会。此外，因为是小组内合作，再加上小组之间的竞争，学习的气氛可以一直维持在很高的水平上，是很值得尝试的教学策略。

在实施时需特别注意之处

1. 若是可以先练习合作式学习的分组若干次，让学生熟练分组讨论的过程与技巧之后，再进行本次分组抢答的活动，会有比较好的效果。

2. 需要强调全组讨论与全组共识的重要性，好让同一组的低成就者有更多机会来参与。

策略 84　大专杯比赛

概要

这个策略对传统的教材复习而言，是一种很另类的方式。它能让老师评量到底学生对教材熟练到什么程度，也能够当作加强、解释与整理重点的手段。

🌀 实施的步骤

1. 将学生分为三人或四人一组，让每组选择一个他们想代表出赛的大学的校名。例如，台湾大学队、辅仁大学队、成功大学队等。
2. 这个游戏是采取举手抢答的方式来进行的，亦即每次你提出一个问题时，每组的每个人都可以举手抢答。
3. 向全班说明下列规则：
   a. 回答问题之前要先举手。
   b. 在一个问题还没有被叙述完之前，如果你认为你知道答案，就可以举手抢答。一旦老师叙述问题时被学生打断了，老师对问题的叙述就会停止。
   c. 每位成员一说出正确的答案，该小组就得一分。
   d. 当有一人答错，另一组便可以回答（如果前一组曾打断问题的宣读，另一组仍可以听完全部的问题）。
4. 正式开始比赛。
5. 在所有问题问完后，计算得分并宣布获胜的队伍。
6. 根据这个游戏中学生的反应，接着复习学生还搞不清楚的教材内容，或复习需要加强的教材内容。

🌀 其他变化的方式

1. 小组的队名也可以采用公司名、汽车厂商、运动队伍、卡通人物等。
2. 不用抢答的方式，而是轮流问每组。
3. 游戏的类型可以包括某项技能的正确示范，而不是只回答认知类的问题。
4. 可以累积每一次的比赛成果，到期末再来一次总结算。
5. 可以根据题目的难易程度，事先宣布该题目的加权比重，让输赢的变量增加，以营造高潮起伏的气氛。

🌀 适用对象

适用科目：任何科目均可。
适用年级：小学高年级至大学。

🌀 相关的学理根据

根据美国明尼苏达大学合作式学习的大师大卫·约翰逊与罗杰·约翰

逊兄弟的分类，一般学习的目标结构（goal structure）有三大类（Johnson & Johnson，1999）：

(1) 合作式学习（cooperative learning）：学习者是以异质性小组的方式来一起学习，每个人都有其角色与贡献，彼此相互倚赖，而酬赏则是根据其集体的成就而决定的。

(2) 竞争式学习（competitive learning）：学习者是彼此对抗以达到一个好成绩，只有少部分人会成功。在这个学习情境之下，每个人都在求取对自己有利并对别人不利的结果，他们都想要努力表现得比班上其他的人更快、更好，因为他们知道只有他们达到目标而别人做不到的时候，才算是获胜。

(3) 个别式学习（individualistic learning）：学习者是独立学习以达到学习目标，整个过程都与别人无涉。凡是没有相互倚赖的本质的，大致上都属于此类。

而从本策略的实施步骤中进一步深入观察时，可以发现有两项特征，也就是小组之间是竞争的局面，而同一小组之内则是互助与互补的本质，而共同的目标则是为小组赢得胜利，让大家分享胜利的成果。这种设计与罗伯特·斯莱文（Robert Slavin）教授所设计的学生团队学习（Student-Team Learning）之下的各种合作式学习相比，可以说是在精神上遥相呼应（Slavin，1995）。

实施的现状

在一般的电视节目上，以每个学校校名组队对抗的节目早已风行多年，对抗的阶段从小学生到大学生的队伍都有，对抗的内容从体能类到认知类都包括，在收视率上都有不错的表现。

而在一般的校园内，这个策略也偶尔可以见到类似的影子，有的老师会以"小组竞赛"的方式来进行，由每行的学生自成一组，每题都由轮到的学生上台将答案写在黑板上，然后老师再逐一检查答案，一方面纠正错误概念，一方面对正确的答案给予正增强的回馈。

在实施时需特别注意之处

1.为了控制班级噪音的音量，可以把音量列入加减总分的项目，以免学生因为情绪亢奋而音量失控。

2.因为这个游戏是采取举手抢答的方式来进行的,容易造成学生抱怨先举手而未获答题的优先权,所以需要事先规划好解决的策略,如再举一次手来比较。

3.最好在一边进行时,就顺便登记学生答错的题目与其相关的章节,以便进行下一阶段的补救教学。

策略 85 让学生自己来整理重点

概要

这个策略是要让学生摘要整理他们所学的教材,并把他们整理的重点分享给别人,这是培养自学能力的不二法门。

实施的步骤

1.先向学生解释,若由老师提供上课的重点摘要的话,就违反了主动学习的原则,也同时剥夺了他们自学能力的发展机会。

2.把学生分成二至四人一组。

3.要每组学生把上课内容编成他们自己的重点摘要去整理,鼓励他们去编一份纲要、一张记忆图或任何能让他们把重点摘要有效传达给其他同学的设计。

4.用下列任何一个问题来引导他们的整理工作:

　a.我们已检讨过的主题是什么?

　b.今天在课堂中提出了哪些重点?

　c.你今天获得了哪些经验,并从中得到了什么启示?

　d.你从课堂中获得了什么观念或建议?

5.请各组同学分享他们的重点摘要,并对他们的努力成果给予掌声。

其他变化的方式

1.提供今天所教的主题大纲,并要学生填入所教的细节。

2.要学生把整理的重点摘要加上配乐,可以用一首知名歌曲的旋律或由他们自创一段音乐节奏。

3.如果班上有搞笑高手或吟诗才子、才女的话,可以将重点改编成打油诗，或响亮易记的广告文案。例如，近代史中的八国联军就可以改编成"饿的话，每日熬一鹰"的口诀，以呼应俄国、德国、法国、美国、日本、奥匈帝国、意大利、英国这八国。

4. 可以在学生整理完重点并与全班分享成果之后，请学生拿出参考书来对照，一方面可以补充自己所遗漏之处，另一方面也可以观摩学科专家整理重点的策略。

适用对象

适用科目：各科均可。
适用年级：小学高年级至高中。

相关的学理根据

要有效地理解教材与研读教材不是简单的事，懂得运用研读策略的人与生手之间是有很大差距的，要把教材研读得好就需要兼顾到注意力、理解的技巧与记忆的技巧。更具体地说，学习与研读的策略大致上可以分为五方面（Good & Brophy，1995）[325]：

(1) 复习的策略（rehearsal strategies）：是指主动以说或写的方式来复习教材。例如，重复关键词、抄写教材、抄写详尽的笔记与把重要的部分画线等。

(2) 逐步深究的策略（elaboration strategies）：是指在新的和旧有的教材之间做联结。例如，复述、总结、设计类似的例子，做笔记来评论教材（非逐字抄袭），回答附属的问题或自发性的问题，描述新教材与旧知识之间的关系等。

(3) 组织的策略（organizational strategies）：是指借着找出主从关系、部分与整体的关系等，而将教材的架构建立起来。例如，把课文的大纲列出来，设计出概念之间的阶层图、网络图或关系图。

(4) 理解监控的策略（comprehension monitoring strategies）：是指一直警觉自己要达到的目标，记录自己所用的策略及用这些策略所达到的成功与所调适的行为。例如，使用事先准备的问题或具体目标来引导研读的方向，建立附属的目标，评估进展的情形，自己检查理解的程度，以及必要时做一些策略的修正。

(5) 情意态度类的策略（affective strategies）：是指建立并维持动机，集中注意力，管理自己的焦虑以及有效的时间管理。

在这五大类策略中，一般人最注意的还是前面三大类。为了记住课文内容来供日后使用，学生不仅必须经常以主动、有系统的方式研读，还要以做笔记或其他方式保存主要的概念，他们必须采用日后让自己易于参考的形式。

虽然有学者提出了画线（underlining）、旁注（marginal notes）、摘要（summarizing）和列大纲（outlining）这些常见的做笔记或研读的形式，但是不见得每种方式的效果都是很好的。例如，大学生最喜欢使用画重点的技术，但与其他技术相较，这种方式却是效果比较差的；有的人画太多就等于到处都是重点，有的人是还没有吸收教材、还不知道重点何在就要画重点。所以，至少应该先把课文读完一遍之后再来画重点，效果才会更好。

除了使用画重点的方式之外，如果再加上旁注或编码系统，效果会更好。这里的旁注包括问题、改写拗口的叙述或定义；这里的编码系统包括用色笔来标出主要的观念、用圆圈圈出新的观念或术语、用箭头标出彼此的关系、用方框框出相关的观念、用数字标出连续性的步骤或东西、用星号标出重要的观念与用问号来注记对课文不能苟同的地方。实施这类旁注与编码系统需要学生花更多的心力在课文内容上，而这不是单纯画重点所能比拟的。

此外，写书面摘要的方式做笔记也可以促进学习，好的摘要浓缩了学习材料的精华，并可以帮助学生将注意力集中在重要的概念上。要写出好的摘要绝不是凭空而得，至少有六个法则需要遵守（Good & Brophy, 1995）[326-327]：

(1) 删除琐碎的内容。
(2) 删除重复的内容。
(3) 尽可能以上层术语来代替附属的项目。
(4) 尽可能以一个上层的事件来代替一长串的行动。
(5) 如果课文中有现成的主题句（topic sentence）的话，就选一句。
(6) 必要时自己写一句主题句。

实施的现状

有些学校会规定每个学生在上课时都要做笔记，却没有考虑到每个人整理笔记的能力参差不齐；有的老师会要求学生将自己的板书逐字抄下来，却没有考虑到学生可能会觉得无趣，或是在抄写的过程中会有笔误。但是，还是有一些小学老师是照本策略所建议的方式，以小组的方式来进行上课的重点整理。至于在中学阶段，因为各科参考书都是由各出版社组织专人来编写的，再加上各色套印出来的视觉效果很突出，所以，比较少听到有老师会花时间让学生分组整理上课重点，反倒是鼓励全班学生集体定购同一家出版社的参考书来使用。不过，在学生自己整理课文的过程中，各种复习的策略能由陌生变熟悉，各种教材能不断在学生心中反复推敲，这绝不是单纯套用参考书所能达到的理想境界，而这对教育改革中标榜的培育学生"带得走的能力"而言，更是值得提倡的复习策略。

在实施时需特别注意之处

1. 学生在刚开始实施时可能会觉得浪费时间，甚至会提议直接把参考书拿出来读就可以了，然而，此时还是要坚持让学生自己动手整理，一方面加深印象，一方面他们以后遇到没有参考书可用时，自己汇整的能力已经培养起来，就能无往不利了。

2. 如果学生在上课之前就使用参考书的汇整方法做好了，也不要刻意排斥，或者可以请他帮同一组的组员来做咨询的义工，或者可以请他在该小组完成汇整之后才把他的版本拿出来对照。要肯定这类学生的自动自发的努力，然后指出老师想要的方向与方式，而不是全盘否定。

策略 86　宾果式的复习

概要

这个策略是以宾果游戏的方式来实施，能帮助学生加强在某一科目中所学到的专门术语的复习。

实施的步骤

1. 针对你教的那一科目，设计 24 个或 25 个问题，问题的答案就是某一专门术语或人名，例如：

（1）专门术语类：

　　a. 信息科：KB、CPU、RAM 等。

　　b. 数学科：最小公倍数、最大公约数、无理数等。

　　c. 历史科：禅让政治、井田制度、一条鞭法等。

d. 地理科：经纬度、年均温、赤道等。

(2) 人名类：

a. 物理科：哥白尼、伽利略、居里夫人等。

b. 现代史：罗斯福、甘地、丘吉尔等。

c. 生物科：虎克、巴斯德、达尔文等。

2. 把问题归纳成5沓。每一沓编的字母刚好是B-I-N-G-O。制作宾果卡发给每个学生，而且应该与传统的宾果卡完全一样。在5×5的方格纸上，在24格的格子中都编号码，中间那一格是免费奉送的。

3. 宣读一个有编号的问题。假使有一个学生有这个数字卡，并且能正确地写出这个答案，他就可填这个空格。

4. 无论何时，只要学生完成了一排5个正确答案的连线（垂直、水平或对角线皆可），就可以喊"宾果"。这个游戏可以继续玩到25个空格都被填满。

🔸 其他变化的方式

1. 无论何时，只要学生得到宾果，便提供一个便宜的奖品，例如，一颗糖果。

2. 所设计的宾果卡上已经有24个关键词填进去了，卡上的正中间还是"免费奉送格"。当宣读一个问题时，假使学生认为有适合的答案在卡片上，他就能够在它旁边写上问题的题号。

🔸 适用对象

适用科目：任何科目均可。

适用年级：小学中年级至高中。

🔸 相关的学理根据

游戏的主要用途当然是娱乐，就如猜谜、宾果与下棋这些游戏所带来的娱乐效果，除此之外，游戏在教学上的用途也是不容忽视的。许多教学游戏（instructional games）都可以用来鼓励学生积极投入，增进他们的学习动机与兴趣。游戏可以用来教一些特定的教材或主题，可以让学生分享他们的知识，并对教与学的过程有所贡献，也能在短时间内复习大量的知识（Kramer, 1995）。

本策略所介绍的宾果游戏并不是当今的产物，而是来自18世纪的意大利,那时候人们玩一种类似的游戏叫作"乐透"(lotto),是到现在还在玩的游戏。到了 19 世纪,宾果游戏就在英国与美国盛行起来,在英国被称作 Housey-housey,在美国被称为 Keno,这是从法文 Quine 来的,意思是五个一组。在这些游戏中,格子的形状与卡片的号码都不一样,在美国的宾果卡是 5×5 的格子,使用的号码是从 1 到 25,中心点那一格是奉送的(Bay et al., 2000)。

虽然大部分的人都同意游戏会使人投入也具有教育性,但是对于教学性的游戏该具备什么样的基本特征,却很少能有相同的意见。如果我们把教材内容与某些游戏的特征结合起来,就可以善用游戏的魅力让学生投入学习的过程,也可以让学生达到预期的教学目标。更具体地说,设计教学游戏时主要有三个层面需要列入考虑(Garris et al., 2002):

(1) 从教学的观点来看,这类游戏的主要特征是要让人有兴趣。
(2) 在游戏实施中,学生投入的指标是"使用者的决策、行为与回馈"的循环。
(3) 可以收到各种学习效果。

从这个观点来看,本策略可以说是完全符合上述标准。事实上,宾果游戏很适合用来记一些术语的简称、公式、词汇或是其他基本的教材内容(Sternberger, 1995)。而在数学科的领域中,各种宾果的变化方式提供了许多的练习机会,让学生能以有趣的方式来从事心算、解方程与辨识几何图形等,是值得推广的教学游戏之一(Bay et al., 2000)。

实施的现状

在一般的中小学教学生态中,赶教学进度是老师很难摆脱的宿命,复习教材的方式通常是局限在发讲义与进行小考之间,实施教学游戏的时间确实不多,而有心要尝试的老师也不多。不过,还是有一些小学老师与非升学性科目的老师试过这种宾果式复习法,而在升学性的科目中,许多有理想的老师受限于教学进度的压力,实施本策略的概率相比之下是比较小的。

在实施时需特别注意之处

1. 要事先把噪音控制的游戏规则定好,以免学生因为情绪高涨而造成秩序失控。
2. 因为这个游戏是采取举手抢答的方式来进行的,容易造成学生抱怨先举手而未获答题的优先权，所以需要事先规划好解决的策略，例如，再举一次手来比较。

策略 87 "好莱坞广场"复习法

概要

这个复习策略是根据美国一个备受欢迎的电视益智问答节目《好莱坞广场》而设计的。

实施的步骤

1. 要每个学生写下两或三个与本科目有关的问题，问题可以是选择题、是非题或填充题的题型。

2. 收集所有的问题，并可加入一些老师自己设计的题目。就算是题目内容重复也不必担心，因为这个活动本来就是为了复习教材。

3. 模仿《好莱坞广场》曾演出的井字游戏的方式，在教室前面放三把椅子，征求三个自愿者坐在椅子前面的地板上，三个坐在椅子上，三个站在椅子后面，这时候这九个人就自然代表了井字游戏中的棋子。

4. 发给这九位"名人"每人一张卡片，卡片的一面画上 ×，另一面画上 ○，把卡片放他们身上，以便答对问题时使用。

5. 征求另外两名自愿者来参赛，第一位代表 ×，第二位代表 ○。

6. 参赛者可以选取"名人区"中的任意一名同学来回答比赛的问题。

7. 轮流向参赛者提出问题。针对小组的回答，参赛者以同意或不同意来回答，一如他们试着连成井字游戏中制胜的那一条线（一竖线、一横线或一对角线）。

8. 而对那些没有参赛的同学而言，每人也都有卡片，一边写"同意"，另一边写"不同意"，可以向参赛者出示，以便帮助他们下决定。

其他变化的方式

1. 大家轮流当"名人"，以增加普遍的参与度。

2. 把学生配对，并请学生自己在纸上画好"井"字，然后根据他们回答你的复习问题的能力，要他们彼此玩互相对抗的井字游戏。

3. 如果是班级导师在考前利用空堂帮全班复习的话，可以分科目进行这种井字游戏，然后比较参赛者所累积的胜利次数，最后奖励或颁奖给最厉害的小组或个人。

◎ 适用对象

适用科目：任何科目均可。
适用年级：小学中年级至初中。

◎ 相关的学理根据

自 20 世纪 40 年代起，美国的一些学者针对学生在学习过程中互动的情形而提出三种目标架构（Johnson & Johnson，1991）：

(1) 合作式目标架构（cooperative goal structure）：是指通过小组的方式，学生之间一起努力以达成共同的目标，每个人在互动的过程中彼此讨论、帮忙并互相鼓励，最后的成果与荣誉也是由大家分享。这就像登山队一起爬到山巅时，成功的经验是大家所共有的。

(2) 竞争式目标架构（competitive goal structure）：是指学生之间的目标是彼消此长，一个人的成功就是意味着别人的失败，所以是彼此竞争来决定谁是最好的。这就像是田径场上一个人赢了一场赛跑时，其他的人就都输了。

(3) 个别式目标架构（individualistic goal structure）：是指学生的学习过程与别人没有互动的关系，自己的成就与别人的成就无关，所以只求对自己有益的成果。这就像是一个人设定自己在游泳池要游完一个来回，跟别人到底是否游完无关一样。

在合作式学习的领域中，有一套由美国约翰·霍普金斯大学的斯莱文（Robert Slavin）教授发展出来的小组游戏竞赛法（team-games-tournaments，TGT），强调游戏式的小组竞赛，其实施的精神与本策略基本上是相通的。小组游戏竞赛法的实施流程有五个阶段（Slavin，1995）[84]，亦即全班授课（class presentation）、分组学习（teams）、游戏（games）、竞赛（tournaments）与小组表扬（team recognition）。虽然斯莱文教授的 TGT 法中的游戏与竞赛的做法与本策略所设计的方式不同，但是要让学生在趣味中投入学习的基本理念则是一致的。

"有一个共通的结论是：在处理低阶的工作，就如一些需要肢体动作的事、编码和记一些事实性的内容，这时候合作式的成果会比竞争式的成果大（D. W. Johnson et al., 1981；Qin, 1992；Slavin, 1983）。然而，在处理高阶的工作，就如解决问题时，这时候到底是合作式的成果或竞争式的成果比较大就有不同的意见，有些研究是支持合作式的成果大（D. W. Johnson et al., 1981；Miller & Hamblin, 1963；Stodolsky, 1984），有些研究是支持竞争式的成果大（引自 Qin et al., 1995）。"

不管是合作式或竞争式的学习，有一件事倒是可以确定的，在分组学习的方式之下，通过游戏竞争的形式，学生的学习动机一直维持在高昂的状态中，所以不管是用来学习新教材，或是复习旧教材，都能获致相当满意的结果。

实施的现状

这个策略在中小学阶段被相当多的老师使用过，不过是做了某种程度的修改，一般老师比较常用的是以小组为单位，在周考或月考之前来做小组竞赛，并且主要是由老师自己来出题，而少有人让学生也参与出题的过程。

在实施时需特别注意之处

1. 这个策略若在小学阶段实施，要先与学生约法三章，不可以喧哗，不可以离开座位而走动，不可以"输不起"。

2. 最好将事先搜集好的题目依其难度分为困难、普通与简单三大类，以供不同程度的参赛者使用。

3. 最好能够长期实施，这样学生的得失之心才能淡化，因为每回竞赛的输赢都还在未定之天。

策略 88　前后对照

概要

设计一个学习单元或课程时，很有效的方法之一是让学生在课程一开始就陈述他们对该科主题的观点，结束时再去评估这些观点。这种前后对照的形式可以让学生具体地体会到学习的成果。

💭 实施的步骤

1. 在某个单元或课程开始时，要学生表达他们对某个主题的观点。例如：

　　a. 学期报告怎样写才算好？

　　b. 生命的价值是什么？

　　c. 欲成为更好的演员，要给自己的忠告是什么？

　　d. 如何使经济保持成长？你能想到什么办法来解决？

学生表达观点的方式可以用下面任何一种模式来实施：

　　a. 团体讨论。

　　b. 问卷调查。

　　c. 公开辩论。

　　d. 书面报告。

2. 在单元结束或是学期的末尾时，再次要学生表达他们的观点。

3. 问学生他们的观点是否仍然相同或者已有改变了。

4. 必要时，可以采用书面报告的方式来正式探讨每个人在感性与知性上的成长，并列出今后可以自我改进的建议。

💭 其他变化的方式

1. 在课堂上讨论是什么因素引起学生观点发生转变。

2. 在课程一开始就做一个练习，让学生写下他们所不熟练的或不太知道的一些目前的情况，而这些情况却又是他们想熟练或知道的。在课程结束时也做一个练习，让学生反省一下他们在未来要如何更有效地处理这些情况。

💭 适用对象

适用科目：任何科目均可。

适用年级：小学高年级以上至大学。

💭 相关的学理根据

本策略基本上是根据"后设认知"（metacognition）的理念来设计的，"后设认知"的概念是在 1976 年由弗拉维尔（Flavell）所引介的。他认为后设认知就是一个人对自己认知过程与成果的知识，或是任何与这些有关的知识，并且进一步地说，更是一个人对与认知目标有关的认知过程的主动监控。

这个术语演进到现在，已经变成一个通用概念，是指让学习者能相应地调整不同的问题、要求与情境脉络（Desoete et al., 2001）。

自从20世纪70年代晚期到现在，在后设认知方面的研究蓬勃发展，如后设记忆（metamemory）、后设语言（metalanguage）、后设解题（metasolving）与后设阅读（metareading）等方面。这些研究带进了一般的与具体的对后设认知的知识。所谓一般的后设认知的知识，就是指一个人能知道、控制与调节解决问题的过程，不管是哪一科目都能如此；而所谓具体领域（domain specific）的后设认知则是指能注意到每一领域的一些特征，并进而能在各领域中有变化。而如果能给学生提供后设认知的训练的话，他们在解题过程上的思考会更好。再者，如果学生能与别人一起讨论后设认知的议题的话，他们在后设认知上的知识也会增长（Kramarski & Mevarech, 2003）。

一般而言，在数学科中，后设认知的训练比较常用到的是下列三类问题（Kramarski & Mevarech, 2003）：

(1) 理解性的问题（comprehension questions）：这是要促使学生在解题之前先加以思考。换言之，学生要先阅读问题，以自己的话来描述一些相关的概念，并试着去了解这些概念的意思。如果用图解的方式来呈现的话，理解性的问题会引导学生从微观到宏观来看，也能从量到质的角度来理解。以数学科为例，这类问题就如"X轴代表什么？""Y轴代表什么？""这个图的趋势是什么？""这个图的特点是什么？"

(2) 策略性的问题（strategic questions）：这是要让学生来考虑哪些策略是最合适用来解决问题的，背后的原因又是什么。换言之，学生要回答三种问题：

① what：哪些策略、技术或原则能用来解决问题？
② why：为什么是这个策略、技术或原则最合适？
③ how：这个建议的计划要如何执行出来？

(3) 关联性的问题（connection questions）：这是要让学生注意到目前的问题与以前遇到的问题之间有什么相同与相异之处，并做出实际的比较。

通过对学习过程的"前后对照"，学生能分析一路学习的利弊得失，再加上从同侪之间得到的回馈与从老师而来的指正或鼓励，对学生今后的学习能力、方式与过程都有很大的帮助。已经有一些研究结果证实，常常有后设认知训练机会的学生比较能把数学科的看图能力转为构图能力。至于在阅读理解方面，如果能够提供后设认知的训练，则是能帮助学生在阅读上与写作上取得明显的进步（Salomon et al.，1989）。而这一切的结果则是验证了近年来的一个共同结论，"后设认知的训练能引导学生把新学到的知识与现有的知识做一个完整且有意义的联结"（Kramarski & Mevarech，2003）。

实施的现状

后设认知的理念被引进岛内的教育界已经有相当长的时日，但是，一般老师对于它实施的方式则不甚明了，比较常见的是请学生在周记上撰写学习上的成长心得，但是，学生不见得会遵照格式来写，老师批改完之后也比较不会拿出来与众人分享。

其实，还是有一些老师，在辅导活动或童军活动的相关单元中，在上完课后留出一点儿时间请学生做一些经验分享，通常会以未完成句子的方式来引导。例如，"我以前认为……我现在则是……""我以前都是……这次上课后我就……以后我要……"

不过，本策略的第一步，"在某个单元或课程开始时，要学生表达他们对某个主题的观点"，则是普遍被许多老师实施的，以确认学生的起始行为。

在实施时需特别注意之处

1. 若是要求学生公开表达，恐怕会造成某些害羞的学生不敢发言，而成了外向型的学生独霸的场面，所以需要一开始就说明"后设认知"训练的用意，是在于帮助他们整理并检讨自己学习的策略、方式与过程，并借着彼此观摩而有多元化的学习。

2. 如果采取书面报告的方式来进行的话，则需要事先沟通好撰写的格式。如第一段写学习之前的观点，第二段写学习过程的细节，第三段写学习的心得与今后学习上的新方式或领悟，并且需要将突出的作品张贴出来，将内容潦草的学生私下叫来了解原因。

3. 长期实施时，要记录并监督学生是否遵照他们自己检讨的内容来改进，否则学生很可能只会做一些表面功夫来应付老师的要求。

策略 89 资本回收

概要

这个方法是让学生定期评估从课程中有所收获的程度。学生是站在一个投资者的角度，预期能获得自己所期待的学习效果，而非被课程进度驾驭的被动者。

实施的步骤

1. 在课程一开始，要学生写下他们希望从这一科中想学到什么。进行活动的方法如下：

   a. 要学生将自己对这一科的学习目标列出来。

   b. 要学生列出他们对这一科感到有困难的地方，或不感兴趣的地方。

   c. 要学生列出他们可以将所学加以应用的地方。

2. 定期地留一些时间给学生，让他们回顾学期开始时自己对这一科的期望，并想一想这一科至今对他们而言有什么价值。

3. 学期终了或课程结束的时候，要学生以他们最初期望的角度，来评估他们在这一科所投资的时间和努力是否值得。

4. 收集学生的回馈，并给予合适的鼓励或指正。

其他变化的方式

1. 将学生的目标写在该科的课本内页上，或以胶膜护贝成书签的方式，让学生们能很容易在整个学期中加以对照。

2. 要学生画出百分比来描述他们的投资报酬率。例如，某个学生觉得这个课程很有价值，那么他可能指出他在这一科的投资回收了75%。

适用对象

适用科目：任何科目均可。

适用年级：小学中年级至大学。

相关的学理根据

本策略是由学生自己定期评估在学习过程中的投资与报酬，主要是在探讨学生能否一直维持学习动机，检讨自己的学习方式的有效性与提供成就感的机会。这种要让学生成为学习有劲且能自律的境界历来是许多老师的理想，但这却不是容易达成的目标，因为这牵涉到学生是否有自律的动力，能否为自己的学习负责（Mithaug & Mithaug，2003）。要解决这个问题就需要老师、学生与家长的共同配合，而且是要从学生学习自律的技能开始，这样他们才能调适学习上的改变。再者，就像是自我评鉴（self-evaluation）与自我学习（self-instruction）这类自我管理策略，也是要发展出来的行为，这会让学生胜任他们在人际上与学业上的行为管理。本策略基本上就是在强调让学生自我监控的策略（self-monitoring strategies），借着监控并比较预设的期望与实际的表现，最后就能对先前的目标有合适的调整，并后续设定更合适的目标与计划（Martin et al.，2003）。

其实，周延的自我管理策略还包括自我监控（self-monitoring）、自我评鉴、自我催促（self-delivered prompts）、自发的酬赏（self-delivered rewards）与自找的酬赏（self-recruited rewards），这些都是能增进学生能力的有效策略。简单地说，这种自我管理的策略是指一个人运用自我管理的行为，以增进预期所欲的行为过程。如果教学生将这些策略运用到各种情境，那么所收的效果就更能扩展，成为带得走的能力与态度（Brooks et al.，2003）。

此外，从学习辅导的角度来看，有学习障碍的人在态度上有三个特征，亦即负面的成败归因及外在控制的信念、学习的无助感与消极的学业自我概念。对于以上的问题，在教学及环境上应有妥善的安排，例如，营造一种支持、安全与接纳的学习环境，增进学生成功的经验，提供有意义且略有挑战性的工作或作业，提供适当的回馈，以及提供归因训练（吴佩雯，2001）。根据学习辅导的理念，本策略是让学生借着定期回顾学习过程，面对并克服学习的无助感、激发并提升学习动机并在过程中累积成就感从而培养积极的自我概念。

🌀 实施的现状

这种培养学生自我监督与自我评鉴的策略就算是在岛外的教育生态中也是少见的，在岛内当然更是如此。比较常见的变通方式不外乎是由授课老师请学生在期末时在周记上反省学习心得，于自我管理与自我监督方面完全无法使力，这与本策略所强调的定期反省加上期末整体性的反省，在境界上是不可同日而语的。

🌀 在实施时需特别注意之处

1. 因为这是要帮助学生定期反省并持续到课程结束的策略，所以，老师最好要在对自己醒目的地方也标注自己需要定期实施，否则就很容易变成虎头蛇尾的事情。

2. 收集学生的回馈之后一定要给予合适的鼓励或指正，让学生知道并感受到老师非常重视这件事，这样他们才会认真进行。

3. 当学生在学期之初提出对本科目的预期时，就要认真给予回馈，对于无法达到的梦想要趁早告知，对于太低的预期则可以适时指正。

策略 90　学习成果展

🌀 概要

这个活动是评量及展示学生在某一科中的学习成果。这是一种"重整"与"展现"的历程，借由这个策略，我们可以让学生重新思考整个学期（学年或单元）的上课内容，并进行比较批判，更可以建立他们的学习成就感。

🌀 实施的步骤

1. 将学生分成二至四人一组。

2. 要每组讨论他们那一组的成员从课堂上学到了什么，所学到的可能包括：
   a. 新知识：如图像文件压缩的原理。
   b. 新技巧：如收发电子邮件。
   c. 在某方面的改善：如写计算机程序的能力。
   d. 在某方面新的兴趣或重新引发的兴趣：如对计算机图像处理的兴趣。
   e. 在某方面的自信心：如用电脑制作贺卡。

然后要他们在大张的海报上条列这些学习成果，并标上"我们所学会的"标题字样。

3. 把这些学习成果的海报贴在墙壁上。

4. 要每个学生走过每张海报，并核对自己和别人的海报上所列的学习成果的项目，只要自己学会的就在旁边打钩。

5. 调查结果，注意最多人学会的项目，也要留意那些特殊和出乎意料的学习，如果可能的话，要留一点儿时间让这些当事人发表一点儿学习心得。

🔧 其他变化的方式

1. 倘若这个班级的人数不多，则可以让每个学生自己在海报上列举个人的学习成果。

2. 若不是列举所谓的"学习成果"，也可以要学生列举"值得保留的成果"，也就是在课堂中学生认为值得保留到未来使用的观念或建议。

🔧 适用对象

适用科目：任何科目均可。

适用年级：小学中年级至高中。

🔧 相关的学理根据

在评量学生的学习成果时，除了传统的笔纸测验之外，近年来在教育界逐渐盛行真实评量（authentic assessments）的理念。它的内涵至少包括下列八个方面（Bruke，1993）：

(1) 真实评量强调学习与思考的方法，尤其是像解题策略的高层次思考技巧。
(2) 真实评量的作业重点在于指导学生呈现具有高品质的作品与表现。
(3) 真实评量注重学科内容的统整和产生知识，而非复制别人的片段知识。
(4) 有意义的作业应该让学生从作业中学习追求卓越与改变。
(5) 真实评量的重点是要引导学生去面对如何善用知识与判断知识的挑战。
(6) 真实评量注重评量者与受评者之间的正面互动。
(7) 真实评量强调学生精熟学科内容之后，必须能将具有代表性的作品展现出来。
(8) 真实评量给学生提供在课业上或成或败的信息。

真实评量真的就是指真实的作业、真实的活动与真实的评量，强调学习的过程与成果都是一样重要，鼓励学生在逼真的情境中对开放性的复杂问题做探索。而实施的例子就如西奥多·赛泽（Theodore Sizer）在1992提出来的"精熟展示"（exhibition of mastery），借着让学生设计一项作品或精通一项技能，来证明学生有熟练的技术或学习成果；学生在公开的场合中来表演、演奏与回答问题，不管是哪种形式，学生都是真刀真枪地有知性上的表现。

如果学生表现良好的话,这种展示不只是评鉴的机制,也是表达的工具。所以,"精熟展示"就不只是最后的成品,更是一种方式或一种过程。换言之,它至少包含两个元素(Bingen,1997):

(1) 要遵照专业人士设计产品的方式来进行:先是学习和了解基础知识,了解解决该领域问题的过程,然后探讨对一些具体问题的看法的深度与广度,最后是还要超越别人的知识,能批判或延伸知识,能解释和探索理论背后的假设与限制。

(2) 所展示的必须对学生而言是有价值的、有个人风格的、对个人有真正重要性的,而不是仅仅证明他们有能力而已。

实施的现状

在才艺补习班与私立幼儿园的生态中,常常可以看到类似的成果展览会,由授课老师花相当多的时间指导学生多次排练,然后才举行正式的成果展览会,参观的多是家长与社区人士,学生所扮演的角色就是演员。此外,当然也有一些学校或班级有成果展的墙报展览,常常是静态的展览,学生未必会认真观摩,而这与本策略中学生彼此讨论,互相观摩,核对学习项目,然后是心得分享的设计还是有所不同。

在实施时需特别注意之处

1. 成果展一般是很耗费人力与物力的,要事先规定学生经费的上限与材料的方式与来源,以免学生会用一些过于奢侈、虚浮的包装或手法来呈现他们的学习成果,远远超过了他们已经学到的东西,造成喧宾夺主的现象。

2. 各组之间的观摩是重在鉴赏他人的心得与巧思,而不是分数上的竞争。

策略 91 学习的体检

概要

这个策略与策略 66 "活泼的自评"类似。学生可以在课程结束后用这个策略来评估自己学到多少,或修正其先入为主的观念。当然,这些学生的回馈也能够给授课老师提供很宝贵的意见,作为日后教学改进的参考。

🌀 实施的步骤

1. 设计出一些叙述句来评估学生的改变，内容范例如下：
   a. 因为这堂课，使我改变了对于_____的观点。
   b. 我在_____方面的技能进步了。
   c. 我学到了新的资讯和观念。
2. 把桌椅搬到一旁，要学生站在教室后面。
3. 用五张 A4 的白纸来制作从①到⑤的等级分类单，把这五张纸贴在教室前面的黑板或墙上。
4. 告诉学生，待会他们将会听到一些事实陈述，听完后，就站到最符合自己评量的等级号码前。这五个等级分别为：①＝非常不赞成，②＝不赞成，③＝不确定，④＝赞成，⑤＝非常赞成。
5. 老师要强调他们诚实回答的重要性，鼓励每个人都可以有自己的看法，也都应当尊重别人的看法，要认真做自己，并预告等一下每个人都有可能会被抽到分享自己的感受。
6. 每宣读一个叙述句，学生就必须站到最符合其自我评估的等级号码前。要鼓励学生认真地自我评估。老师可以指出某些因素可能会产生些微的差异，或没有造成差异。这些因素包括先备知能的程度与练习时间的长短等。
7. 等学生在不同的号码位置上排好队后，请一些学生分享他们会选择那个等级的原因。
8. 听完别人的意见后，可以请任何一位想改变自评等级的人移动位置，并且这时候可以顺便将学生在各等级的人数登记起来，以便当作以后修正教学的客观依据。

🌀 其他变化的方式

1. 可以用个别书面的自评来取代公开的活动，这样可以省去许多实施的时间，却失去由学生坚定辩护自己看法与同侪之间能彼此观摩的机会。
2. 要学生按照对每个叙述句的同意程度来排序。当他们选择较喜欢的等级时，必须彼此讨论学到的东西以及他们是如何改变的。
3. 可以在计算机教室中，以网络上的班级家族中的即时投票功能取代传统教室中的实施方式。

🌑 适用对象

适用科目：任何科目均可。

适用年级：小学高年级至高中。

🌑 相关的学理根据

以老师的角色来着眼，撒普（Tharp）与加利莫尔（Gallimore）于1988年提倡老师的教学应该是协助式的表现（assisted performance）。换言之，老师有很多种方式来支援或帮助学生，包括做榜样、管理突发事件、提供回馈、教学、质问、协助认知上的架构与帮助反省。虽然大部分的老师都有帮助学生的想法，但是能把这些协助方式予以明确化的时候，老师才更能领会原来协助学生的方式是多元的（Shambaugh & Magliaro，2001）。

在本策略中，老师的工作就是在协助学生认真地反省，就是对自己的教学做彻底的体检，然后由学生提出最真实的回馈。因为在教学过程中，就算是很有经验的老师也需要从学生那里得到诚实而直接的回馈，才能保持自己的教学更切合学生实际，就像是麦基奇（McKeachie）在1986年所发现的，实习老师的意见回馈是对指导教授未来改进教学的重要因素之一（Heppner & Johnston，1994）。

其实，搜集并尊重学生的回馈对学生也有好处，因为老师可以进而使用学生的回馈帮助学生发展成一个有效能的学习者（Panasuk & LeBaron，1999）。更具体地说，如果学生能够对教学过程的不同层面的优劣提供详细的回馈，甚至提出可能的解决方案的话，这对老师的教与学生的学是双赢的局面，因为老师会继续去实施学生所喜欢或欣赏的一些措施，避免那些会让学生产生不快的措施，删除那些无法满足学生期望的措施。最后，这种学生的回馈对家长而言，也会增进他们对教师教学的支持（Omotani & Omotani，1996）。

而从学生的角度来看，因为每个人都有机会被抽到分享自己的心得，这就会让学生慎重考虑自己真正的收获，而这正是价值澄清法的基本精神。这里的价值澄清法通常是有七个规准（欧用生，1978）：

(1) 自由选择：无论是否有外在势力的监视，经过自由选择后所产生的价值观具有引导个人言行的效力。换句话说，当我们经过主动而自由的选择而确定价值的时候，越能感受到该价值观是思想的中心。

(2) 从不同的途径中选择：价值的定义是基于个人所做选择的结果，当我们没有任何选择余地时，价值范畴所包括的内容就没有太大的意义。当我们面临许多的选择途径时，才更能感受到真正的价值所在。

(3) 经过考虑之后才选择：我们对各种不同途径的后果加以深思熟虑，并予多方衡量比较后，所做的选择就不是一时的冲动，而是理智的选择。

(4) 重视与珍惜自己的选择：对于我们所乐意选择并决定的价值能引以为荣，并珍惜和重视有加，并作为我们生活的准绳。

(5) 公开表示自己的选择：当我们在自由、自主的前提下，经过慎重考虑后才做出决定时，我们就很自然愿意对外公开。如果我们以所做的选择为耻，或是不敢公开表示出来，则表示它不是我们内心深处真正认同的价值。

(6) 根据自己的选择而采取行动：我们的价值观应该能影响我们的生活，并能表现在日常行为上，若只是坐而言，而无法起而行，这种价值观不过是当事人表面应付的谈论而已，算不得真正的价值观。

(7) 重复实行：当我们的价值观或态度具体成形时，必会一再反复地彰显在行为上，成为自己品格的一部分，而具有持久性，并成为生活形态的重要因素。

● 实施的现状

大部分的老师多是直接以举手的方式来调查学生对某一科目或某一单元的态度、感受和信念的，其最大的好处是省时易行，但是只能当作初步的资料。而本策略特别规划了由学生向大家分享自己为何有此态度或决定的措施，而不是随便举手凑数，并允许其他学生立刻改变态度，这种做法则是较少听过的步骤。因为每个人随时都会被老师抽到，来分享做此决定的原因，所以，与一般只是在座位上举手表达态度的方式不同，学生会在更认真考虑之后才做出决定，以使调查结果的可信度更高，对后续的修正教学会更有帮助。

● 在实施时需特别注意之处

1. 本策略研发的背景是在欧美小班制的班级，每间教室的空间与大约20个人的班级人数之间的比例可以说是相当宽敞，但是，在35到40人的班级要实施时，则不一定依其原来的步骤，倒是可以考虑加以调整的。

2.若是维持原策略的实施方式，可以请学生在上课之前就将桌椅排好，并且当学生移动到代表不同等级的位置时，要特别注意噪音与秩序的问题，以免学生趁机聊天或分心嬉耍。

3.教师抽到学生分享自己看法时，要避免只叫少数人发言，最好是采取随机抽的方式，才能使学生更认真思考到底自己真正的感受是什么。

策略 92　学习成果剪贴图

◎ 概要

这个练习是要设计一张成果剪贴图，让学生以新颖的方式来评量他们自己。

◎ 实施的步骤

1.请学生收集几份过期的杂志，给学生提供一些剪刀、马克笔和胶水（或透明胶带）。

2.学生设计一份成果剪贴图，来代表他们已经学到了什么、他们在班上是怎么改变的。

3.如果是没有电脑资源的环境，可以提供下列建议：

　　a.从杂志的广告中，剪下一些句子来描述目前的看法、技巧或理解。

　　b.粘贴剪下来的图像，以便生动地描述学习上的成就。

　　c.用马克笔在这张学习成果剪贴图上加标题，再加上自己的话或自己的图。

如果是在有网络资源的环境中，则可以建议用关键词搜寻网络资源，浏览后选取相关叙述来代表目前的看法、技巧或理解。然后以彩色打印机打印出相关的图像与标题，再加上一些手工的花边或文字即可。

4.设计学习成果剪贴图的陈列走廊，请学生浏览成果，并对展示的成品发表评论。

◎ 其他变化的方式

1.可以设计小组的学习成果剪贴图，以取代个人的成果剪贴图。

2.可以让学生创作一枚徽章或臂章，来展示他们的学习成果。

3.可以把每个月或每阶段的学习所设计的学习成果剪贴图汇集成册，以供学生收集，并可于学年结束时，将成册的学习成果剪贴图再次展示，并请家长莅临参观。

适用对象

适用科目：任何科目均可。

适用年级：小学高年级至高中。

相关的学理根据

美国教育学者克鲁克斯（Crooks）认为教学的评量能增进学校办学的品质，教学的评量与学生的决策之间是有关联的，评量的结果会帮助学生知道他们到底学了什么、到底有哪些是很重要而有待学习的，也会影响学习的动机与对自己能力的看法、学习的方式与自己学习的时机等。他认为教学的评量必须注意下列要点（Crooks，1988）：

(1) 要强调对教材的理解，而不只是能认得或记忆而已；要强调能将学习转化到新环境中的能力与推理的能力。
(2) 在过程中要帮助学生学习，而不是期末给一个分数或等级而已。
(3) 要给予学生回馈，以便让他们能看到自己的成长与进步。
(4) 要注重学生之间能增进自我评鉴技巧的各种互动方式。
(5) 仔细反省预定的成就水平，是否够高而又可以达到，这样可以增进学生的自信心，以免学生因气馁而放弃。
(6) 固定提供练习的机会与具体叙述的回馈来稳固学生的学习。
(7) 根据预设的成就水平，合适地运用多元的评量方式。
(8) 要触及所有有价值的成就层面，不要局限在容易评量得到的层面。

实施的现状

在中小学的学校生态中，一般的墙报展览的实施时机是在学习之前，由学艺股长或小组长根据课文内容来负责筹划与执行。或是重要的节日之前，根据该节日的基本资料来设计的。此外，在美劳作品完成之后，也有集体展览的现象。而本策略主要是让学生在学习之后，以后设认知的方式来回想自己到底学会了什么、是怎么学的、该如何把自己的学习独特地呈现出来。这种的评量方式颇能符合克鲁克斯在 1988 年提出来的教学评量观点，能触及所有有价值的成就层面，是值得考虑的做法。

🌀 在实施时需特别注意之处

1. 这个策略着重的是展现学生的学习成果，而不是美工作品的精美程度，所以，要强调评量的重点在于学习的内容，以免学生只注重美工的包装。

2. 为了避免家长完全取代学生，可以规定学生带材料来班上制作，但是材料上的预备则可由家长来协助。

3. 实施的时机可以选择在班会或周会的时候，就可以避免教学进度上的压力。

4. 为了让每个人都能认真设计并观摩别人的学习成果，可以请学生在展览结束后在周记上写下参观心得。如果有班级网站的话，还可以将作品数字化，放在网站上供人欣赏。

策略 93　持续学习

🌀 概要

这个策略是让学生以头脑风暴的方式，想出课程结束后还能继续学习的方法。这与先前所提到的签订学习契约策略类似，差别只在于学习是否因为课程的结束而随之结束。

🌀 实施的步骤

1. 在最后一堂课上，以郑重的语气与诚恳的心向学生说明你的期许："这一科的学习不会因为课程的结束而终止。"

2. 建议学生，有很多能让他们持续主动学习的方式。

3. 指出达成这个目标的一个方法是：设计一份他们自己想继续学习的项目清单。

4. 将全班分组，并让每小组以头脑风暴的方式提出他们自己的想法。这里只列出一些通用的建议：

　　a. 从报纸、杂志上寻找与本科目相关的主题。

　　b. 修习相同学科领域中的其他科目。

　　c. 列出一张未来的阅读书目清单。

　　d. 再读一次课本并且复习课堂上所做的笔记。

e. 将你已学得的知识或技能传授给其他人。

f. 去找一份工作或做一项作业，其先决的条件是要运用你已学会的技巧。

5. 重新集合全班，并要每小组分享他们最好的方法。

其他变化的方式

1. 事先为学生准备一张建议清单，要他们挑出那些适合自己的方式。

2. 发给学生一份学习单，列出在课程结束后他们还能继续学习好几周的点子，并请他们在做完之后用电子邮件回复老师。

3. 老师可以在小组分享讨论出来的学习清单之后，请各小组推出小组长或联络人，并制定出定期或不定期分享学习心得的机制，让学生能以小组的共同制约力量持续学习，以体验学习型组织（learning organization）的精神。

4. 在班级网站或家族网站上以讨论版方式实施。

适用对象

适用科目：理论上每个学科领域均可以适用。

适用年级：小学低年级至高中。

相关的学理根据

在知识爆炸的年代，知识的生命周期大为缩短。一个人用十几年的时间接受正式教育所获得的知识往往会在短期内就过时，尤有甚者，就算是在大学与研究所的层次所学的专业知识，大约在五年内也会逐渐失去价值，这从近年来计算机科技与生物科技在三五年之间就已全面更新可以得到最佳例证。因此，一个专业人员如果在毕业后就停滞不前，不再学习，那么在五年内他所学的学问与技术就会进入所谓的"知识半衰期"。

自1965年起，联合国教科文组织提倡终身学习（lifelong learning）的理念，借由不断学习的过程，一个人的头脑风暴越频繁，理念越新，个人的生命力越强，社会的活力也越丰沛，"活到老，学到老"的理念在这个时代显得格外有意义。以此观点来看，学校教育只是一个人学习的过程之一，随着寿命的延长、新知的获得、职业的转换、工作后教育的延续、专业成长、职业生涯成长过程中的升迁等因素的交互作用，终身学习的理念逐渐成为全民共识，学习管道多元化也落实在当今体制内与体制外的许多机构中。最明显的例子是在近年的教育改革与九年一贯课程中，已把终身学习列为十大基本能力之一，积极运用社会资源与个人潜能，使学生能适性发展，建立人生方向，并因应社会与环境变迁，培养终身学习的能力。

再者，圣吉（Peter Senge）在其专书《第五项修炼：学习型组织的艺术与实务》中，探讨一个组织若要充分展现生命力，继续朝向前瞻、开放、进步的方向发展的话，就需要从传统组织的形态转化为一个现代化的学习型组织（郭进隆，1994）。而学习型组织最显著的特质，通常可以用七个 C 来说明（Watkins & Marsick, 1993）：

(1) 继续不断（continuous）的学习：在组织中应让成员知道如何从自己的经验中学习、如何从群体中学习得更多、如何促使自己学习得更有效率，唯有通过继续学习才能够带动个人与组织不断进步。

(2) 亲密合作（collaborative）的关系：经由组织成员的合作学习与共同参与，以加强成员间彼此支持的能力，通过成员间的良性互动，以建立其亲密合作的关系。

(3) 彼此联系（connected）的网络：一方面促使成员的互动关系更为增进，另一方面则要促使组织与社会环境相连接。

(4) 集体共享（collective）的观念：个人或小组间的学习要分享，以便凝聚成组织成长的力量。

(5) 创新发展（creative）的精神：促使组织运作的改良与多方面的发展，随时为组织增添新的创意。

(6) 系统存取（captured and codified）的方法：善用现代科技的能力与方法，建立组织的学习文化。

(7) 培养能力（capacity building）的目的：养成组织成员终身学习的习惯与能力。组织成员能学习到如何因应改变及增进问题解决的能力，以促进组织的发展。

虽然在中小学生态中，长久以来学生被升学压力荼毒，但是，整个社会的走向就是学习型组织与终身学习的主流，学生一旦毕业了，还是会继续受到社会潮流的影响。所以，在这个策略中，根据教育改革与九年一贯课程的理念，学生的学习心态与习惯能被更新与调整，不再是以学期结束为终了，而是能在主动学习的心态中，持续往自己与同侪小组有兴趣的方向迈进，而能充分体现学习型组织的精髓，培养出终身学习的人。

💡 实施的现状

一般的授课老师通常是受到教学进度与升学率的桎梏辖制，关心的重点往往不是学生的学习动机与自学能力，因此，比较常听到的例子是少数授课老师在学生毕业之前对他们提出学习上的建议，或是少数老师对资优班学生或参加科展的学生建议一些未来加深、加广的学习方向。

然而，我们的教育目标是培养出一个终身学习的人，就算是在课程结束后亦能主动地学习，而当学生还没有能力或没有想过要如此做时，老师应站在协助者与催化者的立场，提供必要的协助。像是在本策略中，由老师指导学生以分组的方式讨论继续学习的方向与课题，让学生的学习自主性能展现出来，则是未来在教育界值得大量推广的做法。

💡 在实施时需特别注意之处

1. 如果任课老师在下一学期还会教到同一批学生，就可以预告下学期会有分享心得的机会。

2. 如果是年纪较轻的学生，可以考虑提供一些建议的学习清单让他们做参考，以免他们因为涉猎不多而无从讨论。

3. 如果是年纪较大的学生，可以提前请他们上网用关键词搜寻该领域相关的学习活动，然后在分组讨论时提出可行的学习议题。或者，也可以在学生分组讨论之后，请他们上网用关键词搜寻该领域相关的学习活动，然后以电子邮件或讨论版的方式公告周知。

策略 94 提醒自己的标识

💡 概要

这个策略是让学生设计一张提醒自己的标识、贴纸或卡片，他们可以将这些标识贴在冰箱上、门板上或书桌上等，以便时时提醒自己要运用所学。

💡 实施的步骤

1. 请学生设计他们想象中的汽车保险杠标识，并贴在车上，内容可以是：
  a. 一件他们在这一科中所学到的事：例如，"观察是所有科学研究的基础"。

  b. 一个关键性想法或铭记的忠告,这是能在未来引导他们的话:例如,"写英文作文时,最好要使用主题句来写每一段"。

  c. 一个他们在未来会采取的具体行动:例如,"在正式阅读之前先预览一下","做完实验后,烧杯一定要洗干净"。

  d. 一个足以值得深思的问题:例如,"我的目标是什么?"

  2. 敦促学生尽可能简洁地表达自己的想法,并且在做出选择之前要集思广益地考虑所有可能,鼓励他们交流彼此的意见、想法。他们也许会参考一些知名标识的内容来设计,例如,交通主管部门的"醉不上道",或者是参考广告标语。

  3. 提供材料与文具,以设计又酷又炫的标识纸板。

  4. 办一场学生作品的展览,并确定学生将他们自己的标识纸板带回家去,展示在他们看来合适之处。

其他变化的方式

  1. 给学生提供你所做的标识纸板,让他们带走。

  2. 请学生在卡片上列出标识纸板的构想,收集好这些卡片,并在小组之间彼此浏览,请每位学生从别人的卡片上选取三个自己也能适用的点子。

  3. 请学生将厚纸板的标识贴在教室后面的公布栏,或贴在教室的前后门上,一方面可以天天提醒自己,一方面又可以向别的班级展示自己的学习成果。

  4. 可以定期询问学生,他们所做的卡片最近是否做到,是否记熟,对学习是否有帮助。

  备注:美国很多州规定,16岁就可以考正式的汽车驾照,15岁可以申请汽车的学习执照。在汽车的保险杆上贴上各种有特色的标识是很常见的汽车文化。这些标识的内容原则上都是车主引以为傲的人、事、物或理念,如"哈佛大学的校友"(Harvard alum)、反对战争(Against War)等。

适用对象

  适用科目:任何科目均可。

  适用年级:小学中年级至高中。

相关的学理根据

1. 从认知的角度来看，标识板的张贴是一种复诵的策略（rehearsal strategy）的灵活运用，借着视觉上不断的提醒，而内化到记忆与认知的深处，其效果就如同于我国的座右铭，借着视觉上的复习与增强，提供可以参照的学习情境（林清山，1992）[75-82]。

2. 而从情意类教学目标的五层次的观点（Krathwohl et al., 1964）来看，一个人态度的养成不是一朝一夕就可以达成的，一般是从接受（receiving or attending）、反应（responding）、价值判断（valuing）、价值组织（organization）到最高层的价值性格化（characterization by a value or value complex）。这五大层次是从具体到抽象，从简单到复杂的连续体（continuum）。在这五个层次中，后面越高的层次会涵盖前面越低的层次，例如，"接受"的行为最单纯，"反应"的行为比"接受"复杂，且本身亦涵盖"接受"的情意行为。依此原则，"价值性格化"是最高层次的情意行为，同时本身也涵盖了前面较低的"接受""反应""价值判断""价值组织"等情意行为。而一个人就是要通过内在化的过程，将他人或社会的理念、实际、标准和价值融入自己的身心中，从基本的接受层次逐渐发展到价值性格化的层次，所以，标识板的制作与张贴的用意，最起码能给予学生不断接受与反应的机会，对一个人态度的养成自然有其贡献。

实施的现状

1. 目前还未有普遍的中学生开车上学的现象，所以，设计汽车标识牌基本上不大适用于目前中学的教育环境。但是，提醒学生复习所学与运用所学的类似措施则如下所述。

2. 许多老师会要每个学生制作背诵的卡片，内容可以是一定要背的数学公式、一个组织架构图、历史事件年表等，让学生可以随时随地反复背诵。

3. 有一些中小学的参考书会附有类似的背诵卡，可以供使用者撕下来随身取用，但这与本策略所强调的由学生自己构思设计，自己督促自己的理念不同。

4. 在中小学的教室中，几乎每间教室都会有贴一些长幅励志标语的现象，其内容不外乎"学如逆水行舟，不进则退""业精于勤，荒于嬉"等的励志劝学类标语，用来作为学生每日的提醒。但是，通常只有展示的效果而已，学生视若无睹的现象由来已久。若深究其原因，通常是只由学艺股长等班干部独力完成，或由学校统一采购后发送各班张贴，没有机会让学生自发设计出对他们自己有意义的标识。

🌀 在实施时需特别注意之处

1. 实施的时间可以配合美劳课、班会或自习课来制作，以节省有限的上课时间，但是小组之间的彼此观摩或作品的传阅还是要坚持，好让学生有机会看到多元的观点。

2. 要强调制作标识牌的重点不是美工，而是内容要对自己未来的学习与生活有提醒的作用。

3. 标识的字体不能太小，以免张贴后因不醒目，而无形中被忽视了。

策略 95　庄严的誓言

🌀 概要

这是一个被广泛使用的策略，让学生有要运用课堂上学过的知识的使命感，也是一个能帮助学生在课程结束后长久记住的好方法。

🌀 实施的步骤

1. 先请学生自由发言，分享他们在课堂上学到的东西，要记录并汇整他们的想法。

2. 发给学生一张空白的纸和信封。

3. 要学生写一封信给自己。信中说明他们个人在课堂上学过的东西以及预计要采取什么步骤来运用所学的，或继续进修已学过的主题。可以建议他们以这样的话开头："我在此决定要……"

4. 提醒学生这封信是机密的，要他们把信放进信封内，写上自己的住址并慎重地弥封。

5. 要学生把他们希望你寄这封信给他们的日期写在便利贴上，并贴上信封，或是直接把所期待的寄件日期以铅笔写在信封上也可以。你向学生保证，你会在他们希望的时间寄出信件。

🌀 其他变化的方式

1. 不必让学生写信给自己，而是建议他们写信给别人，说明他们的决心并寻求支持。

2. 一个月后，寄给学生上课重点的书面摘要或是以电子邮件的方式来寄达，鼓励他们去运用所学到的，建议他们几种继续进修该科目的方法，这是暑假作业的另一种灵活的变化方式。

3. 如果是寄件相隔的时日太久，超过学生毕业的年限，则可以附上老师自己的问候，让学生感受到不受时空限制的关心。

🌀 适用对象

适用科目：任何科目均可。

适用年级：小学中年级至高中。

🌀 相关的学理根据

如果是从时间上的跌宕设计来看，这个策略的设计与"时空胶囊"（time capsule）的理念相去不远，所差的只是做法上没有间隔数十年那么久远而已。至少是从 20 世纪 40 年代开始，在美国的中小学教育中，就开始有时空胶囊的创意点子，实施的方式通常是由该校的毕业生在毕业前夕以一个坚固的盒子将当时的报纸、教科书、好友的照片、很个人化的小东西、最喜欢的卡片与其他的东西放进去封存，然后相约多年之后由当事人再来开启，或者是由新一代的人来开启（Borja, 2003）。这样的活动能维系当年的毕业生对母校的感情，持续几十年甚至是一生对母校保持关心，并让这些毕业生能一直有稳定与有根的感觉，而对观礼的新生代也有其特殊的教育意义，至少会让他们感受到历史又活过来了，使学习过程趣味性十足。这些封藏的对象给人们提供了在特定时空之下生活的证据，借出对象建构意义，见证历史，以凝结时空中的集体记忆，所以称为时空胶囊。

在实施时空胶囊时，学生要与学校里的许多部门协调，搜集一些此时此地的报纸，安排一系列的活动，做校园巡礼式的拍照，寻找当年的校刊或班刊、写给朋友或同学的信、当时的钱币，从杂志上选出相关的社会与文化性的文章、搜集当年的排名靠前的大事件、对未来的预测等，以塑料袋包装起来后放入适当容器内再蜡封，然后由校长、教职员、校友、家长、乡镇长或议员与社区成员一起和学生将时空胶囊埋入合适的地点。这种亲身的体验会让学生发展出与真实社会相契合的技能。而不管这些时空胶囊当初是怎么开始进行的，通常都能够促进团队精神、责任感、学习动机与领导能力等。它带给学生的是持久的印象，甚至会终生铭刻在心上，当然在若干年后还能成为大家相聚的理由（Oliff, 2001）。

如果是从认知学习的角度来看，布鲁姆认为认知类的学习包括知识的记诵、理解、应用、分析、综合与评鉴六个层次（Bloom, 1956）。学生要在信中摘述在课堂上学过的东西、未来运用的规划或继续进修的主题等，这些都属于认知类的教学目标上较高的层次，是比较需要花时间才能达成的目标，而这种间隔一段时间之后收到自己写给自己的信的设计，除了能产生惊喜的戏剧效果之外，还能提醒学生认真思考当初为何这样措辞、当初的理想与现在的状况之间有什么落差以及未来该如何更务实地考虑这些问题等，这对学生后设认知的能力的培育有其特别的贡献。

此外，如果是从写信给别人，说明自己的决心并寻求支持的角度来看，则与价值澄清法中选择、珍赏与行动的三个阶段精神互相呼应。换言之，这种设计是让一个人对各种不同途径的后果，加以深思熟虑比较后，做出理智的选择，并让一个人愿意在大众面前表示并承认自己的价值，以及拥护自己的价值，也以它为荣，以它为乐，最后才会认真地实行出来。这通常在学生公开向别人有书面的周知举动之后，对当事人会产生某种督促与约束的作用。

实施的现状

本策略设计出延宕时间的自我提醒，可说是很少听见的创意。当前中学教育因受升学压力的影响，老师在学期结束授课后与学生的接触不多，而能持续提醒学生要整理所学规划运用方式，并不断进修的案例更是凤毛麟角。但是拜网络科技进步所赐，如本策略所设计的延宕提醒自己的方式现在已经可以通过发信软件的设定而达成，不需要采用由传统邮局递送正式邮件的方式来实施，是今后有心的老师可以考虑的策略。

在实施时需特别注意之处

1. 有一些学生会以诙谐逗趣的方式来写这封信，甚至有的人会任意涂鸦或言不及义，所以，可以在写信之前由老师强调写这一封信的真正用意，并强调真正的读者是若干时日后的当事人自己。

2. 如果是采用电子邮件的方式来进行的话，需要确认每个学生都有一个学校之外的邮件账号，否则学生毕业后很多学校会自动将学生的邮件账号删除，以至于无法传送成功。

3. 如果这种提醒的信是当作暑假作业的话，可以在开学之后来进一步验收学生的实施成效。

策略 96 后续的调查

概要

这个策略是要让学生在课程结束很久之后，对该科仍持续留意或进修，也是一个能和学生保持接触的方法。

实施的步骤

1. 首先要向学生说明，你想要在一个月后请他们填一份后续的调查问卷。这份问卷是要请他们自评已经学到什么和他们运用的情形，并且给你一些回馈，作为以后改进教学之用。

2. 说明这份问卷对双方都有益处，所以要认真填写这份问卷，并填写后尽快交回。

3. 当你设计这份问卷时，要参考下列这些建议：

   a. 以平易和友善的语气来编写，特别是以后不会再教到这批学生的时候，更需要注意到这一点。

   b. 问题的难易要合适编排，让最简单的题目最先出现，可以使用的格式包括检核表、等级量表、填充题和简答题等题型。

   c. 询问他们印象最深刻的教学内容、他们现在正在使用什么技巧和他们已经达到什么成就。

   d. 给予学生机会来问你一些问题和生活应用上的难题。

其他变化的方式

1. 课程结束之后，发给学生后续的讲义，以便让有兴趣的学生继续探究。

2. 若不是采用问卷调查的方式的话，可以用电话或面对面的方式来访谈学生。如果这个班级太大，只用一小部分样本即可。

3. 以电子邮件的附件方式来发送这份后续的调查问卷，并请学生于规定期限内寄回。

4. 可以将每班或每届学生的调查结果以匿名的方式公布在授课教师专属的教学网站上，以便学生可以上网参考，并让授课教师有客观的参考资料。

适用对象

适用科目：任何科目均可。

适用年级：高中至大学。

相关的学理根据

每个老师的教学方式都是受到他自己对教与学的理论的影响，这些理论会间接从教材与教法、对学习的评量方式上表现出来。同样地，学生根据自己的经验、个人的需求与同侪互动之后的期望，也会知道到底有哪些因素会帮助他们学习（Narasimhan，1997）。

在大学这个层次中，要评鉴每个教授的教学品质有很多方式，包括设立实作性指标（performance indicators），观察教授的教学，使用学生对教授的教学评鉴的资料与使用授课教授所准备的教学档案等。许多大学都日渐注重教与学的品质，就算是素来以研究自重的大学也是这样（HEQC，1994）[2-3]。而在每学期结束时由各系与各研究所来实施的教学评鉴，则可以说是最常见的方式，通过由修课学生填写教学评鉴问卷所提供的资料，是授课老师反省自己教学的重要依据，对教学品质的改进有其督促作用。例如，位于美国犹他州的杨百翰大学（Brigham Young University）在1999年的研究显示，在其职前教师的养成上，这种省思的机制对教学的改进效果相当明显（Giovannelli，2003）。

而在教学评鉴方式上，近年来，除了以授课老师为中心的传统评鉴方式之外，也已经有人开始转到以学生为中心的评鉴方式（Kugel，1993）。换句话说，问卷的重点已经从传统的询问学生对授课老师的上课品质如何，转到询问学生对自己学习品质的自省。而在本策略中，后续问卷的主轴是在询问过去最深刻的学习印象与当前的使用现状与成就，正是遵照新的趋势所设计的。

实施的现状

一般而言，在公立与私立的大学中，有一些系所会在学期结束时实施教学评鉴，但是评鉴的对象与方向是针对授课老师，而不是让学生自省到底自己已经学到什么和自己运用所学的情形。而作者于大学教授教学原理一科时，曾于学生毕业之后，在完全没有分数威胁的前提下，以电子邮件的匿名方式进行后续的问卷调查，或是在实习老师返校座谈之时，当场进行匿名的书面问卷调查，由愿意回答的学生填写，然后整理出来的资料就可以作为未来修正教学的重要参考。而当以前毕业的学生填写这份调查问卷时，一方面可以让老师了解他们使用各种教学法的现状与对当年授课老师的建议，另一方面也是提醒他们可以运用所学到的各种教学策略，因此可以说是双赢的做法。在作者所设计的调查问卷中，至少包括了下列题目：

- 让我印象最深刻的单元是：＿＿＿＿＿＿＿原因是：＿＿＿＿＿＿
- 我现在感到最受惠的单元是：＿＿＿＿＿＿原因是：＿＿＿＿＿＿
- 我觉得在"教学原理"课程中一定要保持的地方是：＿＿＿＿＿＿
- 我觉得在"教学原理"课程中一定要改进的地方是：＿＿＿＿＿＿

除了大学阶段有类似的评鉴措施之外，一般的中小学几乎没有听说过有人实施类似的调查问卷，不过以作者亲身实施的经验与观察而论，这倒是一个值得推广的策略，因为不仅学生能深入自省，老师也可以获得宝贵的回馈资料。

在实施时需特别注意之处

1. 在问卷上不要加入姓名栏与学号栏，以免学生因为期末分数上的压力而不敢真心填写。

2. 问卷的题目不宜过多，以免学生失去耐心而草率填写。

3. 最好是能交代给班干部来收发问卷，学生填写问卷时，授课老师最好是能回避一下，让学生能毫无顾忌地填写。

4. 如果是学期成绩结算之前就实施问卷调查的话，最好能跟学生郑重保证这份问卷调查的结果与其学期成绩完全无关，只是为了让老师反省自己的教学，作为不断修正教学的来源。

策略 97 坚持下去

概要

这个策略是要让学生对学习有使命感，并能好好地应用所学到的知能。

实施的步骤

1. 要学生在学期末填好一份后续追踪的表格，它的内容要有：如何应用所学到的知能的计划，或者是继续学习更多该科主题的计划。这里有一份范例。

未来计划表

○ 描述一下你要如何计划去应用这一科所学到的东西，并且写出你何时和如何计划去应用它。要明确列出：

A. 情境：_____
　　我应用的计划：_____

B. 情境：_____
　　我应用的计划：_____

○ 描述一下你要在这一科继续深入研读的方向与步骤：
_____
_____

---

2. 表格填完之后立即交回，然后告诉学生他们的未来计划表在三到四星期内会交还给他们或寄给他们。那时候，他们会收到以下这些后续的指示：

请对照你的未来计划表，在已经完成的计划旁边写 A；在正在应用当中的计划旁边写 B；在还不能做到的计划旁边写 C，并说明是什么障碍阻挡了你原定的计划。

🌀 其他变化的方式

1. 要学生向导师报告他们未来的计划，请导师协助督促，以帮助学生能继续坚持下去。

2. 在实施之前，先争取导师对这个计划的支持，并将之列入计划表里面。

3. 可以由导师召开协调会，请各科老师在假期前都能做出类似的计划表，或经科际整合出一份计划表，由导师来督导。

4. 可以通过网络讨论版面的设计，由学生直接将未来的计划表上传到网络，并在自己专属的计划表区域随时更新自己执行的进度，因为电脑可以记录用户上网更新与停留的时间，使老师与其他同学都能随时看到，这种网络的方式远比纸本的方式方便。

🌀 适用对象

适用科目：任何科目均可。

适用年级：小学中年级至高中。

🌀 相关的学理根据

本策略是根据学习契约（learning contract）的基本理念而设计的，学习契约就是一份由学习者拟订的书面资料，清楚载明学习的内容、学习的过程和方法、学习的时间以及评估的方式等，以详细规范施教者与学习者的职责。制定学习契约的目的主要是培养学生规划学习的能力和加强学生自我学习的责任心。换言之，学习契约是一种很特别的手段，能激发一个人去发展对自己最有帮助的技能，并且是在自己设立的时间表中去达成这些目标。根据贝克尔的主张，学习契约的实施步骤应有八步（Becker，1978）：

（1）选择与真实生活呼应的生涯目标。

（2）把这些主要的目标细分为可以做得来的段落。

（3）为每个附属的目标勾勒出能力本位的指标。

（4）要估计当前的能力层次与所要求的能力层次之间的落差。

（5）选出要努力达成的附属目标。

（6）勾勒出有具体时间表的学习契约。

（7）要经常审核实施的情形。

（8）最后的审核要确实记录已经完成的目标与进展。

虽然学习契约的实施方式因人而异，但是它还是有一个共通点，就是师生之间书面协议要清楚列出目标与具体的结果。因为很多中学阶段的年轻人都知道自己在学业上无法自制，而很多中学阶段的老师也很难不去管这些学生，好让这些迷惘的学生振奋起来，所以在中学阶段的学习契约，一方面强调教室中的互动，鼓励学生之间的互赖，并将传统老师授课的角色予以淡化处理。这种学习契约能让学生振奋起来，也让他们对自己的学习负更大的责任，在契约架构与保证下还能让他们有选择的自由。而另一方面，老师借着对学生的逐渐松绑，能赢得更多的权力。所以，学习契约在提升期望水平、提供个别化的关怀与让中学生亲身体验教育经验的这些层面上，都是一种非常理想的方式，对于师生之间的互动会有真正的改善（Cummins，1986；Greenwood，1995）。

事实上，学习契约的实施例子绝不是始于今日，远在 1920 年，在美国马萨诸塞州的道尔顿（Dalton）小镇，由海伦·帕克赫斯特（Helen Parkhurst）女士提出实验计划，在道尔顿中学实施，然后在 1922 年出版她的心得报告——《道尔顿计划的教育》（*Education on the Dalton Plan*）。在这个计划中，老师要在学年开始时把一整年的教材内容告诉学生，然后与每个学生订立个别的契约，通常是一个月制定一次。在每个月的契约之中，详细规范了学生在该月需要完成的作业，而在每个月的契约中，又分为四个段落，每一段落大约是一个星期的作业。契约完成之后，学生必须通过考试才有资格签订下个月的契约，学生的学习进度都会绘成图表。契约的内容包括的项目有：生动的引言、题目、重要的问题、笔记或实验报告、该记忆的东西、会议或讲授、参考书及其阅读地点、工作计算单位、其他的研究与附属的作业等（吴鼎，1974：360-364；林宝山，1988：20-21）。

相隔数十年之后，再来回顾学习契约的论点在中学阶段的运用，可以发现还是有一些主轴的论点是历久弥新的（Greenwood，1995）：

(1) 在传统的教室中，学生通常是浪费很多时间在等待教材、等待老师的教学与等待他的问题被解答；而在学校生活中，时间可真是一样珍贵的东西。

(2) 独立、合作与自动自发是学校情境中该被鼓励与重视的特质。

(3) 中学生渴望并珍惜自由与选择的机会，同时他们也渴望清楚的架构、保证与明确的限制。

(4) 当中学生从具体运思期迈入形式运思期时，他们是处于很独特的时期，用很多方式来学习，以不同的步调来学习，并有很多不同的品味、兴趣与才能要去试出来。

(5) 老师要能建构并组织整个班级，让学生有时间与机会能以小组、大组或个人方式来学习。

本策略所探讨的未来学习的计划表虽然与当年海伦·帕克赫斯特女士所提倡的学习契约不尽相同，但是，在尊重并鼓励学生的自主学习的精神上则是并无二致的。

实施的现状

实施后续追踪学生深入研读的表格在体制内的中小学是罕有听闻的事，这主要是因为升学压力与考试引导教学的影响，在升学的工具性目的未达成之前，所有加深、加广的学习都被忽视了。但是，偶尔也会有一些学校会实施类似的学习契约的课程表，让每位学生、家长和老师都清楚学校到底在教什么，包括口才训练、休闲运动及艺术表演，都有既定目标。换言之，除了课本外，学校能带给孩子什么东西，在学习契约中即可具体呈现，并与学校愿景结合，让家长看了一目了然。通过此契约，老师也能发挥不同专长，让孩子逐年建立学习架构。

再者，在少数的资优班教学中，偶尔会有老师实施类似的策略，由老师跟资优生制定学习契约，让资优生知道自己应该学习的内容。其中内容可以包括：科目、单元、段落、延伸课程、清楚列出在契约期间可以做及不可以做的事情、学生及教师的签名。

此外，在体制外的一些标榜人本精神的实验学校中，近年来已经有一些实施的例子。在某些层面上，学生能够自己决定学习的内容与进度，自己随时通过图书馆与网络的资源来做进一步的学习，老师只是负责核对学生是否照自己的规划而行。

在实施时需特别注意之处

1. 请学生填写未来计划表时，要强调认真面对自己的重要性，不要应付了事。

2. 可以通过小组的力量来彼此监督并鼓励学生之间的执行成效，不必由老师事必躬亲。

3. 对于缴回来的调查表，不必苛责执行不力的学生，而是要找机会实施个别约谈，以便深入了解原因。

4. 如果是配合寒暑假作业而实施的话，可以敦请班级的导师协助，将未来计划表收回。

策略 98　告别的涂鸦

概要

这项策略是在课程结束时，让学生一起庆祝大家共有的学习经验，在大张墙报纸上彼此分享学习成果。

实施的步骤

1. 将该科的标题或主题以大张海报的方式设计出来，在设计标题时，可以合并冗字以求精简。如古代的历史，可以简化为古代史。

2. 将学生分成 4 到 6 人一组。

3. 发给各小组一些彩色笔、一张墙报纸，让学生以海报上的主标题做根基，将他们的学习经验以涂鸦的方式写在墙报纸上。以这种涂鸦的方式来复习时，文字的安排方式如下：

　　a. 可以直书，也可以横写。
　　b. 可以由某个字开头，再由某个字结尾，任何能插得进去的字词都可以夹在中间。
　　c. 两个字词间要空一格，不能并在一起。
　　d. 可以让学生填入适当的人名。

4. 设定一个时间限制，让学生在时限内尽其所能去设计出与该科有关，或与已有的学习经验有关的关键词或成语，越多越好。

5. 建议学生采用分工合作的方式，亦即有些同学负责寻找更多的关键词，有些同学负责记录在墙报纸上。

6. 宣布结束时间，请学生计算出各组找出的关键词总数，并互相对他人的丰盛成果予以鼓励。

其他变化的方式

1. 如果班级人数不多，可以将学生分成两人小组，由各小组单独设计一张墙报纸，最后将全班设计的结果展示出来，并计算全班到底想出了多少字。

2.可以让学生以直栏的方式写下该科名称，其下再写出一个与主标题有关的动词、形容词或名词，以简化整个活动的过程。

适用对象

适用科目：任何科目均可。
适用年级：小学中年级至初中。

相关的学理根据

在台湾这一轮的教育改革中，十大基本能力成了中小学教育的热门话题，这十大基本能力是指：(1) 了解自我与发展潜能；(2) 欣赏、表现与创新；(3) 生涯规划与终身学习；(4) 表达、沟通与分享；(5) 尊重、关怀与团体合作；(6) 文化学习；(7) 规划、组织与实践；(8) 运用科技与信息；(9) 主动探索与研究；(10) 独立思考与解决问题。

其中第四项的"表达、沟通与分享"，是指能有效利用各种符号（例如，语言、文字、声音、动作、图像或艺术等）和工具（例如，各种媒体、科技等），来表达个人的思想或观念、情感，善于倾听并与他人沟通，并能与他人分享不同的见解或信息。在这个策略的设计中，每组学生都要在有限的时间内整理出一整个学期的学习成果，并提供给全班的同学观摩，事实上，就是让他们有一个很好的机会来训练"表达、沟通与分享"的能力。

再者，在本策略中，从学生的涂鸦创作的目的来看，是要让他们以小组的力量做一个有意义的整合，每个关键词或成语其实就是代表一个已经学习过的概念；从学习评量的观点来看（Long，2000），如果学生能以工作单（worksheet）的方式，展现出对某一学科领域主要概念的理解的话，就比较可能准备更好的学习档案。这就是为什么在本策略中，每个小组都是以一张大海报来涂鸦，其实就是要让他们通过工作单来详列。

此外，因为这个涂鸦创作的进行方式是采取限时完成，再加上小组之间比赛的压力，小组竞赛的精神已经无所不在，团体动力的运作可以达到相当高的层次，而这与罗伯特·斯莱文教授所提倡的"小组游戏竞赛法"（TGT）遥相呼应（Slavin，1995）[84]。这种小组之内合作、小组之间竞争的设计，对于学习的动机是相当有帮助的。

实施的现状

在学期末了的时候，很多老师是以考试来结束，这是纯粹知性的总结。当然也有一些老师会与学生聚餐，或是以同乐会的方式来结束，这是兼具娱乐与休闲性质的感性总结。而在本策略中，以分组的方式来进行学习成果的回顾，却又是以趣味的涂鸦来呈现，可以说是罕见的例子，是值得未来广为推广的方向。

在实施时需特别注意之处

1. 最好是能采取投影片的方式来实施，这样能在各小组通过投影机展示其成果之后，继续回收到下一班使用。
2. 因为是学期末了才实施这个策略，所以如果能预备一些糖果或文具当奖品的话，会更容易营造出欢乐的气氛。
3. 分组设计时，需要控制音量，以免影响邻近教室的上课秩序。
4. 老师最好是在行间巡视，以即时提供必要的帮助，并监督学生的参与。

策略 99 心心相连

概要

这个活动能象征性地将全班的心都凝聚起来，当班上学生间彼此已有亲密联结时更适用。

实施的步骤

1. 可以用一束毛线将学生联结起来，这不仅是外在的联结，也是内在心理上的联结。
2. 要求学生站成一个圆圈，开始简短叙述自己对班上的贡献。
3. 抓住线的尾端，抛到这个圆圈另一端的学生，并要他简短叙述参与班上学习活动的经验，然后请他抓住这条线再抛给另一个学生。
4. 让每位学生轮流接到线，分享自己的感言，然后抛出线，继续下一位。最后可以看到毛线的网络将这个团体的每位成员联结起来。学生发表的感言可能会像是下面的例子：

a. 我很高兴能深入地认识大家。

　　b. 我觉得我可以和每个人坦诚相对。

　　c. 我觉得在班上很快乐。

　　d. 我现在已经想到该怎样来运用我所学到的。

　　e. 你们真是一个太棒的团体。

　5. 最后老师做总结："这个活动的目的是要将每个愿意与别人联结起来、并彼此学习的人聚集起来。"

　6. 用剪刀剪断毛线，让学生分开，每个人都拿了一小段的毛线。

　7. 老师要以感性的语调谢谢每位学生的热情参与、想法、时间以及努力。

🌀 其他变化的方式

1. 要每位学生对每位抛毛线给他的人表示感谢。

2. 若是不用毛线，可以用球或其他类似物品，当每位学生接到球时，他就可以发表最后感言。

🌀 适用对象

适用科目：任何科目均可。

适用年级：小学中年级至高中。

🌀 相关的学理根据

　　在幼儿园与小学阶段中，有10%～24%的学童是"受人欢迎的"，10%～22%的学童可以归类为"被拒绝的"，12%～20%的学童可以归类为"被忽视的"，其余人的受欢迎度可以被归类为"一般的"。被拒绝和被忽视的学童一般是被视为不受欢迎的玩伴，然而，被拒绝的学童通常很容易被注意到，而被忽视的学童则像隐形人一样。而在这些数据中，最可怕的特性是一个人的受欢迎度会持续好几年。例如，在一个为期五年的长期研究中，受欢迎的人还是受欢迎，不受欢迎的人还是不受欢迎，尤其是对被拒绝者的预测准确度更是惊人得高（Kim，2003）。

　　从20世纪50年代早期开始，到20世纪70年代为止，在社会科学领域中的专家探讨学生在学校内的疏离感，发现疏离感具有四个基本现象（Newmann，1981），就是无力感（powerlessness）、无常感（normlessness）、无意义感（meaninglessness）和社交孤立或疏离感（social isolation/estrangement）。

这些因素通常会导致旷课、毁损公物与对学业心不在焉等问题，所以疏离感与学生在校内的成败就有直接关系了。

相对地，中小学的老师如果能注意到这些被疏离的人，就是被拒绝的、被忽视的学生，那么，通过特别设计过的活动，就能让学校成为发展友谊与同侪互动的乐园了。这种社交的技巧是需要刻意去教导的，并且是越早教越好。具体地说，要让同侪接纳能落实的话，老师要注意的五大方向是：设计合适的加入既有的小组的方式、接纳别人加入游戏的情境、有效的口语表达、投入复杂的游戏、表达对同侪正面的感情，这五项都是社会接纳与社交能力的行为指标（Kim，2003）。而本策略的心心相连就是要利用学期末的机会，有效地表达自己在整个学期中的成长经验与对班上的贡献，让大家都能肯定自己，同时也能让其余的人借此公开表达对同侪正面的感情。

换言之，在本策略中，每个人都要简述自己参与班上学习活动的经验，让每个人都有机会自我肯定，借着毛线的抛送或球的传递，同班同学之间就有一个很合适的机会，来表达出对别人的感激，这种自然的感性流露对于班级的凝聚力有非常大的帮助。而这种方式其实是跟心理辅导领域的"优点轰炸法"很类似。通常在优点轰炸法中，参与者要学习如何找出别人的优点，进行的方式是采取团体围坐成一圈，一人坐在中间，众人眼睛看着被赞美的那个人，尽量用具体的经验和实例，直接告诉他"你有什么优点"。当然也可以根据成员在团体进行期间的成长与改变，成员彼此互送卡片给予其他成员肯定、鼓励与祝福，这是一般团体辅导中的结束阶段常见的技巧。透过优点轰炸法的实施，参与者更能发现别人的优点，对自己更有信心，建立团体的认同感，并能圆满结束团体。

实施的现状

在综合领域的辅导活动与童军活动中，经常可以看到类似心心相连的策略，一方面可以肯定自我，另一方面还可以表达对同侪的感激，凝聚团体的向心力。但是在其他与升学考试直接相关的领域中，则罕见其实施的踪迹。

在实施时需特别注意之处

1. 为了不受场地狭小的限制，可以在团体辅导室中来实施；要不然就需要事先将班上的课桌椅挪开，才不至于妨碍到毛线或球的传递。

2. 如果班级人数众多，则可以考虑分成两个大组来实施，才不至于让学生因等待过久而觉得无聊。

3. 对于言过其实的人要以宽宏的心来包容，不要让其余的人发出嘘声使当事人难以下台，因为这个活动的目的基本上是为了自我肯定与扩大人际接纳，所以，可以套用皮格马利翁效应（Pygmalion effect），期许每个人都能做到自己所说的。这里的皮格马利翁效应也称为自行应验效应（self-fulfilling prophecy），是指期望的高低好坏会影响结果的高低好坏。

策略 100　全班的照片

🌀 概要

这个活动一方面是肯定每个学生的贡献，同时又有全班一起庆祝的意味在，对于班级凝聚力的培养是很有功效的。

🌀 实施的步骤

1. 集合全班拍团体照，最好排成三排：第一排坐在地上，第二排坐在椅子上，第三排站在椅子后面。

2. 在快要拍照时，由老师率先向班上说出自己当下的感受，例如，"积极主动的学习完全取决于每个同学的支持与参与，也感谢同学们在这个成功的班级内，扮演了这么重要的角色"。

3. 接着，从团体中邀请一位学生来当"摄影师"（另一选择：如果班级人数不多的话，可以让每个参与的学生站到前面看一看，到底全班最后被拍出来会是什么样子）。

4. 如果班级人数不是很多，要求每个学生跟全体同学分享自己的想法，并请全班为这个同学对全班的贡献鼓掌。

5. 当相片冲洗完后，班上每位成员都拥有这次他们所拍摄的全班照片。或者，可以将相片制作成光盘，以供长期的保存与浏览，好使学生对这一整个学期主动学习的经验留下完美的句点，并使大家对班级的向心力或凝聚力能更增强。

🌀 其他变化的方式

1. 利用这次照相活动的机会，请同学分享这一学期的活动中一些特别深刻的感受，发表后可以请有类似感受的人也一起举手，这样就可以在自然的方式中建立归属感。

2. 若是不直接向所有同学表达感想的话，可以请学生将活动后的感想写在纸上，粘贴在教室后的公布栏上，或是打印成班刊的方式发给每个人珍藏，或是直接张贴在班级网页中的留言板上，以便让大家都能浏览。

3. 学生发表对一整个学期的学习感言时，可以先说正式的感言，再说一些"荒腔走板"的逗趣感言或经验，以使学生的感言不至于过度重复。

适用对象

适用科目：任何科目均可。
适用年级：小学中年级至高中。

相关的学理根据

根据马斯洛（Abraham Maslow）的需求层次理论的观点，当人们在基本的生理需求满足之后，接着就是安全的需求，然后就是归属的需求。在归属的需求这一层面上，团体的归属感、一个人对团体的向心力、团体本身的凝聚力就是相当值得探讨的课题。

团体的凝聚力与团体的表现之间有相当微妙的关系，实验显示，凝聚力对个别的工作表现与团体的工作表现都是相当有益的，凝聚力越高就越有帮助。此外，勠力完成团体的工作会有助于凝聚力的提升，但是，全力去完成个别的工作却会降低团体的凝聚力，所以团体中的每一成员都要注意团体凝聚力对完成工作的影响（Hoogstraten & Vorst，1978）。而要培养团体的凝聚力的话，其实不是一蹴可几的，甚至可以说是一件困难的事情，是需要有一点儿忍耐的（Geber，1994；McNerney，1994）。常见的方式是通过一同解决问题，让每个人的目标与团体的目标一致。那么，当目标一致时，整个团体就会很有创意，也能同心协力（Bookman，1988）。

在团体辅导的领域中，当一个团体从陌生到熟悉，一路上通过活动的设计与参与，共同拥有了许多成长的经验，到了结束的时候，常会安排一些回馈与祝福的设计，让大家都有一个完美的学习经验。除了本策略所介绍的拍全班的照片之外，常见的团体结束所用的策略还有：

(1) "时光隧道"：请成员闭上眼睛，由老师或辅导人员带领团体的成员回顾前几次的团体活动经验。

(2) "你最棒"：成员将活动单传给右边的人，并在 90 秒内在自己拿到的活动单上写下自己想对那个人说的好话。90 秒后再传给右边的人，依此类推。

(3) 收藏记忆：老师或辅导人员与团体的成员互相给小卡片，并请成员填写团体回馈单。

(4) 结语：由老师或辅导人员鼓励团体的成员在生活中落实所学。

实施的现状

在学期末举办的同乐会中，一般是才艺表演或逗趣活动为主，很少是发表对一整个学期的学习感言，这种公开发表感言的设计是值得尝试的做法，因为不仅是借着照片可以留下美好的回忆，更是借着公开发表感言，让大家有多元观点的展现。

在实施时需特别注意之处

1. 最好能事先就架设好三脚架与照相机，并检查电池的电量是否充足，否则还是需要准备好备用的电源，才能使活动的进行不受打扰。

2. 可以请每一次新的摄影者趋前按快门时，鼓励大家摆出不同的姿势与表情，让拍照的活动能在轻松的气氛中进行，借此增进团体的凝聚力。

3. 可以配合导师时间或班会时间来实施，以免挤占正常上课的时间。

策略 101　期末测验

概要

这是以一个趣味的方式去回想班级中曾经发生过的活动，以营造高峰体验，让学生在回想的过程中坚定其主动学习的信念。

实施的步骤

1. 在最后一次上课时，发给学生一张白纸，并告诉他们这是他们的"期末测验"。一开始让他们摸不着头绪要考什么。

2. 告诉他们，他们的工作是要依序写下他们曾经在本班所体验过的主动学习的活动（这时候才告诉他们这是一个有趣的挑战，并且不会列入真正的成绩中）。

3.当每个学生都写完（或放弃）了之后，依序编成全班的总清单，一张一张地核对并做适当调整，直到这一份清单完全正确。

4.顺着这份清单，要学生去回想他们的经验，想一想他们过去欢乐的时刻、一起合作与突然顿悟的美妙经验。

5.请学生自由分享，直到这些甜美回忆的交流带给全班一个强烈感动的结束。

其他变化的方式

1.一开始上课就提供这学期活动的清单，并立刻开始回忆式的讨论。

2.与其只注意一些活动，倒不如将本次活动的焦点放在"值得回忆的时刻"，并开放让学生来诠释这一句话，这种方式可能会让这次的回顾变成充满欢笑和令人留恋的经验。

3.可以开放老师的电子邮件账号，请学生将短时间内无法想到的意见发送给老师。

4.可以在老师的网页上设计留言板，让学生自由上网留言，并强调对其他人的留言要做回应。

5.如果学生不愿意具名的话，也可以采取匿名的方式进行，以使学生能在留言板上畅所欲言。

6.如果一开始学生的反应还不太热烈的话，可以用加分的方式来鼓励发言。

适用对象

适用科目：任何科目均可。

适用年级：小学中年级至大学。

相关的学理根据

美国的人本主义心理学家马斯洛过世之前，将他于1954年所提出的需求层次理论加以修正，依次是（游恒山，1990）：

(1) 生理的需求：这是指对食物、水、氧气、休息、性和从紧张中解放出来的需求。

(2) 安全的需求：这是指对安全、舒适、祥和和免于恐惧的自由的需求。

(3) 归属的需求：这是指对归属、亲近、爱与被爱的需求。

(4) 自尊的需求：这是指对信心、价值感和胜任能力的需求，自尊并获得他人的尊敬与赞美。

(5) 认知的需求：这是指对知识、了解和新奇的需求。

(6) 美的需求：这是指对秩序及美的需求。

(7) 自我实现的需求：这是指实现潜能，并拥有有意义目标的需求。

(8) 超越的需求：这是指对宇宙认同的心灵需求。

马斯洛分析了很多古今的杰出人物，也就是所谓的自我实现成功者，得出了一个很重要的结论，就是这些人物都比一般人多了一种所谓的"高峰体验"（peak experience）。这里所提到的高峰体验指的是人一生中所深受感动的时刻，这个感觉是"一种极度的快乐、喜悦、敬畏的心情……觉得一件很重要、很有价值的事情发生了"，是一个人处于最佳状态的时刻，即感到庄严、强烈的幸福感、狂喜、完美或欣慰的时刻，也是一个人感到坚强、自信、能完全支配自己的时刻。这种感觉对一个人具有重要及长久的作用，它使得这个人以后看待自己与别人的方式变得比较积极、健康。自我实现的程度与高峰体验的多寡并不会直接影响一个人事业的成就高低，但是会深刻地影响一个人对自己人生的价值感与满足感。

本策略所谈到的"期末测验"，事实上是要营造出学生的高峰体验，这已经突破了传统的教学评量的视野。此外，若从多元评量的角度来看，除了认知方面的评量之外，态度方面的评量也是相当重要的。与其用传统的评量表，倒不如采用本策略所特有的感性且统整的方式，营造出学生的高峰体验，就比较容易让学生对这一科培养出长期的学习的兴趣。

实施的现状

有些老师会在期末请学生填写一些评量的表格，以给自己提供在以后授课时的参考，通常这类期末评量表是以五等量表的方式呈现，顶多在表格下方或背面问一些开放性的题目，例如，"请你列举至少三项对老师的建议"，"请写出你这一学期最深刻的学习印象"，"在100字以内写出你最想跟老师讲的话"等。这些开放式的意见通常是在收集之后由老师自己慢慢整理或欣赏，学生之间并无法得知彼此的回馈，失去了多元观照的机会。

但是这个策略的焦点则是放在学生身上，是要让学生对他们自己所经历过的主动学习的过程加以统整，并强化今后继续主动学习的信念。基本上这种方式比较少实施，偶尔在大学院校中略有所闻。

🌀 在实施时需特别注意之处

1. 在发给学生一张白纸时，可以在学习单上配合列出一些主题的名称，以免学生的记忆有所遗漏。

2. 可以鼓励学生以多元的方式来呈现，不必限定用文字的方式。换言之，漫画、打油诗、造句（如"我在这个单元印象最深刻的是……"）、讲笑话或其他方式应该都可以被接受，但是这时候老师要主动行间巡视，以帮助少数可能会觉得茫然的学生。

3. 老师在最后做总结的时候，不必以刻板的语气或方式来训诫，反而应该以一种轻松、自然又兼具感性的方式来掀起最后的高潮，使学生在自然的方式中实现高峰体验。

参考文献

英文部分

Abrami, P., Chambers, B., Poulsen, C., DeSimone, C., Apollonia, S., & Howden, J.(1995). *Classroom Connections: Understanding and Using Cooperative Learning*. N.Y.: Harcourt Brace & Company.

Alden, D. (1999, Spring). Experience with scripted role play in environmental economics. *Journal of Economic Education*. 127–132.

Augarde, T. (1984). *The Oxford Guide to Word Games*. New York: Oxford University Press.

Aronson, E., Blaney, N., Stephan, C., Sikes, J., & Snapp, M. (1978). *The Jigsaw Classroom*. Beverly Hills, CA: Sage.

Bandura, A. (1986). *Social Foundations of Thought and Action: A Social Cognitive Theory*. Englewood Cliffs, NJ: Prentice Hall.

Barab, S.& Duffy, T. (2000). From practice fields to communities of practice. In D.H.Jonassen & S.M.Land (Eds.), *Theoretical Foundations of Learning Environments* (pp.25–55). Mahwah, NJ: Lawrence Erlbaum Associates.

Bay, J., Reys, R., Simms, K., & Taylor, P. (2000). Bingo games: Turning student intuitions into investigations in probability and number sense. *The Mathematics Teacher*. 93 (3). 200–210.

Becker, S. (1978). Learning contracts: Helping adults educate themselves. *Training*. 15 (4). 57–61.

Bingen, M. (1997). Exhibitions of mastery: The tail that wags the dog. *English Journal*. 86 (1). 32–36.

Bookman, R. (1988). Rousing the creative spirit. *Training and Development*. 42 (11). 67–71.

Borcher, G., Hallman, J., & Clemens, E. (1994, December). The crossword puzzle as a teaching examination tool. *The Agricultural Education Magazine*. 67. 19–21.

Borja, R. (2003). Back in time. *Education Week*. 23 (3). 3.

Boud, D., Cohen, R., & Sampson, J. (2001). *Peer Learning in Higher Education: Learning from and with Each Other*. (Eds.). London, UK: Kogan Page Ltd.

Brooks, A., Todd, A., Tofflemoyer, S., & Horner, R. (2003). Use of functional assessment and a self-management system to increase academic engagement and work completion. *Journal of Positive Behavior Interventions*. 5 (3). 144–152.

Brown, A. (1978). Knowing when, where, and how to remember: A problem of metacognition. In R.Glaser (Ed.), *Advances in Instructional Psychology* (Vol.1, pp.77–166). Hillsdale, NJ: Lawrence Erlbaum Associates.

Brown, A. (1987). Metacognition, executive control, self-regulation and other more mysterious mechanisms. In F.Weiner & R.Kluwe (eds.), *Metacognition, Motivation, and Understanding*. Hillsdale, New Jersey: Erlbaum.

Brown, A. (1997). Transforming schools into communities of thinking and learning about serious matters. *American Psychologist*, 52 (4). 399–413.

Brown, J., Collins, A., & Duguid, P. (1989). Situated cognition and the culture of learning. *Educational Researcher*. 18 (1). 32–42.

Brown, S., Earlam, C., & Race, P. (1995). *500 Tips for Teachers*. London: Kogan Page.

Bruke, K. (1993). *How to Assess Thoughtful Outcomes*. Palatine. IRI/Skylight Publishing.

Bruner, J. (1966). *Toward a Theory of Instruction*. Cambridge, MA: Harvard University Press.

Bruner, J. (1989). Models of the learner. In L.Anderson (ed.). *The Effective Teacher: Study Guide and Readings*. N.Y.: McGraw-Hill Book Company.

Bruner, J. (1996). *The Culture of Education*. Cambridge, Mass: Harvard University Press.

Canfield, J., & Siccone, F. (1995). *101 Ways to Develop Student Self-esteem and Responsibility*. Needham Heights, MA: Allyn and Bacon.

Chesler, M., & Fox, R. (1966). *Role-playing Methods in the Classroom*. Chicago: Science Research Associates.

Childers, C. (1996). Using crossword puzzles as an aid to studying sociological concepts. *Teaching Sociology*. 24. 231–235.

Ciardiello, A. (1998). Did you ask a good question today? Alternative cognitive and metacognitive strategies. *Journal of Adolescent & Adult Literacy.* 42 (3). 210–219.

Collins, A. (1988). *Cognitive Apprenticeship and Instructional Technology* (Technical Report 6899). Cambridge, MA.: BBN Labs Inc.

Crawford, R. (1954). *The Techniques of Creative Thinking.* New York: Hawthorn.

Crooks, T. (1988). The impact of classroom evaluation on students. *Review of Educational Research.* 58 (4). 438–81.

Cruickshank, D., Bainer, D., & Metcalf, K. (1995). *The Act of Teaching.* New York: McGraw-Hill Inc.

Cummins, J. (1986). Empowering minority students: A framework for intervention. *Harvard Educational Review.* 56.18–36.

Desoete, A., Roeyers, H., & Buysse, A. (2001). Metacognition and mathematical problem solving in grade 3. *Journal of Learning.* 34 (5). 435–449.

Dick, W.& Carey, L. (1996). *The Systematic Design of Instruction.* New York: Harper Collins College Publishers.

Dinham, S.& Stritter, F. (1986). Research on professional education. In M.Wittrock (ed.), *Handbook of Research on Teaching* (3rd ed.). New York: Macmillan.

Dueck, G. (1993). *Picture Peer Partner Learning: Students Learning from and with Each Other.* Instructional strategies series No.10. Saskatoon: Saskatchewan Professional Development Unit (ED 360 308).

Duffy, T.& Cunningham, D. (1996). Constructivism: Implications for the design and delivery of instruction. In D.Jonassen (ed.), *Handbook of Research for Educational Communications and Technology.* New York: Macmillan.

Dunkin, M.& Barnes, J. (1986). Research on teaching in higher education. In M.Wittrock (ed.), *Handbook of Research on Teaching* (3rd ed.). New York: Macmillan.

Eccles, J., Wigfield, A., & Schiefele, U. (1998). Motivation to succeed. In N.Eisenberg (ed.), *Social, Emotional, and Personality Development in Handbook of Child Psychology* (Vol.3). New York, NY: Wiley.

Flavell, J., & Wellman, H. (1977). Metamemory. In R.V.Kail, Jr.& J.W.Hagen (Eds.), *Perspectives on the Development of Memory and Cognition.* Hillsdale, N.J.: Larence Erlbaum Associates.

Franklin, S., Peat, M., & Lewis, A. (2003). Non-traditional interventions to stimulate discussion: the use of games and puzzles. *Journal of Biological Education.* 37 (2). 79–84.

Gagne, R. (1985). *The Conditions of Learning* (4th ed.). New York: Holt.

Gall, M. (1970). The use of questions in teaching. *Review of Educational Research.* 40. 707–721.

Garris, R., Ahlers, R., & Driskell, J. (2002). Games, motivation, and learning: A research and practice model. *Simulation & Gaming.* 33 (4). 441–467.

Geber, B. (1994, April). Let the games begin. *Training.* 10–15.

Gifford, C.& Mullaney, J. (1997). *From Rhetoric to Reality: Applying the Communication Standards to the Classroom.* Paper presented at the Northeast conference on the teaching of foreign language. (ERIC Reproduction Service No. ED421880).

Giovannelli, M. (2003). Relationship between reflective disposition toward teaching and effective teaching. *The Journal of Educational Research.* 96 (5). 293–309.

Gladding, S. (1995). Group work: *A Counseling Specialty* (2nd ed.). Englewood Cliffs, N.J.: Prentice Hall.

Good, T.& Brophy, J. (1995). *Contemporary Educational Psychology* (5th ed.). New York: Longman Publisher.

Good, T.& Brophy, J. (2000). *Looking in Classroom* (8th ed.) New York: Longman Publisher.

Gredler, M. (1996). Educational games and simulations: A technology in search of a paradigm. In D.Jonassen (ed.), *Handbook of Research for Educational Communications and Technology.* New York: Macmillan.

Greenwood, C., Delquadri, J., & Hall, R. (1989). The longitudinal effects of class-wide peer tutoring. *Journal of Educational Psychology.* 81. 371–383.

Grinder, M. (1991). *Riding the Information Conveyor Belt.* Portland, OR: Metamorphus Press.

Heinich, R., Molenda, M., & Russell, J. (1993). *Instructional Media and the New Technologies of Instruction* (4th ed.). N.Y.: Macmillan Publishing Company.

Henderson, J. (1996). *Reflective Teaching: The Study of Your Constructivist Practices* (2nd ed.). Englewood Cliffs, N.J.: Prentice Hall.

Heppner, P., & Johnston, J. (1994). Peer consultation: Faculty and students working together to improve teaching. *Journal of Counseling and Development*. 72 (5). 492–500.

HEQC. (1994). *Learning from Audit*. Higher Education Quality Council, London.

Herrington, J.& Oliver, R. (2000). An instructional design framework for authentic learning environments. Educational Technology, *Research and Development*. 48 (3). 23–48.

Hidi, S.& Harackiewicz, J. (2000). Motivating the academically unmotivated: A critical issue for the 21th century. *Review of Educational Research*. 70 (2). 151–179.

Hoffmann, L., & Haussler, P. (1998). An intervention project promoting girls' and boys' interest in physics. In L.Hoffmann, A.Krapp, K.Renninger, & J.Baumert (Eds.), *Interest and Learning: Proceedings of the See on Conference on Interest and Gender*. Kiel, Germany: IPN.

Hohn, R. (1995). *Classroom Learning & Teaching*. New York: Longman Publisher.

Holt, J. (1967). *How Children Learn*. New York: Pitman.

Hoogstraten, J.& Vorst, H. (1978). Group cohesion, task performance, and experimenter expectancy effect. *Human Relations*. 31 (11). 939–952.

Hummel, H. (1993, December). Distance education and situated learning: Paradox or partnership? *Educational Technologys*. 11–22.

Johnson, D., & Johnson, F. (1991). Joining Together: *Group Theory and Group Skills* (4th ed.). Englewood Cliffs, NJ: Prentice Hall.

Johnson, D., & Johnson, R. (1999). *Learning Together and Alone: Cooperative, Competitive, and Individualistic Learning*. Boston: Allyn and Bacon.

Johnson, D., Johnson, R., & Holubec, E. (1990). *Circles of Learning: Cooperation in the Classroom* (3rd ed.). Edina, Minnesota: Interaction Book Company.

Johnson, D., Johnson, R., & Smith, K. (1991). *Active Learning: Cooperation in the College Classroom*. Edina, MN: Interaction Book Company.

Joyce, B.Weil, M.& Calhoun, E. (2000). *Models of Teaching* (6th ed.). Needham Heights, MA: Allyn and Bacon.

Keller, J., & Kopp, T. (1987). An application of the ARCS model of motivational design. In Reigeluth, C. (Ed.), *Instructional Theories in Action: Lessons Illustrating Selected Theories and Models*. Hillsdale, New Jersey: Lawrence Erlbaum Associates.

Kim, Y. (2003). Necessary social skills related to peer acceptance. *Childhood Education*. 79 (4). 234–238.

Kindvatter, R., Wilen, W., & Ishler, M. (1988). *Dynamics of Effective Teaching*. New York: Longman Publisher.

King, A. (1990). Reciprocal peer questioning: A strategy for teaching students how to learn through lectures. *The Clearing House*. 64. 131–135.

Knight, S. (1999). *NLP Solutions*. London: Nicholas Brealy Publishing.

Kramarski, B., & Mevarech, Z. (2003). Enhancing mathematical reasoning in the classroom: The effects of cooperative learning and metacognitive training. *American Educational Research Journal*. 40 (1). 281–310.

Kramer, K. (1995, Jan/Feb). Using games for learning. *The Journal of Continuing Education in Nursing*. 26. 40–42.

Krathwohl, D., Bloom, B., & Masia, B. (1964). *Taxonomy of Education Objectives: The Classification of Educational Goals. Handbook 2: Affective Domain*. New York: Longman Publisher.

Kugel, P. (1993). How professors develop as teachers. *Studies in Higher Education*. 18 (3). 315–328.

Lang, H., McBeath, A., & Hebert, J. (1995). *Teaching Strategies and Methods for Student-centered Instruction*. New York: Harcourt Brace & Company.

Latham, A. (1997, March). Asking students the right questions. *Educational Leadership*. 84–85.

Leonard, W. (2003). Using the digital camera as a classroom data collector. *The American Biology Teacher*. 65 (3). 210–215.

Lewis, M.& Hill, J. (1992). *Practical Techniques for Language Teaching* (2nd ed.). Language Teaching Publications.

Long, R. (2000). Student portfolio assessment: A three-year perspective. *The Official Journal of the Georgia Communication Association*. V69.[online] Available: http://www.valdosta.edu/comarts/Long.html (10/21/2003).

Marshak, R. (1983). Cognitive and experiential approaches to conceptual learning. *Training and Development Journal*. 37 (5). 72–77.

Martin, J., Mithaug, D., Cox, P., Peterson, L., Van Dycke, J., & Cash, M. (2003). Increasing self-determination: Teaching students to plan, work, evaluate, and adjust.

Exceptional Children. 69 (4). 431–447.

Maslow, A. (1968). *Toward a Psychology of Being*. New York: Litton Educational Publishing.

Mayer, R.& Wittrock, M. (1996). Problem-solving transfer. In D.Berliner & R.Calfee (Eds.), *Handbook of Educational Psychology*. New York: Macmillan.

McKeachie, W. (1986). *Teaching Tips: A Guidebook for the Beginning College Teacher*. Boston: D.C.Heath.

McNerney, D. (1994). The "facts of life"for teambuilding. *HR Focus*. 71 (12). 12–13.

Menke, D.& Pressley, M. (1994). Elaborative interrogation: Using "why" questions to enhance the learning from text. *Journal of reading*. 37 (8). 642–645.

Mithaug, D.K., & Mithaug, D.E. (2003). Effects of teacher-directed versus student-directed instruction on the self-management of young children with disabilities. *Journal of Applied Behavior Analysis*. 36. 133–136.

Muskingum College (1998). Reciprocal Questioning, Question to Increase Understanding and Reflective Questioning. *Center for Advancement Learning: Learning Strategies Database* [online]. Available: http://fates.cns.muskingum.edu/~cal/database/question1.html (03/21/2003).

Narasimhan, K. (1997). Improving teaching and learning: the perceptions minus expectations gap analysis approach. *Training for Quality*. 5 (3). 121–131.

National Council of Teachers of Mathematics. (2000). *Principles and Standards for School Mathematics*. Reston, VA: Author.

Newble, D., & Cannon, R. (1995). *A Handbook for Teachers in Universities & Colleges: A Guide to Improving Teaching Methods* (3rd ed.). London: Kogan Page.

Newmann, F. (1981). Reducing student alienation in high schools: Implications of theory. *Harvard Educational Review*. 51 (4). 546–564.

Oliff, H. (2001). Time capsules create a lifetime of learning. *The Education Digest*. 67 (3). 62–66.

Omotani, B., & Omotani, L. (1996). Why don't we ask the clients? Student's input toward a complete picture of teaching. *National Association of Secondary School Principals Bulletin*. 80 (577). 112–114.

Panasuk, R.& LeBaron, J. (1999) Student feedback: A tool for improving instruction in graduate education. *Education*. 120. 356–368.

Penick, J., Crow, L., & Bonnstertter, R. (1996). Questions are the answers. *Science Teacher*. 63 (1). 26–29.

Pike, R. (1989). *Creative Training Techniques Handbook*. Minneapolis, MN: Lakewood Books.

Pollio, H. (1984). *What Students Think about and Do in College Lecture Classes*. Teaching-learning issues No.53. Knoxville: Learning Research Center, University of Tennessee.

Poston, I. (1998). Crossword puzzles: Adjunct clinical teaching strategy. *Journal of Nursing Education*. 37 (6). 266–267.

Putnam, J. (1993). *Cooperative Learning and Strategies for Inclusion: Celebrating Diversity in the Classroom*. Baltimore, MD: Paul H.Brookes Publishing Co.

Qin, Z., Johnson, D., & Johnson, R. (1995). Cooperative versus competitive efforts and problem solving. *Review of Educational Research*. 65 (2). 129–143.

Raffini, J. (1996). *150 Ways to Increase Intrinsic Motivation in the Classroom*. Needham Heights, MA: Allyn and Bacon.

Reeve, J. (1996). *Motivating Others: Nurturing Inner Motivational Resources*. Needham Heights, MA: Allyn and Bacon.

Reigeluth, C. (1983). *Instructional Design Theories and Methods: An Overview for Their Current Status*. Hillsdale, N.J.: Lawrence Erlbaum Associates.

Richard, H., Rogers, R., Ellis, N., & Beidleman, W. (1988). Some retention, but not enough. *Teaching of Psychology*. 15. 151–152.

Rose, T. (1999, January). Middle school teachers: Using individualized instruction strategies. *Intervention in School and Clinic*. 137–142.

Ruben, B. (1999). Simulations, games, and experience-based learning: The quest for a new paradigm for teaching and learning. *Simulation & Gaming*. 30 (4). 498–505.

Ruhl, K.Hughes, C., & Schloss, P. (1987). Using the pause procedure to enhance lecture recall. *Teacher Education and Special Education*. 10 (1). 14–18.

Rutgers, A.& King, A. (1999). *Cognitive Perspectives on Peer Learning*. Mahwah, NJ: Lawrence Erlbaum.

Salomon, G., Globerson, T., & Gutterman, E. (1989). The computer as a zone of proximal development: Internalizing reading-related metacognition from a reading partner. *Journal of Educational Psychology*. 81. 620–627.

Schroeder, C. (1993, September-October). New students-new learning styles. *Change*. 21–26.

Shambaugh, N., & Magliaro, S. (2001). A reflexive model for teaching instructional design. *Educational Technology, Research and Development*. 49 (2). 69–92.

Shulman, L. (1986). Those who understand: Knowledge growth in teaching. *Educational Researcher*. 15 (2). 4–14.

Sigel, I. (1990). What teachers need to know about human development. In Dill & Associates (eds.), *What Teachers Need to Know: The Knowledge, Skills, and Values Essential to Good Teaching*. San Francisco: Jossey-Bass.

Silberman, M. (1996). *Active Learning: 101 Strategies to Teach any Subject*. Needham Heights, MA: Allyn and Bacon.

Slavin, R. (1995). *Cooperative Learning: Theory, Research, and Practice* (2nd ed.). Needham Heights, MA: Allyn and Bacon.

Slavin, R. (1996). Research on cooperative learning and achievement: What we know, what we need to know. *Contemporary Educational Psychology*. 21.43–69.

Slavin, R. (1997). *Educational Psychology: Theory and Practice* (5th ed.). Needham Heights, MA: Allyn and Bacon.

Stein, D. (1998). Situated learning in adult education (ERIC Document Reproduction Service No. ED 418 250).

Sternberger, C. (1995). *Adult Teaching Strategies*. Adult Learning.6 (Mar/Apr). 12–13.

Utley, C., Reddy, S., & Delquadri, J., (2001). Classwide peer tutoring: An effective teaching procedure for facilitating the acquisition of health education and safety facts with students with developmental disabilities. *Education & Treatment of Children*. 24 (1). 1–27.

Villegas, A. (1991). *Culturally Responsive Pedagogy for the 1990s and Beyond*. Princeton, N.J.: Educational Testing Service.

Walker, J.& King, P. (2003). Concept mapping as a form of student assessment and instruction in the domain of bioengineering. *Journal of Engineering Education*. 92 (2). 167–179.

Wandersee, J. (1990). Concept mapping and the cartography of cognition. *Journal of Research in Science Teaching*. 27 (10). 923–936.

Watkins, K., & Marsick, V. (1993). *Sculpting the Learning Organization: Lessons in the Art and Science of Systemic Change*. San Francisco: Jossey-Bass.

Weinstein, C., & Meyer, R. (1986). The teaching of learning strategies, In Wittrock, M.C. (ed.), *Handbook of Research on Teaching* (3rd ed.). New York: Macmillan.

Whitman, N. (1988). *Peer Teaching: To Teach is to Learn Twice*. Washington, DC: ERIC Clearinghouse on Higher Education (ED 305 016).

Wilson, B.& Cole, P. (1996). Cognitive teaching models. In D.Jonassen (ed.), *Handbook of Research for Educational Communications and Technology*. New York: Macmillan.

Woolfolk, A. (1995). *Educational Psychology* (6th ed.). Needham Heights, MA: Allyn and Bacon.

Wittrock, M. (1986). *Handbook of Research on Teaching* (3rd ed.). New York: Macmillan.

中文部分

[1] 圣吉.第五项修炼：学习型组织的艺术与实务[M].郭进隆，译.台北：天下文化出版社，1994.

[2] 蔡文荣.拼图式合作学习在高中生物科教学之成效研究[J].教育科学期刊，2001，1（1）：125-149.

[3] 蔡文荣.实施合作式学习的基本素养[J].师路季刊，1999（5）：43-57.

[4] 蔡文荣.师资培育的另类教学取向：三重省思的挑战[J].教育科学期刊，2003，3（2）：124-136.

[5] 陈龙安.创造思考教学[M].台北：师大书苑，1997.

[6] 金树人.生涯咨商与辅导[M].台北：东华书局，1998.

[7] 拉思斯，等.价值与教学[M].欧用生，等译.高雄：复文书局，1978.

[8] 迈耶.教育心理学：认知取向[M].林清山，译.台北：远流出版公司，

1992.

[9] 林宝山.教学原理[M].台北：五南图书出版公司，1988.

[10] 欧用生.瑞斯的教学理论[M]//黄光雄.教学理论.高雄：复文图书出版社，1996.

[11] 王国华.建构与学习[J].建构与教学，1995（1）.

[12] 吴鼎.教学原理[M].台北：编译馆，1974.

[13] 吴佩雯.学习障碍者的情意教学[J].小学特殊教育，2001（32）：67-70.

[14] 吴英长.讨论教学法[M]//黄光雄.教学理论.高雄：复文图书出版社，1996.

[15] 游恒山.心理学[M].台北：五南图书出版公司，1990.

[16] 张春兴.教育心理学：三化取向的理论与实践[M].台北：台湾东华书局，1996.

[17] 张春兴，林清山.教育心理学[M].台北：台湾东华书局，1998.

[18] 张静嚳.传统教学有何不妥？[J].建构与教学，1996（4）.

[19] 朱敬先.教育心理学：教学取向[M].台北：五南图书出版公司，1998.